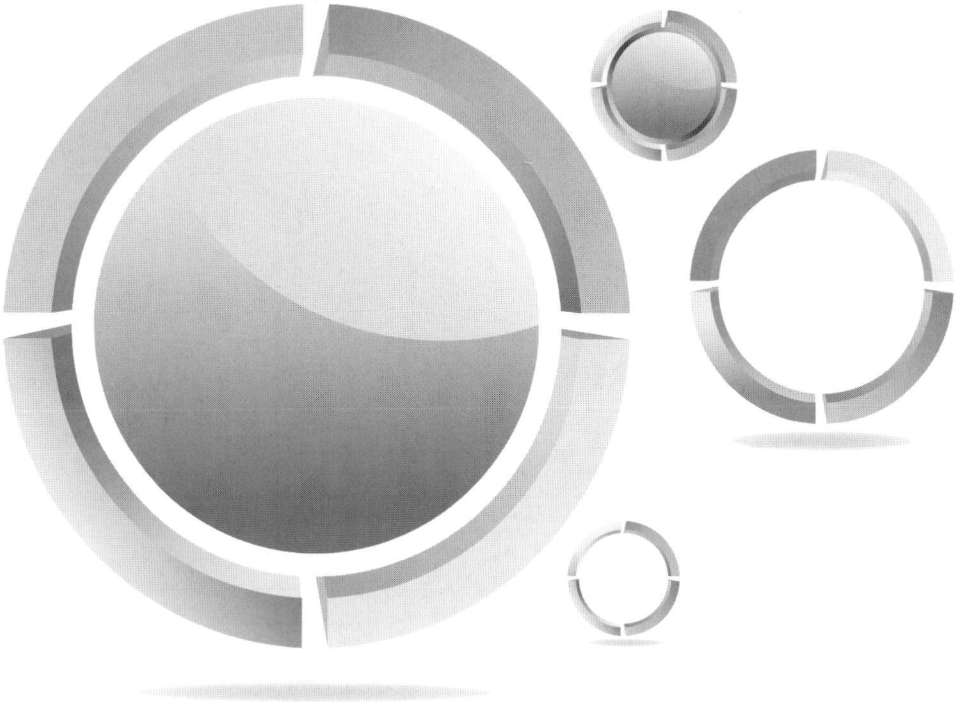

新商业模型评析 第三辑

XIN SHANGYE MOXING PINGXI

本书以十六个具有特色的企业为案例，对其商业模型在盈利模式、需求搜集、业务协同和成长过程等方面进行了独到而详尽的评析，总结出不同商业环境下不同商业模型的特点和应用，对理论研究和企业实战具有很好的启示。

张耀辉　左小德　朱　锋　主编

暨南大学出版社
JINAN UNIVERSITY PRESS
中国·广州

图书在版编目（CIP）数据

新商业模型评析. 第三辑 / 张耀辉，左小德，朱锋主编. —广州：暨南大学出版社，2012. 1

ISBN 978-7-5668-0050-3

Ⅰ. ①新… Ⅱ. ①张… ②左… ③朱… Ⅲ. ①企业管理—研究 Ⅳ. ①F270

中国版本图书馆 CIP 数据核字（2011）第 243733 号

出版发行：暨南大学出版社

地　址：中国广州暨南大学
电　话：总编室（8620）85221601
　　　　营销部（8620）85225284　85228291　85228292（邮购）
传　真：（8620）85221583（办公室）　85223774（营销部）
邮　编：510630
网　址：http：//www. jnupress. com　http：//press. jnu. edu. cn

排　版：广州市天河星辰文化发展部照排中心
印　刷：佛山市浩文彩色印刷有限公司

开　本：787mm×960mm　1/16
印　张：14. 25
字　数：288 千
版　次：2012 年 1 月第 1 版
印　次：2012 年 1 月第 1 次
印　数：1—2500 册

定　价：30. 00 元

序

这几年，接触到了很多企业家，他们对一些新型企业的成功有着几乎完全一致的看法，认为那是商业模型构造得好。在成熟产业中，企业商业活动形式非常接近，企业之间的竞争有时会非常激烈，为了争取顾客，企业多采取价格和服务竞争。但是，波特注意到，即使是成熟的产业，仍然存在着长盛不衰的企业，他认为这是核心竞争力所致，是核心竞争力让一些有着同样技术的企业脱颖而出，保持着持续的成长。波特这种竞争性观点受到“蓝海战略”提出者的质疑，如果企业能够找到自己的蓝海，它就可能避免竞争，顺利发展。进入新世纪，新类型的企业层出不穷，让人目不暇接，他们发现了新的需求，形成了新的产业，但问题是，这些需求很早以前人们可能就有，为什么没有被商业化？我们越来越多地发现，在这些新的领域中，企业经常通过使用新的商业理念、建立新的商业活动方式来获得市场的承认。他们的商业形式越来越复杂，而成长却越来越快，财富积累也越来越快。那么如何解释这种企业成长的现象呢？

可能有人会以创新作为解释的理由。传统的创新，几乎全部采取垄断价格策略，但是，现在很多企业的商业行为并非采取垄断价格来谋取利润，甚至有些企业也没有什么研发的投入，与其他企业的最大差别在于采取了一个全新的商业模型。

企业家理论认为，商业的成功在于企业家个人的天赋和努力，在于他们对机会的把握和资源的运用，在于企业家们的组织才能和商业道德。但是，他们靠的是理性思维还是感性思维呢？这些有关企业家个人天分的解释无非是讲个人天赋的影响和成为企业家由上天注定，个人魅力起着重要作用，人们不需要理性思维。这显然并不能为全部商业活动的事实所证明。

那么，什么是商业的理性思维呢？有没有一个理论工具解释相同技术，受到商业活动形式的影响走向成功或走向失败，解释相同的个人天赋，却会有不同的商业活动的结果呢？

暨南大学，百年老校，“始有暨南，便有商科”，在漫长的发展历史中，商科一直是我校的传统优势学科。作为暨南大学商科的主体之一——管理学院企业管理系仍然坚持着商科的研究传统，他们把产业组织研究、知识管理研究、战略管理研究、创业研究等内容整合在一起，提出了新商业模型研究计划并付诸研究实践，在新的背景下以案例方式入手开展研究，拓展了对“商”的新理解。他们把“商”看成是供求互动的理性行为，是一种供求影响的逻辑，获得一些有价值的研究成果。本书就是他们的研究成果之一。

我一直认为，案例教学和案例研究非常有意义，现在新商业模型研究的团队使用一个新的方法，是对人所共知的创业案例重新加以评论和分析，挖掘内在的商业逻辑，对这些商业故事重新深化认识，同时，团队成员也调研撰写案例。调研撰写案例，这是世界知名商学院通行的研究工作和做法，开发案例虽然有重要意义，但并非易事，因其投入较多，而中国大学研究经费的支持体系无法与之相匹配，因此，对案例进行重新评析比较适合于中国大学，将深度解析案例和自主研发案例结合是一种切合实际的选择。中国改革开放三十多年，使整个中国步入了一个创业的社会，从新型的商业案例入手来研究，也符合中国的现状，特别是将国内外重要的创业故事，以新视角重新加以分析，启发中国的企业，在学术上获得新的认识的同时，也能够推动中国企业走向理性成长。从这个意义上说，暨南大学在商科研究方面做了一些重要的探索。

现在这个团队工作才刚刚起步，我希望他们能够坚持下去。丰富商业理论是我们暨南大学的责任，从商业模型方面探讨和认识创业活动与企业成长，探索暨南大学的特色，这一工作非常有意义。祝他们研究顺利！

暨南大学校长 胡军

2011 年 8 月

目　录

穷人的生意
——印度利华肥皂业务的商业模型点评[①]

朱　锋

◆**案例导读**　谁说做穷人的生意就不赚钱？印度利华在印度向穷人卖肥皂不仅成功获利，同时帮助穷人得到了健康。本文介绍且分析了其双赢的商业模型。公司把产品与洗手和健康概念联系起来，与政府、公益卫生组织联手，从科学卫生科目的师生入手，通过推广卫生理念，实现了肥皂产品的成功营销，成为独特创新的商业模型。

一、印度的痢疾问题

在全球因传染病死亡的人群中，每年因痢疾而死亡的人数有 200 多万，列第三位，而印度占到了 30%。痢疾对印度的公共健康、贫民及儿童的生命健康造成了严重威胁。痢疾往往引起腹泻，进而导致脱水，在痢疾的侵袭下，儿童尤其容易死亡。印度有 1/5 的儿童得过痢疾，任何时候都有 1/10 的人口患有痢疾，这导致印度每年大约有 66 万人的死亡与痢疾有关。在印度，预防措施和治疗手段相当简陋，只提供安全用水和一些卫生设施，以及卫生习惯指南而已。

人类的排泄物是痢疾病菌的主要来源。缺乏卫生设施和不良的卫生习惯，会导致痢疾病菌传播，其传播途径有四种，即饮用水、昆虫（如苍蝇），与脏物的身体接触、人类的手。而这其中最不容易引起注意的是手。在印度的日常生活中，人们用手喂孩子，用手准备食物，而且在印度，人们通常不用刀叉，每一件事都用手做。

印度大部分人口都处于贫困状态中，有 83% 的家庭月平均收入约 2 000 卢比（约合 290 元人民币），35% 的人生活在贫困线以下。由于贫困，他们缺少

① 印度利华有限公司是联合利华在印度最大的子公司，1997 年更名为印度联合利华有限公司。

卫生设施，也难以养成良好的卫生习惯。64%的人将树丛或田野当作厕所。从城乡人口比例来看，印度有27.7%的人居住在城镇，72.3%的人生活在农村（2000年数据）。在印度农村，有81.1%的人没有冲洗式卫生间、便池或公厕，将树丛或田野当作厕所，而这样的人在城镇人口中只有19.3%。使用冲洗式卫生间及公厕的，在农村人口中只有16.8%，而城镇人口中有60.9%。没有洗手习惯的人在城镇有26%，农村有74%。

很明显，养成洗手的习惯可以大大降低痢疾的发病率，用肥皂洗手能减少传染病的发生，预防痢疾。世界卫生组织研究显示，用肥皂洗手可减少48%的痢疾侵害。

问题1：为什么要解决痢疾这样一种死亡率排名世界第三的传染病只从洗手开始?

思考提示：从简单入手，是一个有效解决问题的路径。一个难题的解决可以有复杂的解决方案，但复杂的解决方案可能带来条件的不足，以致问题无法解决。面对严酷的现实，我们必须有一个当下可行的方案，这就是解决问题的方便门。

如果痢疾的解决方案就是用肥皂洗手这么简单，为什么发病率还这么高?

过去我们一直认为这需要通过政府进行公共事务的大型基础设施建设项目来完成，而对发展中国家来说，这是一个需要政府花大钱的建议。而且，人们列出了痢疾持续发生的其他三种原因。

（1）痢疾这种疾病应由公共卫生部、水利部和环境部等多个部门负责。而正因为如此，导致没有一个部门为该疾病承担完全责任。如卫生部因更关注艾滋病等引起更多公众注意的“热点”问题，难以兼顾痢疾。这就使得有关痢疾的治理规划难以设计和实施。

（2）在印度，消费者信念和行为的改变特别难以诱导。这首先需要对人们现有的习惯、动机以及妨碍使用肥皂洗手的因素进行深入了解。而在印度这样受地方性文化支配的国家，要试图了解是很困难的。印度的12亿人口（截至2011年）分布在28个邦、6个联盟属地及1个国家首都辖区，他们说着15种以上的官方语言和325种不同的方言，很多方言差别很大，只有在同一个小区域内的人才听得懂。

（3）新的健康和卫生观念很难在分散的人群中传播。印度的很多乡村地区是“媒体盲区”，那里的居民几乎或根本就没有接触大众传媒的渠道。而整个印度只有22%的人有电视机，42%的人有收音机。大众交流渠道的缺乏，增加了教育活动的复杂性和成本，因而要求通过非传统方式有的放矢地去传播信息。

问题 2：洗手在印度的困难在哪里？解决的可能性途径和新思维在哪里？

思考提示：人们日常习惯的改变不是一蹴而就的，特别是不同的地域有不同的具体条件。在印度，其困难在于案例中所述三点，但其核心在于大家认为必须由政府来推动。对政府来说，这需要花很大成本，而政府目前没有这么多的资金，并且因为地方性文化和经济条件，推动这样的项目几乎是不可想象的。这是大多数人的传统思路。

在政府没有一种强力驱动的情况下，这一项目是很难实现的。现实的逻辑是，政府驱动力的强弱，决定于民众压力的大小，而民众认为政府在这里难以作为，因而对政府行事不构成压力。

洗手问题具有巨大的商业驱动力。因为这个观念可以让他们产生经济效益。只要渠道问题解决，既可以解决这一难题，又可以获得长远利益。

所以，新的思路是用商业模式来解决涉及公共领域的传染病问题。

二、印度联合利华有限公司

印度联合利华有限公司（以下简称“印度利华”）是印度最大的肥皂和清洁剂生产商，2001 年的销售额为 24 亿美元，其中 40% 来自肥皂和清洁剂的销售。近几年，印度利华日益注重基于健康平台的产品差异化，努力寻找机会，使公司产品成为家庭健康和安全所必备，由此推动员工深入研究消费者的需求和行为。建立这种联结的方法之一，就是将痢疾和公司的肥皂产品联系起来。尤里·贾殷解释说：“当你问自己怎样杜绝通过手传播的疾病时，你想到的是用肥皂洗手。这清楚地表明，有很大的商业机会让我们去尝试……因为我们是最大的肥皂生产商，所以我们必须去尝试。如果人们开始更频繁地用肥皂洗手，消费就会上升，而且对市场规模有影响。”对消费者和生产商来说，这明显会是一种“双赢”的解决方案。

在发达国家，肥皂市场接近饱和，而在发展中国家，增长的机会仍然存在。扩大市场规模的机会，有赖于印度和其他发展中国家的人民使用肥皂次数的增加。进一步说，这一通过健康信息去增加销售的机会存在于肥皂市场之外，可以用来处理其他的公共健康问题。

1. 印度利华是印度最大的肥皂生产商

印度利华的宗旨概括了服务所有印度人的广泛理念，这些人既包括富人和穷人，也包括乡下人和城里人。

为了满足这样一个多元化大国的需要，印度利华建立了四个主要的利润中心，它们配送由公司 30 多个“强力”品牌构成的 1 000 多个存货单位的产品。最大的利润中心是肥皂和清洁剂，排在后面的是食品和饮料、个人用品及化学药品（见图1）。

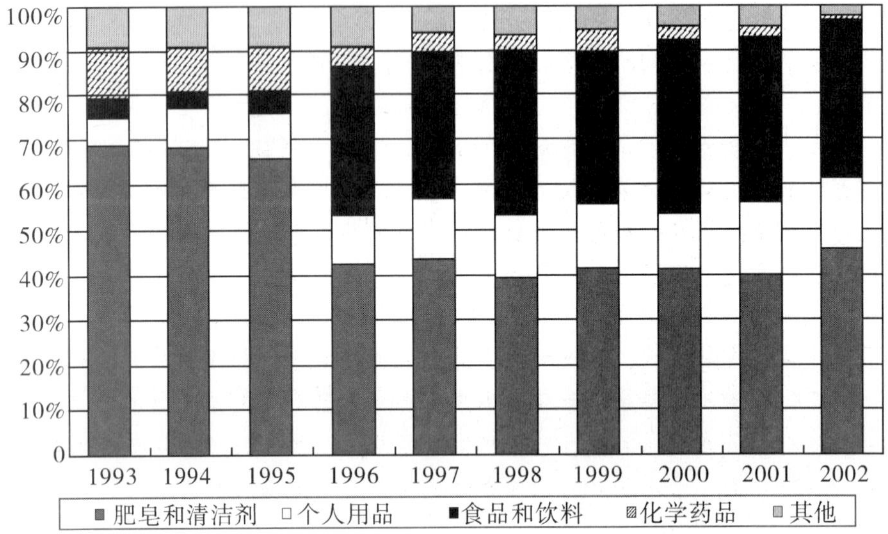

图1　印度利华净销售额（1993—2002年）

2. 印度利华接触大众的能力

印度利华已经形成了出色的研发、分销和营销能力，以有效地把公司产品运送到全印度的城市和乡村。公司雇用了100多名科学家，以开发新的消费品，并提高生产效率。该公司研发投资的回报体现为成本的节约，以及为产品定出大众市场承受得起的价格的能力。

印度利华还整合了制造和分销能力，以向印度国内各地提供产品。产品在遍布印度全国各地的大约100个区位生产，从工厂经中心仓库网络运到大约7 500个分销库存点。目前，印度利华进入了几乎所有2 000人以上规模的村庄，并且通过向乡村地区分销产品的创新性直接销售项目，继续扩张它的市场范围。例如，在农村，他们实行无店铺销售的“萨克提项目”，即雇佣妇女向她们所在和邻近村庄推销产品。

为了从社会经济的角度去理解消费者行为，印度利华把收入的很大一部分投资在研究消费者和营销上面，以便使其产品更好地定位于大众市场。在大众营销和直接营销活动方面的巨大支出，使得诸如Lifebuoy牌肥皂、Wheel牌清洁剂和Fair and lovely牌香皂等印度利华旗下产品成为全印度家喻户晓的品牌。印度利华还投资于面向草根阶层的非传统营销工作，以接触更多的乡村贫穷消费者。

3. 印度利华的业绩不断增长

印度利华的财务业绩反映出它在有效创造、营销和销售品牌产品方面的成功。过去10年间，印度利华有限公司的业绩取得了稳固的增长，净销售额从不到5亿美元增加到25亿美元以上。这种增长归因于不断增长的市场份额和收购与兼并。公司2001年的净销售额超过了2000年，而且在印度整体经济增长减缓的情况下，净利润还提高了25个百分点。

问题3：为什么是印度利华？印度利华有能力来解决印度的痼疾问题吗？

思考提示：从政府角度来看，解决洗手问题面临着巨大的困难，而从商业角度来看，洗手问题存在着巨大的商机，但也同样存在着巨大的风险。商机在于一旦成功，就开拓了市场，风险就是这个全新的潜在市场的开拓成本是非常高的，或者是不明确的。

要做到既降低成本，又有把握成功，最关键的在于投资者对于这一市场和营销的经验与知识。而对于印度利华来说，他们具有开拓市场的能力，这是业绩可以证明的。同时他们拥有开拓相似市场的经验和方法，并且有对印度市场的充分了解和研究。这几点为此项目的成功奠定了坚实的基础。

三、饱和的肥皂市场与新的商机

各种产品使全球肥皂市场渐趋饱和，而发展中国家的增长机会要更大一些。当时，大部分印度消费者家里有肥皂，但是使用率低，原因是印度人认为肥皂是用于美容的，而不是预防疾病的。因此，竞争前景的开端，就是将肥皂的定位从美容层面转移到美容与健康层面，以作为增加消费者使用次数的一种手段。

1. 世界肥皂市场

2000年，全世界的肥皂市场价值882亿美元，并且被几家大型全球性企业所主导，包括联合利华公司、宝洁公司、吉列公司、高露洁—棕榄公司和强生公司。前10家行业领导者占了整个肥皂市场50.5%的份额。然而从全球范围来看，发达国家市场正在饱和。市场增长主要依靠新产品的开发，以及向抗菌润肤产品、液态沐浴产品和“注重增加值和便利性”的产品的延伸。由于日益加剧的价格竞争和肥皂生产商之间的整合，预期这些市场在今后几年内会萎缩，这将迫使跨国公司在发展中国家寻找新的市场。

作为一个整体，联合利华公司期望在接下来的10年内，发展中国家市场能够构成其销售市场的约50%。与发达国家相比，新兴市场上大部分消费者购买的肥皂产品通常更少，价格也更低一些，但新兴经济体中的消费者在购物时对价值越来越敏感。这部分地归因于中产阶级的成长和许多国家消费者期望的提高，同时也是由媒体信息的全球化所引致的。

2. **印度肥皂市场**

目前，印度利华的肥皂销售量占印度所有肥皂销售量的62.8%，其他的大竞争者包括尼玛公司（11.3%）、哥德里吉公司（6.2%）和强生公司（1.6%），只有5%的肥皂产自小规模厂家。印度利华把市场划分为若干细分类别，包括折扣产品市场、大众产品市场、高级产品市场和特优产品市场，折扣产品市场目前是印度最大的细分市场。

3. **巨大的未得到满足的消费者需要**

鉴于印度肥皂市场的上述趋势，印度利华决定，必须提供比美容性和经济性更多的特性。因此，该公司专注于三种价值取向：经济、美丽和健康。Lifebuoy 品牌的启动经理哈普里尔·辛格·提伯描述了其中的联系："如果你确知健康为什么重要，或肥皂为什么有助于减少细菌发生并可能通过长期使用而节省（消费者的）医药费用，那么我想，你将胜券在握。"通过这些新的价值驱动点，印度利华伺机利用其产品、分销网络和营销技能，并且把自己定位成一个"多国化的当地企业"，以便增加进入印度肥皂市场的广度和深度。

问题4：为什么印度利华会义无反顾地来解决印度洗手问题？

思考提示：不仅是洗手问题，为什么是印度利华，而且为什么印度利华会义无反顾地来解决印度洗手问题？

这是因为在发达国家肥皂市场已经饱和，市场竞争非常激烈，只有开拓新市场才能有发展。而印度市场则是一个新兴市场，行业集中度并不高，成长空间大。并且这个市场中，其他的小厂商没有力量进行这样的活动，而印度利华具有这个优势地位。

四、印度利华与政府及第三方组织的合作共赢

在此之前，联合利华就已有相类似的项目，在其他地区展开，这为他们在印度项目的展开提供了很好的经验借鉴，而且早期可以直接纳入这些项目进行运作。这些项目包括：①健康在你手——一项公私合作项目。2000 年秋，他们得知，在荷兰银行饮水合营项目协助下，与世界银行和饮水卫生计划开展了一个项目，并得到了伦敦卫生与热带医学学院、联合国儿童基金会、美国国际开发署和环境卫生项目的协助。②中美洲洗手计划。该计划是一项公私合作项目，参与者有四家私人公司（La Popular、高露洁—棕榄、Unisola 联合利华和 Punto Rojo）及美国国际开发署和联合国儿童基金会。此前的中美洲，5 岁以下儿童因痢疾死亡的比率在洪都拉斯为19%，尼加拉瓜为23%，萨尔瓦多为20%，危地马拉为45%。通过此项目，5 岁以下儿童每年患痢疾的时间大约累计减少了 128.7 万天。

由此，印度的项目也同样与政府合作，他们选定了喀拉拉邦政府，设计方案并招募其他行业参与者，具体如下：

1. **合营伙伴**

为了形成一项有规模的先行试验，公司与政府合作项目需要发挥每一合营伙伴的特定能力（见图2）。

首先，对为健康卫生而洗手的基础知识的普及方面，该项目要有科学方面的公信力和领导力。鉴于此，伦敦卫生与热带医学学院的瓦莱丽·柯蒂斯博士与各疾病控制中心和美国环境卫生项目合作，以便为项目的科学基础和监控及评估功能提供公信力。该团队将从行为改变和资金成本方面协助测定洗手运动的效果，也会把最好的实践和所吸取的经验教训向所有的参与者发布。

其次，公司与政府合作项目需要行为改变和营销方面的专业知识。世界银行和饮水卫生计划通过印度化妆品与肥皂生产商协会邀请私营部门的参与者。印度利华作为私营部门的代表，拥有大量的消费者行为研究成果，在项目设计、与大众媒体和直接接触媒体的沟通方法等方面也有着重要的专业知识。

再次，为了使洗手的常识传遍整个人群，公司与政府合作项目需要政府的支持，以利用现有的基础设施渠道，如学校和诊所，作为减少成本、扩大直接接触的途径。喀拉拉邦政府将这一项目看成比昂贵的基础设施建设项目更受欢迎的替代方案，因此通过政府机构提供了现成渠道。尤里·贾殷描述了公司与政府合作项目得以通过政府渠道开展工作的影响：“作为一家像印度利华这样的企业，在喀拉拉邦，我们的公司与政府合作项目意味着可以进入1万所学校、2万个社会工人中心和6 000所卫生中心。我们有了这样的规模，你再把它乘以30，就得到了整个印度。当你再乘以10后，就拥有整个世界了。”

最后，世界银行尤其是荷兰银行饮水合营项目、美国国际开发署、联合国儿童基金会和饮水卫生计划提供资源投入，协助构思筹资计划。这些团体还有一个善于管理大型项目的员工网络，最终筹资计划预期将形成来自开发机构、喀拉拉邦政府和私营部门的资金的组合。通过上述贡献，各方参与者都期望获得一定的回报。卫生部门和开发机构试图利用在设计和实施教育活动方面的补充资源，喀拉拉邦政府则找到一种比大型基础设施建设项目成本更低的解决方案，作为减少痢疾的手段；它还可以从跨国公司的专业知识中获益。私人部门追求的是肥皂市场的增长、市场范围的扩大和市场知名度的提高，以及作为企业公民所得到的认可。在各参与者的一致同意下，公司与政府合作项目聘请了印度市场研究局对喀拉拉邦的洗手习惯进行研究。这一项目的参与者及其作用如下图所示：

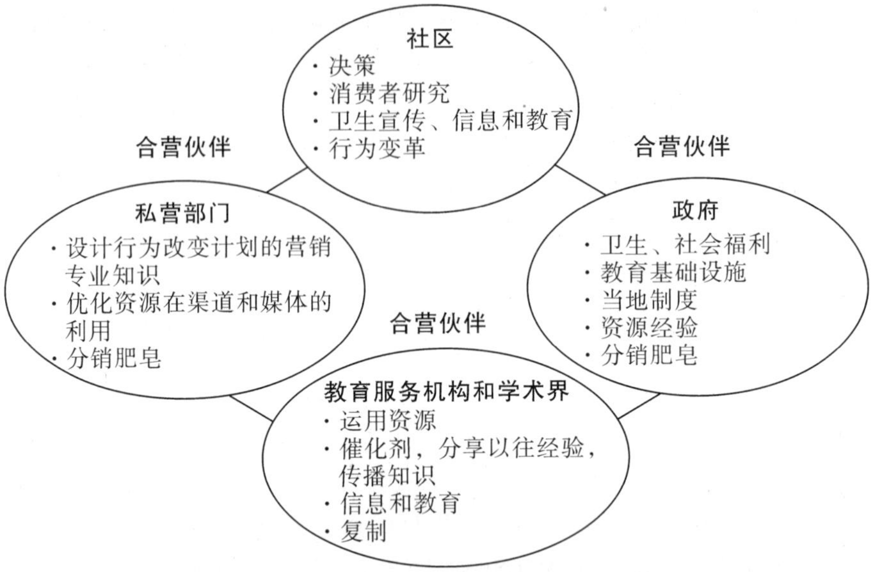

图2　公私合营洗手项目的参与者及其作用

2. 喀拉拉邦计划

喀拉拉邦是印度一个相当发达的邦。它有2 900万人口，识字率为100%。城镇地区的卫生设施覆盖率为51.36%，乡村地区卫生设施覆盖率为44%。尽管有高水平的教育状况和卫生渠道，但是研究发现，在母亲群体中，如厕后用肥皂洗手的仅占42%，给孩子清洗完后用肥皂洗手的仅占25%，饭前用肥皂洗手的仅占11%，准备食物前用肥皂洗手的仅占10%。喀拉拉邦的研究结果还表明，不用肥皂洗手的人，其患上痢疾的可能性比用肥皂洗手者要高出5倍。根据这一数据，公司与政府合作项目制订了一项计划，把洗手活动和改变生活联系起来。整个计划主要包括四部分：大众媒体宣传、直接接触、评估以及沟通发展。在媒体宣传的同时，女性造访卫生机构或社会服务机构是直接的接触程序。公司与政府合作项目设计了一种在学校里的直接接触程序，包括每年4天的健康卫生教育，以及在6～11岁儿童中实行强制性的午餐洗手程序。该计划包括了一项大众媒体行动，它是通用型的，不带公司图标。对喀拉拉邦的统计表明，通过这项计划，70%的家庭每年经大众媒体被接触43次，35%的家庭每年经直接接触程序被接触9次，稍微超过喀拉拉邦制定的最初成本估算1 000万美元，为期3年，覆盖全州，人均年成本估计为0.1美元。据该计划的管理者估计，两年之后，节省的医疗费用足以补偿整个计划的成本。印度政府当时还酝酿一项资助大众传媒运动的提案，喀拉拉邦政府、世界银行和联合国儿童基金会同意承担直接接触项目的费用。世界卫生组织负责评估的工作，私营部门则同意资助沟通研究和信息开发。成本在合营伙伴之间分担，使得每一方都能够达成更大的目标，同时每年只用承担一部分成本。私营部门承诺负担整个项目费用的1/3，这些成本在所有参与的公司之间进一步分配（主要由印度利华、宝洁和高露洁—棕榄三家企业分担）。作为市场上最大的厂家，印度利华同意承担大部分的私营部门成本。然而，这种筹资模式或许会改变。从总量上看，印度利华计划每年提供约77.6万美元（整个项目总成本的15%），或者说每年每人0.027美元。

在整个合作项目中，每一位合营伙伴的贡献比率如下：印度政府为37%，喀拉拉邦政府和联合国儿童基金会为29%，世界卫生组织为4%，私营部门为30%。

公私合作项目的目标是通过教育活动去刺激肥皂需求，而印度利华发现了从中获益的机会。这项活动将发挥每位合营伙伴的能力和专业知识，服务于公共福利，并扩大肥皂市场。

问题5：印度利华开展洗手计划为什么是从与政府和第三方组织合作开始?

思考提示：印度利华的商业冲动并没有掩盖住其商业智慧。因为洗手问题原本就是政府的问题，无论从政治上或是从公共事务上，政府都希望解决这一问题，只是没有足够的驱动力。而第三方组织更是以公益事务为宗旨，虽然能力有限。但政府有强大的号召力和推动力，第三方组织有较高的信任度，印度利华则有较强的驱动力，所以三者合作，可以大大降低印度利华的拓展成本，事半功倍。

五、用健康概念打造Lifebuoy肥皂品牌

在印度利华尝试通过公司与政府合作项目去扩大肥皂市场的同时，它最古老、也最成功的肥皂品牌之一——Lifebuoy正以每年15%～20%的速度丧失增长势头，这一局面始于1999年。lifebuoy品牌团队正试图确定合适的下一步棋，以重振这一羸弱的品牌，并且开始着眼于洗手方面。作为一种阻止销售下滑的手段，lifebuoy品牌将吸引并赢得顾客的希望寄托在公司与政府合作项目的工作上。

1. Lifebuoy **发展史**

1894年，印度利华的前身利华兄弟公司创立Lifebuoy品牌，它混合了阳光（Sunlight）清洁剂生产过程中的残余物、红色颜料和甲酚酸，从而形成了一种强力肥皂。一开始，印度利华就把亮丽的红色和卫生碳酸的味道与“健康清洁”联系起来。从20世纪60年代开始，Lifebuoy的品牌信息通过广告中使用

的一个体育术语得到强化。一名生龙活虎、精力充沛的体育运动员需要一种强效肥皂，以获得真正的洁净。在一个团队竞技图案的背后，响起了 Lifebuoy 的铃声——“哪里有 Lifebuoy，哪里就有健康!”印度利华将肥皂推销给年龄在 18 ~45 岁、家庭月收入的平均数在 2 000 卢比左右（约合 47 美元或 290 元人民币）的印度男性。这些人是半文盲的农民或建筑工人，生活在不足 10 万人口的城镇里。截至 1986 年，Lifebuoy 的销售量超过了 10 万吨，其中 70% 来自乡村地区。到 1992 年时，Lifebuoy 的销售量超过了印度的其他任何一种肥皂。20 世纪 80 年代初期，价格便宜的美容香皂开始蚕食 Lifebuoy 的利润。正如 Lifebuoy 品牌启动经理哈普里尔·辛格·提伯所说：“我们一直在说健康、健康、健康，随着时间的推移，健康变得和干净的基准水平是同义的了。时间一长，每一种肥皂都开始宣称健康，结果是我们反而被认为还停留在防护的基本水平上，所以我们的健康产品变得越来越不够吸引人了。”他进一步解释说，碳酸的香味也过时了，原因是青年一代和女性更加偏爱花香。但与此同时，具有 107 年历史的 Lifebuoy 老字号的巨大商标价值，尤其是它在印度乡村的价值，却是公司难以割舍的。

2. **健康品牌的复兴**

鉴于以上情况，Lifebuoy 团队决定重新思考他们的宗旨。印度利华主席曼温德·辛格·邦高提议为肥皂创造新的机会：“如果 Lifebuoy 意味着改善健康，并且一切都与杀菌有关，那么为什么它仅仅是一块肥皂呢？为什么不是洗发水、爽身粉等？然后你们开始思考让这种牌子整天都与消费者联系和接触的方式。该品牌如何才能接触消费者？今天我们只能让消费者在沐浴时才接触它。但是当你们在上述框架中去思考问题时，你们告诉我细菌可能从什么地方侵入生活，Lifebuoy 能在哪里发挥作用，借此，你能找到浮现出来的整个增长机会的集合。”

沿着这一方向，营销团队为品牌确定了新的、与所有印度人相关的宗旨和愿景——专注于印度人民的健康和卫生要求，使他们无论身处何地，都感觉到安全可靠。

团队决定将使用肥皂和消除家庭健康隐患联系起来，从而发挥该品牌具有悠久历史的健康平台的作用。印度利华还将用于证明肥皂如何能够帮助消除常见健康隐患（如痢疾）的数据同 Lifebuoy 品牌联系在一起，该公司发现，印度家庭的成员经常患上胃部感染（痢疾）、眼部感染和伤口感染。如尤里·贾殷所言，对于一个印度家庭来说，这导致了时间和可支配收入的重大损失：“每次发生痢疾，就有治疗费、医药费和诊断费，而对一个贫困家庭来说，这种情形每年会有 2 ~6 次。所以，如果使用肥皂，这些事情累计起来能产生大量的节约。”团队还将目标市场从男性改变为整个家庭，以扩大健康信息的受众，迎合女性对家庭采购影响力增强的趋势。印度利华希望这一复兴的健康平台可以为新的 Lifebuoy 目标消费群带来适用性，同时再次向现有顾客阐明：它仍然是一种健康肥皂。

3. 产品、成本和营销战略

为了解决 10 亿印度人的健康需要，团队重新研制了配方，使之适用于大众市场，并且容易被接受，也使人支付得起。印度利华用一种更为芳香的气味代替了原先的碳酸气味，以提高对家庭和女性的吸引力。团队还将生产过程从"硬化"肥皂生产改变为"碾磨"肥皂生产，这一改变使得 Lifebuoy 肥皂更耐用，产生的泡沫也更多。现在这种肥皂把全家健康作为其新的市场定位。除了这些变化之外，印度利华还希望确保可以在健康平台上实现产品差异化。团队决定在产品中加入三氯生（一种常见的抗菌剂），以增强肥皂的抗菌力度。在产生消除和预防细菌再生的健康影响方面，加入抗菌剂是至关重要的。该公司把这种成分命名为"活化剂-B"，以告诉消费者 Lifebuoy 提供了超越其他产品的附加健康利益。团队还做了一些工作，确保对消费者来说，Lifebuoy 是可以买得起的。你必须算出人们准备支付多少，这就是我的价格。现在看看我的目标利润是什么？它定出了你的目标成本，也就是一种挑战成本。接着你不得不创造一种实现该挑战成本的商业模式。"

Lifebuoy 团队已经把自己的利润投资于产品配方的重新设计，并补偿因添加三氯生成分而产生的追加生产成本。因此，该团队调整了产品的价格和配置，以满足对成本的挑战；同时创造了一种可行的模式，以提供一种低成本、面向大众市场的肥皂。团队确认，产品的改变和杀菌成分的添加的确创造了附加的"物有所值"，因而将价格从 8.5 卢比提高到 9.5 卢比。同时，从"硬化"肥皂生产过程到"碾磨"肥皂生产过程的改变，产生了更加耐用的肥皂，使得团队能够以更小的皂块提供相似的价值。由于碾磨式的肥皂生产过程已经用于印度利华绝大多数其他品牌肥皂的生产中，所以采用这种改变的学习时间最少，该项转变在一个星期之内就实施完毕。印度利华的一位高级产品开发级经理古尔普雷特·科利叙述了改变的情况："我们还按照这样一种方法来设计（新的 Lifebuoy），它不会在我们或消费者的成本中占太大分量。我们改变了产品的包装、大小、配置，重量由 150 克减到 125 克，但它耐用的时间一样长。"团队还针对那些买不起 9.5 卢比肥皂的消费者，开发了一种 60 克的肥皂，定价为 4.5 卢比。接下来，团队制作了新的系列商业广告，将 Lifebuoy 与痢疾、眼部传染和伤口感染等的预防联系起来。这些商业广告通过大众媒体渠道影响消费者。但是，在占 Lifebuoy 销量 70% 的乡村，居民通常生活在接触不到大众媒体的地方，因此，印度利华还需要一种特别的方法去打入乡村消费群体中。

问题 6：印度利华为何在合作的同时，独自进行 Lifebuoy 品牌产品的营销？

思考提示：在合作的同时，印度利华独自进行 Lifebuoy 品牌的渗透。对印度利华来说，用肥皂洗手是改变洗手习惯的重点，同时也是他们介入这个项目的重点。使用印度利华的肥皂洗手，不仅对推进这个项目有持续性，也是其动力所在，因而他们从产品、渠道、价格、促销等方面都进行了重新设计，以迎合消费者需要。

六、新接触模式：多阶段接触项目和增进健康

1. 健康信息和乡村消费者

要影响乡村消费者，必须先了解乡村消费者的行为和偏好。印度利华研究了卫生和洗手习惯以及使用肥皂的触发点，结果发现，尽管对清洁的重视程度随时间推移而提高，但绝大部分顾客仍然将清洁和除垢（而不是除菌）联系在一起。例如，在乡村地区，重点小组和观察式访谈的参与者通常把黏糊、油腻或难闻的手描述为被弄脏的手。但是，如果他们的手看起来干净，并且感觉也如此，那么他们就认为手是干净的。通过这项调查，印度利华确信，促使消费者洗手的出发点是清除令人讨厌的脏物，而不是杀灭那些导致感染的细菌。公司也发现，这种“眼见为净即安全干净”的观念导致人们不常洗手，限制了肥皂的使用频率。

对重点小组的研究显示了类似结果，即 13 人中只有 5 人饭前洗手，18 人中只有 10 人在准备食物前洗手。而且，如果消费者确实洗手的话，他们最常用的是水或肥皂的替代物，如泥或灰。该项研究还发现，在处理完牛粪之后，7 名受访者中有 5 人用水冲洗手，1 人用泥洗手，1 人用肥皂洗手。消费者不用肥皂的原因是他们不相信自己脏，或者他们不认为肥皂比水或肥皂的替代物有更大的益处。因此，印度利华决定就细菌及其对健康的影响对消费者进行教育，以期使消费者意识到肥皂是阻止细菌感染的一种手段，提高其使用频率。印度利华与奥美广告公司在印度乡村的延伸服务机构合作，设计了一项行为变革教育运动，它专注于把 Lifebuoy 肥皂的健康属性和杀菌的健康信息联系起来。

印度利华和奥美广告公司列出了以下关键信息：①看不见的细菌无处不在。②细菌导致乡村家庭的常见疾病，包括受痛苦的胃部、眼部和皮肤感染。③加了活化剂-B 的 Lifebuoy 香皂可以使你免受细菌侵害。④用 Lifebuoy 肥皂洗手，可以预防感染。

接着，印度利华有限公司着手创立一个综合性的项目，目标是影响村庄的所有成员，以形成持续的行为变革。哈普里尔·辛格·提伯解释道：“如果进行多阶段接触的话，它必须是低成本的，它必须是一个广泛参与和可持续的项目，它必须是互动的，因为你正在尝试开展行为变革。接触印度村庄的成本非

常高，我不能长时间做这件事，所以我需要使社区热切地加入到这个项目中，并且让这项运动持续下去。因此，社区的参与是非常重要的。”

印度利华把该项目命名为“Lifebuoy 增进健康”。公司希望将洗手的触发点从“眼见为净即安全干净”改变为一种经常洗手的社会习俗。

2. 项目模式：低成本、广泛参与和可持续

尽管印度利华和奥美广告公司的合作团队相信这一项目能有效地改变乡村消费者的行为，但是预计费用不菲。初期的计划活动要求来自奥美广告公司的两人团队乘敞篷车出行，车上配备视听器材、活动挂图、交互式游戏和一部“细菌发光”演示片。每次出行的成本为大约 4 000 卢比（约合 87 美元）。如果要使项目按需要进行扩展，那么这些初期的费用就显得太高了，考虑到项目资金来自 Lifebuoy 的营销预算，这一点尤其明显。因此，合作团队确定了模式指导原则：它必须是低成本、广泛参与和可持续的。为了使印度利华和社区在项目上的支出达到最小，合作团队决定从当地招聘懂得方言且能够利用本地交通方式的助手。除此之外，他们不再使用昂贵的视听设备，并且只使用低成本的道具。这些措施帮助团队把每次出行的成本从大约 4 000 卢比减少到 800 卢比（即从大约 87 美元降到 17 美元）。

由于该项目不能立即在全国铺开，所以印度利华系统性地按项目目标进行区域选择（遴选标准见下表）。通过这种方式，该公司最大限度地扩大了新顾客的接触面，也使老顾客确信新的 Lifebuoy 配方设计比原有设计更好。首先，印度利华着眼于直接的媒体接触。其次，公司考虑每个邦的消费量，并选择那些对 Lifebuoy 品牌忠诚度比较高的邦。印度利华发现，Lifebuoy 在马哈拉施特拉邦、比哈尔邦、北方邦、卡纳塔克邦、贾克汉德、中央邦、西孟加拉邦、恰蒂斯加尔和奥里萨邦等地有牢固的品牌地位。接下来，该公司评估了各地区的数据，判断哪些邦不常用肥皂洗手的用户比较多，以及哪些邦占据 Lifebuoy 肥皂销售的较大份额。然后，公司将地区数据与媒体状况进行对照，希望“增进健康”项目在那些大众媒体手段接触不到的地区也能发挥作用。最后，该公司选择了有中学的村庄，以便能够通过当地学校系统进入社区。哈普里尔·辛格·提伯解释了这一选择背后的原理：“主要的受众是7～13 岁的中学生，他们是我们变革的载体。通过他们，我们的影响延伸到母亲和其他长辈，因为（这些学生）是家庭中文化程度最高的人。”

“增进健康”项目的村庄遴选标准

项　目	选择标准	结　果	表达的目标
媒体接触	媒体状况	媒体灰色地带和盲区（媒体渠道少于50）被选中	进入大众媒体接触不到的地区
邦的选择	Lifebuoy 的乡村份额和对总销售的贡献	份额高、贡献大的邦被选中	确定具体的邦，以增加 Lifebuoy 的消费量
区域的选择	不常用肥皂的用户比例和肥皂用户的潜力	不常用肥皂用户的比例高，而且肥皂消费量大的区域被选中	确定潜在的区域，以提高肥皂的使用频率
	Lifebuoy 在区域中的份额及其对总销售的贡献	Lifebuoy 份额高的区域被选中	增加 Lifebuoy 的消费量
行政区的选择	Lifebuoy 在地区的份额	份额超过 10 的地区被选中	增加 Lifebuoy 的消费量
村庄的选择	2 000 ~ 5 000 个有学校的村庄	9 000 个有学校的村庄进人候选名单	接触母亲和孩子

最终，Lifebuoy 团队在 9 个邦中选择了 1 万个村庄，印度利华在这些地方立足，以期取得绝大部分的市场份额，并教育最有需要的社区。目标明确的村庄选择方法，使 Lifebuoy 团队得以执行能引发终生行为变革的多阶段直接接触项目，从而对高增长的区域加以利用，以期由此导致肥皂消费量的长久增加。

印度利华通过奥美广告公司招募了 127 个两人团队，以期在第一年就接触大约 4 000 万人。由于成本低，而且实施方便，他们在第二年就把对象队伍扩充到 7 000 万人。该项目目前招募了 310 个团队，估计将影响目标邦内 30% ~40% 的乡村人口。印度利华还致力于确保产品在有关地区分销，让人买得到，以保证公司从项目产生的销售中获益。

问题 7：印度利华的项目是如何进行具体的设计的？

思考提示：在合作模式下，重要的就是具体的操作模式了。这是推进洗手计划的非常重要的环节。印度利华找到了痢疾预防的关键在于洗手，而解决洗手之难的路径是公司与政府及第三方（非政府）的公益组织间的合作。但在具体操作上仍然存在困难。解决这个困难则需要对目标群体的相关知识和具体的应对之策。印度利华的解决之道是充分地了解目标群体，有针对性地对群体进行细分，并且选择突破的介入点（引爆点），逐步突破。首先从健康理念的宣传带入产品的销售。整个宣传用易于被目标群体认可的低成本方式，并让目标群体参与进来（可降低成本），采取可以持续的方式，所以他们的最初介入点就是重点区域里的“有中学的村庄”。通过教师（新观念传播的最佳人选）的宣传，既能降低成本，也可以使人们广泛参与，而且具有可持续性。

3. 进入方法

“增进健康”项目的发展依赖于开创行为变革的一种结构性沟通，其步骤是：第一次亮相启动和提供信息；第二次亮相大规模地宣传；第三次亮相巩固并为发展做准备。每次公开宣传依靠五种关键的沟通策略，即教育、包容、震惊、反复、酬劳。这些构成了“增进健康”项目每一次采访的要素。具体的进入策略有以下四种：

（1）到学校和乡村作介绍。

首次见面会的对象是 5 ~ 13 岁的学童和他们的家长。一开始，Lifebuoy“增进健康”团队向观众展示了一幅交互式活动挂图，挂图讲述一位少年男生通过使用肥皂保持健康的故事。通过这一演示，孩子们对细菌有了认识，也了解了它们是怎样引起胃部、眼部和伤口的感染的。他们也知道了肥皂可以如何减少感染，以及使用肥皂的五个最重要的时刻：去盥洗室以后、饭前、饭后、洗澡时和玩耍后。

通过见面会，听众也了解了 Lifebuoy 肥皂的健康价值。在交流中，他们只提到肥皂的概念，没有提倡使用 Lifebuoy 品牌的肥皂。但是团队成员布置在会场周围的宣传品都印有 Lifebuoy 的商标。实际上是把这种肥皂归入健康肥皂的类别，因为它的功效优于平常的肥皂。健康肥皂是真正含有活性成分的肥皂，在抵御细菌时有双倍功效。

为了加深孩子们对 Lifebuoy 肥皂功效的印象，助手们还介绍了“Lifebuoy 英雄”。这是一个根除细菌行动的角色，助手们邀请孩子们在同学面前交流所学的知识，并向答案正确者奖励 Lifebuoy 肥皂。

接下来，助手们展示看不见的细菌的存在，告诉人们可以用肥皂去清除它们。为了使人们相信“眼见为净并非安全干净”，印度利华的团队开发了一个“细菌发光”的演示装置，它由一瓶发光细菌粉末、一盏黑色灯和一个黑色观察箱组成。发光细菌粉末代表细菌以及它们如何受肥皂影响。这些粉末被分别涂在两位参与者手上，然后一位参与者用水洗手，另一位用肥皂洗手。一旦浸入水中，发光细菌粉末就变得无影无踪，所以两双手看起来都是干净的。但是，当两人的手放进黑色观察箱、置于黑光照射之下时，与用肥皂洗手的参与者相比，仅用水洗手的参与者的手上残留着许多发光细菌粉末。这种有新意的演示，让乡村消费者见证了“眼见为净并非安全干净”，而且知道了用肥皂洗手有助于消除细菌。在发光细菌的演示之后，让孩子们绕着村子游行，反复宣传用肥皂洗手的重要性。在印度利华助手们的带领下，孩子们高喊着“增进健康”和“Lifebuoy能赶走细菌”的口号，提高了这项活动的展示度，并强化了先前的学习效果。最后，孩子们拿到了印有Lifebuoy健康信息的图画，用它们去装饰村子。

他们在村子里张贴了大约200幅宣传画，内容有“便后请用Lifebuoy”“饭前请用Lifebuoy”“洗澡时请用Lifebuoy把细菌赶走”等。当天活动结束时，助手告诉孩子们，他们将在两三个月内回来，安排一次社区特有的滑稽短剧节目，并且由孩子们表演。他们和当地学校的教师一起分配孩子们在短剧中的角色。这就要求孩子们在助手下次访问之前继续学习健康知识。家长们也为他们的孩子将在全村人面前表演节目而倍感兴奋。最后，助手们还制订了一项包装盒回收计划，孩子们只要在助手下次访问之前收集到3～5个Lifebuoy肥皂的包装盒，就可以得到诸如小收音机或游戏机之类的奖品。这项计划的目的，在于提高家庭的肥皂使用频率，从而惠及Lifebuoy的销售。

学校的事情安排完后，助手去拜会村里的长辈，交流类似的健康卫生信息。在引导村庄行为方面，长辈们通常是有影响力的。因此，尽早与这些人进行交流，是赢得所有人信任的一个关键。

（2）Lifebuoy村庄健康日。

第二天的活动以一个健康野营开始，对象是5～13岁的孩子及其家长。印度利华带来了一个乡村医生，让他对参与者讲述用肥皂洗手的重要性。助手还测量了孩子们的身高和体重，以确定他们是否达到健康标准。由于印度4岁以下的小孩有70%以上属于中度或重度偏瘦，因此印度利华为那些属正常范围的孩子颁发了“健康儿童”奖励，借此帮助家长了解健康的身高和体重。傍晚时分，孩子们在社区表演了健康短剧，朗诵了诗歌，通过这种方式再次传递健康信息，并吸引社区参与洗手运动。在此期间，印度利华也不断传递细菌和消除细菌的信息，反复进行发光细菌的演示，并向最佳表演者颁奖。

（3）痢疾防治研习会。

第三次出行是针对年轻的母亲和孕妇的，她们或许没有参加学生的社区表演。研习会期间，助手们讲解了痢疾有什么危险、如何传播、如何预防以及如何治疗。他们还为女性进行了初步的健康检查。

（4）推出Lifebuoy健康俱乐部。

在第四次出行时，印度利华的助手们宣布组成一个健康俱乐部，其活动以卫生和保持乡村整洁为中心。助手将会回访4～6次，以举行健康俱乐部集会，并维持人们对健康卫生事务的积极参与热情。俱乐部预期将通过Lifebuoy俱乐部活动日等方式而持续下去。

问题 8：印度利华是如何有步骤地实施洗手项目的？

思考提示：根据印度利华的项目设计，在实施中最重要的就是如何低成本、广泛地参与并且可持续地与目标群体接触，而这些被有步骤地设计为循序渐进的四个活动：一是通过学校及乡村的介绍，二是在此基础上搞村庄健康日活动，三是有针对性地搞痢疾防治研习会，四是推出 Lifebuoy 品牌的健康俱乐部。通过这些活动有效地推广健康肥皂洗手的观念，并吸引目标群体购买 Lifebuoy 品牌肥皂。这在印度乡村的推广非常有效，他们同时建立了有效的营销渠道。他们先在各镇建立销售点，在各村进行活动的同时，选定代购员，到镇上销售点为需要的人家购进肥皂，这样既降低了销售成本，又方便了使用者。这种在镇以下的地区进行无店铺销售的营销方式，使得渠道成本大大降低。

所有这些活动和做法，使得印度利华一举突破了洗手在实践中的难题，有效实施了洗手计划。

4. 项目的影响

印度利华的洗手项目取得了较大成功，但在销售上并非立竿见影。由于印度利华开展这项活动是基于这样一种信念：项目对印度人的健康和市场将会有长期的影响，因而，最初的效益并不明显，但经过两年的跟踪数据表明，项目已经引起了持续的行为变革，并且有 30% 的响应率，而且 Lifebuoy 第二年的销量在第一年的基础上增长了 30%，此后销量一直在增长。在开展该项目的地方，Lifebuoy 的销量一直在增加，并且这种模式开始应用到其他的市场、国家和地区。

七、印度利华肥皂洗手计划的启示

痢疾防治费用并不高，但是难以接触并教育贫民，让他们知道要用肥皂洗手。印度利华是印度最大的肥皂生产商，它帮助创立了一种独特模式，以公共部门和私营部门的合作，有效地解决了这一公共健康难题，给我们留下许多的启示。

（1）产品差异化扩大了肥皂产品的市场空间。向穷人提供买得起的健康肥皂，通过健康概念对肥皂产品进行差异化，开创了更大的市场空间。在印度，肥皂被认为是一种美容产品，而不是健康产品。印度利华通过改变习惯，将健康观念联系起来，提高了大众市场的低成本 Lifebuoy 品牌的肥皂销售，建立了一群新的肥皂消费者的品牌忠诚度，实现了“提高生活质量”这一公司目标，并且对其他国家的相似销售都有借鉴意义。

（2）社会市场营销。通过洗手进行肥皂产品的销售，从而遏制了痢疾的传播。对于公共卫生问题、传播健康卫生信息、扩大肥皂市场都大有好处。同时使得印度利华牢牢地控制了印度市场。

（3）发展专门知识以推销健康。洗手计划看似简单，但其商业模型的核心是公私合作，在具体的操作中有很多难点，如何在渠道上，特别是在低成本运作上对顾客有良好的接触，需要专门知识。这一点印度利华的能力使我们叹为观止。

他们将合营伙伴——非政府组织和政府、“增进健康”项目与学校、健康教育运动和低成本产品组合起来，形成一种广泛参与的方式，成功地将卫生行为的改善转化成销量的增长。

（4）建立了一种新型的商业模型，具有推广价值。与政府和第三方组织合作的项目，通过商业合作来促进新的健康理念的传播，并承担公共事务责任，解决社会中的公共卫生问题，促进社会进步。该项目在第一年就影响到7 000万人以上，在印度的9个邦运营，在其他5个国家进行项目规划。

“推销”健康的商业模型的核心，就是在私营企业和公共卫生部门及组织之间发展成功的合营伙伴关系。他们需要共同投资，共同努力。私营组织围绕行为变革和低成本产品配送去贡献自己的竞争力，而公共组织则有效地向消费者提供信息传递渠道，扩大产品的覆盖范围。两个群体都投资并处理共同的问题，但它们所关心的却是由此产生的两种不同结果：非政府组织和政府对改善生活质量感兴趣，而私营企业则试图增加收入。

学会如何建立合营伙伴关系，以及如何在合作项目中工作，也是一个非常重要的问题。这个项目中印度利华也曾因用带品牌标志的产品宣传受人诟病，很多人认为用洗手计划促进肥皂消费是一场商业预谋。因而在运作过程中，印度利华通过自己的社会营销行为让人们认识到：他们所做的事情是真正对预防痢疾有益的，对社区和社会有益的，他们帮助了穷人。而在这个过程中，印度利华在其中的得利是正当的，而不仅只是谋利之徒。

印度利华已经取得了一种竞争优势。该公司利用其获取公共健康渠道的经验，将产品作为健康解决方案去销售，同时也提高了其在印度和国外的市场份额。

（本文中案例部分根据《金字塔底层的财富》一书中相关内容并参考其他文献编写而成）

讨论题：

1. 印度联合利华有限公司如何通过合作实施洗手计划来解决痢疾造成的公共健康问题？

2. 在项目实施中他们是如何低成本并有效地接触目标群体的？

参考文献：

1. 普拉哈拉德．金字塔底层的财富［M］．林丹明，徐宗玲译．北京：中国人民大学出版社，2005.

2. 特雷弗·菲希洛克．印度人［M］．上海：上海译文出版社，1990.

3. 印度利华有限公司：http：//www. hul. co. in/.

4. 潘松．我们向印度学什么［M］．北京：机械工业出版社，2010.

5. 爱德华·卢斯．不顾诸神：现代印度的崛起［M］．张淑芳译．北京：中信出版社，2007.

6. 佚名．本土化——联合利华精明的销售策略［EB/OL］. http：//www. zghzp. com,2006 - 10 - 12.

7. 佚名．印度开拓穷人市场值得中国借鉴［EB/OL］．中国新闻网，2009 - 10 - 28.

8. 联合利华巧占印度农村零售市场营销案例：http：//www. mktquan. com/article_show. asp？atcID = 373.

新中源商业模型再造

段淳林　邓耀邦　林伟豪

◇**案例导读**　当今陶瓷行业竞争白热化，在这种形势下，新中源陶瓷是如何从激烈的市场竞争中突围，跻身“中国最具价值品牌500强”，成为中国建陶行业佼佼者的呢？本案例描述了新中源从核心技术创新、产品升级和品牌经营入手，从利用独特的“成本策略”使其不断壮大，到“五星级团购”“大展厅营销”的巨大成功，深刻剖析了新中源如何成功地完成从以产品生产为中心的成本战略到以营销创新和品牌为中心的品牌战略的华丽转身，重新构建了使其持续成长的商业模型……

一、新中源陶瓷品牌成长历程

1. 新中源陶瓷品牌经营概述

新中源集团诞生于1984年，自1995年进军建筑陶瓷（以下简称“建陶”）行业以来，新中源陶瓷以“脚踏实地，做好瓷砖”为理念，以打造世界级品牌为目标，不断改革创新，取得非凡成就，树立了中国建陶行业的标杆。迄今为止，新中源陶瓷不但首批获得“中国名牌产品”“中国驰名商标”“亚洲品牌500强”等称号，而且被广东省人民政府确定为全省13家冲刺世界名牌企业之一。目前，新中源陶瓷跻身“中国最具价值品牌500强”，品牌价值高达20.35亿元。

目前，新中源旗下拥有十家大型现代化陶瓷生产工厂，分布在广东顺德、三水、河源、清远，四川夹江，江西高安，湖南衡阳，湖北当阳，沈阳法库，河南鹤壁，其产能居世界首位，并率先通过了ISO 9001国际质量体系认证及中国国家强制性产品3C认证，所有产品均严格按照国家标准检验出厂。

新中源产品规格齐全，产品线覆盖陶瓷卫浴等全线产品，能够大规模生产抛光砖、瓷片、微晶石、仿古砖、卫浴洁具、玻璃马赛克、艺术拼花、外墙砖、广场砖等各大类型产品，为消费者提供丰富的选择。

新中源先后涌现出省部级重点新产品，获国家专利超过1 000项。其中，行业首创、具有革命性技术突破的“超洁亮”工艺解决了抛光砖的渗污和光泽度两大难题，提高了抛光砖的整体技术水平；而1.2×2.0米的世纪砖王不仅被评为广东省重点新产品，并荣膺世界吉尼斯中国之最；另外，新中源掌握微晶石的核心技术，推出了六代微晶石产品，树立了行业的产品标杆；旗下新中源仿古砖的“干法施釉”技术更是行业领先技术。新中源在业界率先在总部建设近万平方米的五星级大展厅，开创了“大展厅营销时代”，正是这种展示其规模优势与雄厚实力的营销战略推动着新中源的迅猛发展，同时也促使整个建陶产业的格局发生了重大变化。

根据企业所处的不同发展阶段，新中源对企业发展战略进行了阶段性的修改，使之能适应新的市场环境与消费者需求，其中最关键的转变便是从以产品生产为中心的成本战略到以营销创新和品牌为中心的品牌战略的转变。

问题1：新中源目前的商业模式和之前的商业模式相比，有什么区别？

思考提示：之前的商业模式更多的是一种完全致力于制造业的模式，当时的渠道建设也是依赖于生产制造。而今，在全国范围内的十大基地建成之后，新中源的生产成本逐渐降低。公司也越来越注重高端产品的研发，以及高端产品在核心市场的占有率。

2. 成本策略壮大新中源

近年来，面对原材料价格一路上涨、劳动力成本不断攀升、企业运营成本逐年提高的现状，陶瓷业的“低成本时代”宣告结束，随之而来的是“高成本时代”，且将成为今后的主流。高成本时代对陶瓷业是一个巨大的考验。

陶瓷是一种特殊的产品，制造成本、原料成本、劳动力成本、运输成本相比于其他类型的产品都高出很多。对此，新中源经过了这么多年的摸索，针对原料和劳动力成本采取了基地外迁的方式，在全国建设了十大生产基地，同时首创了“3+1”的经营模式，完善渠道建设，通过与经销商的协同营销来实现渠道的价值提升。这便是新中源独特的“成本策略”。

（1）十大基地。

被誉为“南国陶都”的广东佛山拥有悠久的陶瓷生产历史，多年来，凭借规模化、产业化和现代化的生产运营领跑中国建陶产业。但是，产业的发展造成了资源约束的加剧，同时，进入21世纪以来，在人民币升值、税收等各项政策从紧的大背景下，企业的利润增长空间进一步压缩。近年来，佛山加紧推动陶瓷产业结构调整，以提升佛山陶瓷企业在全球的核心竞争力。

面对新的政策环境和不可逆转的产业发展趋势，新中源自2000年开始率先西进，于四川省乐山市夹江县建厂，成为佛山首个走出广东设厂的陶瓷企业。2001 年 6 月，广东河源新中源投资项目动工，并于 2002 年 9 月正式投产；2002 年 5 月，广东清远项目签约，先后兴建了 13 条抛光砖生产线和一个洁具厂；至 2009 年，新中源陶瓷已经分别在湖南衡阳、江西高安、湖北当阳、沈阳法库、河南鹤壁建厂，加上早期在佛山顺德、三水建设的生产基地，新中源成为行业内首家在全国范围内完成多基地产业战略布局的陶瓷企业。至 2010 年，新中源陶瓷十大生产基地已经全面运作，逐步形成“战略生产基地 + 辐射区域市场”的新产业模式。十大基地的建设落成为新中源陶瓷实现跨越式成长奠定了坚实的基础。生产基地的建设对于新中源来说，意味着后劲十足的产能支持，并且，区域化布局、生产、销售为企业带来了运输和原材料成本的优势，以及地方政策的优惠。在陶瓷行业内，建陶产品都有一个销售半径的问题，与终端市场和原材料供给要保持合适的距离，才能保证利润最大化。新中源以全国十大基地为依托，各有侧重，紧密贴合当地市场，大大缩短了产品运输半径。以湖南衡利丰生产基地为例，其产品主要销往湖南以及与之毗邻的湖北、广西、贵州和江西等华中腹地，这种经营特点为新中源陶瓷在全国各区域的竞争注入了强大动力。

（2）“3 + 1”模式。

为了打牢市场基础，新中源注重培育三、四级市场，在基地导入“3 + 1”模式，即网点数量的普及、专卖店建设、团购和工程渠道的开展。其中第一点的网点建设和第四点的工程渠道主要解决销量问题，以期打开市场占有率，支持品牌的发展；第二点的专卖店建设主要解决品牌的终端形象问题，第三点的团购主要解决在终端的营销模式问题，这两点有效结合则能提高品牌知名度，健全经销商对产品的盈利模式。“3 + 1”模式体现了新中源清晰的品牌经营思路，是新中源进一步巩固品牌基础、支撑品牌价值和提升品牌形象的良好途径。

为保证“3 + 1”模式的顺利执行，2011 年起，新中源对经销商的评定方案以“3 + 1”的标准为基础，业绩考核与薪酬严格根据这一方案来判定。这一考核制度将保证“3 + 1”模式的顺利实施。

（3）协同营销。

协同营销是结合生产商与渠道商的共同努力，以达到一种生产商在区域促销中的价格与品牌形象相互满意的结果。协同营销不仅仅是和渠道商的协同，还包括上、下游之间的协同，各部门内部管理之间的协同，产、学、研的协同，以及不同企业之间、产业之间的协同。新中源陶瓷的协同营销战略主要体现在以下两个方面：

①与经销商的协同。新中源打破过去陶瓷行业长期以来厂商“两层皮”的局面，注重加强、加深与经销商合作的紧密性，对经销商进行培训和指导，以及一系列的营销政策，与经销商结成利益共同体。

②与设计师的协同。在建材市场中，设计师主导了整个家居的布局和设计，消费者对设计师知识性和专业性的信任与依赖使得设计师这一群体已经从空间设计和材料应用上逐步控制了企业的营销路径。新中源陶瓷充分认识到设计师在整个品牌构建和营销战略过程中的重要地位，通过设计师在新产品的研发和整体卫浴的客制化设计，来满足不同档次消费者的个性化需求，从而实现品牌的独特性和差异性。在引进国际顶尖设计师指导的同时，在 2009 年底，新中源与中国建筑学会室内设计分会携手，独家冠名 2010、2011、2012 年"新中源"杯亚洲室内设计竞赛中国区选拔赛，通过与设计界高端大师的直接对话，新中源在设计行业以及赛区业主间的美誉度大大提升。

问题 2：新中源有没有可能成为像宜家那样的世界品牌?

思考提示：一般而言，第一次创业依靠的是创业模型，但是要成为世界品牌，还得依靠国际化模型，即以价值作为盈利的基础，以概念推动品牌创造。宜家在价值链中，比如从原材料、设计、配送等每一个环节都追求价值最大化。新中源也需要在经营中提炼出合适的概念，以摆脱原料指向型和市场指向型的模式，从而成就品牌。新中源需要从多层面入手，一是技术创新上，追求瓷砖的"薄"；二是新的市场解决空间，主打文化空间；三是建立服务上的理念，以超越"卖产品"的概念。

问题 3：生活方式上有哪些特质，让消费者愿意跟随新中源?

思考提示：新中源的特质一是基于品牌背景的故事，二是具备一些符号象征物，比如人物、历史事件、佛山特有的东西。新中源可以尝试为一部分高端人群提供专属服务（如旅游、骑马等）。不过有一点，品牌价值点在大众传播和高端传播中是一致的，并且新中源将充分利用外力进行传播。这个外力就是消费者体验之后的口碑传播。

3. 品牌策略再造新中源

新中源陶瓷早期主要是以制造低端陶瓷产品为主，从成立起就秉承"脚踏实地，做好瓷砖"的经营理念，专注于价值链的生产制作环节，是一个以生产为导向的企业。如今的新中源陶瓷意识到消费者行为的转变，相应地调整企业的发展战略，慢慢从生产导向调整为消费需求导向，从而进入一个商业模型再造的阶段，即进入品牌发展期，注重品牌发展力。

新中源的品牌策略最重要的一点便是从多品牌战略转向集中打造核心品牌。新中源集团是陶瓷行业中多品牌战略的先行者，从 1999 年 6 月开始，分别策划"新中源""新万里""圣德保"三个品牌，以高、中价位及市场区隔增加市场份额。其中"新中源"品牌定位高端，在整个集团中处于主体位置。

在陶瓷行业，新中源是最先推出多品牌战略，也是最先开始收敛的企业。历经几年的快速增长以后，近年建陶行业的营销环境已出现巨大变化，消费者的品牌意识越来越强，多品牌运作难以实现真正意义上的品牌建设和品牌传播，集中精力和资源打造一个或几个强势品牌开始受到重视。为了实现多品牌向单品牌战略的转变，集团提出做强“新中源”这一核心品牌，计划在三到五年内实现国内市场占有率单一品牌第一的目标，配合生产基地大展厅的营销策略，在全国推动五星级团购，并在一线城市北京、上海、天津建立分公司，实现品牌的全面提升。

（1）五星级团购。

开展五星级团购是新中源陶瓷在大展厅建设后的又一重大营销举措。2008年，新中源陶瓷首家开创“五星级团购”活动，开行业营销模式创新之先河。

新中源团购模式采用免费承担全国各省市购房业主往返的路费（根据地域不同乘坐豪华汽车、火车、飞机往返）、五星级酒店食宿（华夏新中源大酒店）、五星级景点旅游（游览佛山的名胜）、五星级建陶展厅实地考察选购（新中源陶瓷总部体验式展厅）、参观五星级家具城（佛山乐从国际家具博览城）。整个过程均有豪华大巴接送，并由专业人员接待，所有产品均以超低价格销售，无须消费者“抱团砍价”。

从2008年的“火红中国”到2009年的“感恩中国”，再到2010年“欢乐中国行”，新中源开创的“五星级团购之旅”颠覆了以往陶瓷营销的传统方式，在两年多的时间内风靡全国236个城市，成功举办365场，成交率在90%以上。2010年，新中源在广东省外六大基地全部组建了独立的销售团队，把团购模式引入终端，改变早期团购只在佛山总部开展的传统，四川、湖北都先后举办过团购活动。

新中源首创的陶瓷团购模式，改变了消费者传统的购买习惯，为消费者带来更多实际优惠利益，提升了产品销售量和品牌号召力，获得了广泛的品牌知名度，而更重要的是缩短了品牌与消费者的距离，双方更能达成有效的沟通和互动。

（2）大展厅营销。

早在2000年底，新中源就建立了一个5 500平方米的大展厅，充分展示了企业实力、产品和产品的空间应用，创造和推动了中国陶瓷行业的大展厅营销模式。

目前，新中源不仅拥有规模达9 600平方米的佛山总部大展厅，更致力于在全国主要一线城市建设品牌旗舰店。在上海，新中源旗舰店坐落于青浦区意邦国际建材中心，总面积达8 000平方米，三层展厅按照不同系列展示品牌产品，整个展厅设计雍容、大气，充分展示了新中源的高端品牌形象；在北京，位于十里河总部基地的新中源万峰石材北京旗舰店于9月12日重新开业，展厅面积达1.2万平方米，店内集中了石材、瓷片、仿古砖、卫浴等各类产品，通过数十间实景体验间来全面展示。此外，展厅内还设置了参观休闲区和VIP俱乐部，整个旗舰店装修豪华，功能完善，在北京无其他陶瓷品牌能与之相比。

陶瓷行业作为一个低关注度行业，终端店面的建设是企业吸引消费者关注和认知、获取市场认可非常重要的途径，而在一线城市建设旗舰店，对于品牌形象的提升来说，无疑有着十分重要的战略意义。

问题4：欧神诺在创新方面做得很好，与新中源相比较，在商业模型上有什么不一样？

思考提示：主要在于单一品牌和多品牌的不同。欧神诺是陶瓷品牌的旗帜，它走的是单一品牌的道路。这种品牌战略的优势在于它的内部更简洁，对市场的反应更灵敏。而新中源是多品牌化战略，市场线非常之长。当然，新中源现在也着力于创新，微晶石就是他们非常强势的创新成果。只有创新，才能推动品牌一直往前发展。

问题5：新中源品牌是立体化的，在传播上如何处理得当？

思考提示：主要是结合产品特性进行独特传播。目前新中源还得做好几件事：第一，要充实品牌的内涵，如果选择的是切合生活方式的战略，那就必须思考什么生活方式才是具有代表性的；第二，要将“商”的思维应用到技术上，一心一意将运输成本降下来。这两步做到了，新中源将有巨大的升值空间。

二、商业模型

1. 需求搜索

（1）行业趋势。

随着房地产市场的日益繁荣，紧紧围绕着房产伴生的瓷砖市场需求巨大。目前有近3 000家本土企业生产的瓷砖产品在市场上销售，竞争日趋白热化。众多的国外瓷砖品牌也非常看好中国市场，部分品牌还表示有意进入国内高端瓷砖市场。和其他行业相比，中国的瓷砖市场品牌林立，市场集中度极低。目前没有一个品牌的市场份额超过5%，和比较成熟规范的汽车、家电等行业市场份额高度集中的情况形成鲜明对比，这也反映出瓷砖行业的整体营销水平偏低，企业普遍缺乏经济规模，缺乏能引领、左右市场的强势企业和领导品牌，同时也表明建筑陶瓷市场还没有形成稳定的市场格局，市场的变数还很大。目前整个瓷砖市场高、中、低端市场呈金字塔状，2010 年瓷砖市场容量大约为 1 300 亿元，其中高端市场 10%，中端市场 30%，低端市场 60%。虽然高端瓷砖市场占有率较低，但是巨大的利润收益却不断吸引着各大品牌抢占市场。

我国瓷砖行业与房地产、装修行业息息相关，在更大的程度上与整个国民经济发展密切相连。建材下乡给瓷砖业带来了一个巨大的发展机遇。随着城市化进程加快，中小城镇建设投资规模的大幅增长，住宅产业化和人民生活水平的提高及农民住房的改善，对高品质、多功能的绿色建材产品以及工厂化系统集成住宅产品的需求快速增长，在未来相当长的时间内，我国瓷砖业仍将保持较高的增长速度。从市场的发展趋势和消费者消费角度而言，高端品牌的市场占有率会持续上升，这是市场发展的必然趋势。

（2）消费趋势。

随着国民经济的持续发展、人民生活水平的提高，人们的消费观念也发生了重大变化，开始注重住房的装饰、装修，追求舒适优雅的生活环境，由最初的居住追求上升到生活享受，对于家居装修的需求从单一上升到多样，讲究个性、品位与享受。目前，中国的消费群体开始分化，有一定资产实力的成功人士对家装建材的追求往高品质、品牌化发展；中层消费人群开始追求时尚化、个性化的家装品牌；普通工薪阶层所追求的是高实用性和高性价比的家装品牌。同时，随着后消费时代的到来，人们的消费理念从之前的单一产品功能消费，到产品特色消费，更重要的是开始注重生活方式的消费。

面对消费者对陶瓷产品的品牌化和品质化需求，一些陶瓷企业开始注重对品牌的打造，在终端形象店面打造、设计师渠道建设等行业常规营销方式之外，利用广告直接面向消费者塑造品牌形象、借助互联网的力量打入消费者群成为一种趋势。2008 年北京奥运会期间，广东蒙娜丽莎陶瓷有限公司凭借网络营销取得品牌知名度的显著提升，销售业绩也突飞猛进。2010 年，广东东鹏陶瓷股份有限公司在 CCTV－2《交换空间》栏目和 CCTV－5《体育资讯》栏目投放最新广告片，与同时期的加盟招标互相配合，以期向社会大众展示企业实力，强化品牌知名度。但从总体上来看，我国陶瓷企业的广告投放及营销活动的开展还比较零散，很少有企业对整体的广告投放作出合理计划，对各项品牌推广活动的推广缺乏整合，品牌诉求仍停留在产品功能和产品特色层面。

（3）建陶企业发展趋势。

中国建陶行业经过近 30 年突飞猛进式的发展，目前业内企业基本形成了三种企业类型（见下图）：

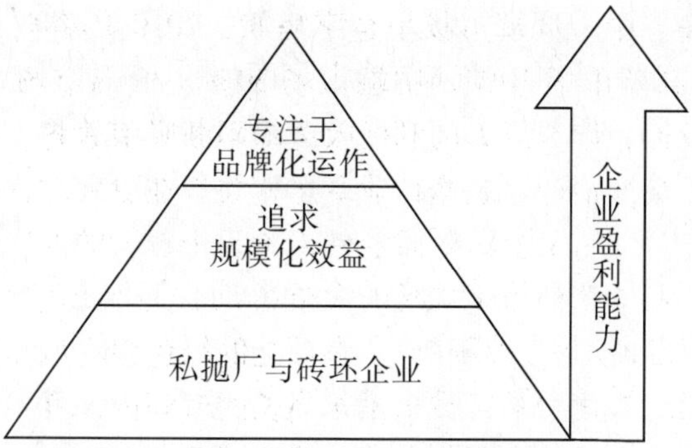

建陶行业的三种企业类型

第一种是专注品牌化运作的企业，以 8～15 条窑炉的企业为主，其创新能力强，市场营销也做得好，经过多年的经营，在业界拥有一定的影响力和品牌附加值，销售额逐年增加，企业盈利能力强，产能根据销售情况渐进式扩张。

第二种是追求规模化效益的企业，以 30 条窑炉以上的企业为主，这类企业的产品以模仿跟进为主，其核心竞争力是低成本扩张，以产能大扩张来压低产品成本，整个终端销售也比较简单，即低价竞争，薄利多销，企业的规模较大，销售额大，但企业大而不强，品牌附加值不高。

第三种是私抛厂与砖坯企业，部分既无规模优势，又缺少创新能力，市场营销水平差。在激烈的市场竞争中，自有品牌销售逐年下降，为了消化产能，先是为别的企业贴牌加工，后来业内出现以低成本竞争的私抛厂，于是形成了砖坯企业和私抛厂资源整合模式。

2. 盈利能力

（1）创新经营，凸显核心竞争力。

“创新”是新中源企业的核心竞争力所在，是新中源的综合优势所在。在公司的生产经营方面，新中源强化企业内部管理，以“六高”准则即“管理高要求、生产高效率、员工高素质、技术高水平、产品高质量、营销高流通”为宗旨，创造出五位一体（即企业文化、高科技、优化管理、产品、生活空间为一体）的新中源模式，使企业得以迅猛发展。

在生产开发方面，新中源拥有完善的科研开发设施和高效率的科技创新队伍，产品开发创新能力非常强。新中源先后在广东三水、河源、顺德、清远，以及四川夹江、湖南衡阳、沈阳法库、江西高安、湖北当阳等地区建成了现代化工厂，引进国内外先进的陶瓷生产技术及设备，具备大规模的生产能力。在不断创新发展的过程中，涌现出一批国家及省级重点新产品，先后荣获广东省优秀新产品一等奖和优秀新产品三等奖。其中，1.2×2.0 米的世纪砖王是目前国际上规格最大的抛光砖，并荣膺世界吉尼斯中国之最。

在产品设计方面，新中源产品规格齐全，品种丰富。抛光砖全部采用行业首创的超洁亮技术，已形成世纪砖王、神州玉石、昆仑玉石、黄金海岸、东方神韵、丹霞玉石、盘古开天、水木清华、江南烟雨、微晶钻、雪晶石、康桥恋歌、秦时明月、洞石等系列；新中源瓷片全新推出雅致空间、金彩空间、迷你空间、自然空间、彩云空间五大系列；微晶石有第一代“玉晶石”、第三代“玉韵风华”；新中源仿古砖有本色系列、东方印象、欧尚空间等系列产品；新中源卫浴定位全球，各种配套完善；新中源拥有各种艺术拼花、外墙砖、广场砖等系列建筑陶瓷墙地砖。新中源产品研发深入了解行业动态，紧跟国际潮流，产品结构多元，花色品种丰富，有效地拓宽了产品的市场空间，全方位巩固了新中源“新新精品，源源不绝”的品牌形象。

除此之外，新中源的创新营销方式也是广为称道的，如前面提到的新中源在业界率先采用大展厅营销模式，开创了大展厅营销时代，而新中源“旅游式团购”入选“2010 家居业十大创新营销案例”。正是新中源这种展示其规模优势与雄厚实力的营销手法推动着新中源的迅猛发展，同时也促使整个陶瓷产业的格局发生了重大的变化。

（2）体验营销，真诚让利消费者。

体验营销以拉近企业和消费者之间的距离为重要经营手段，成为企业获得竞争优势的新武器。但体验营销并不适合于所有行业和所有产品；陶瓷产品具有不可察知性，其品质必须通过使用才能断定，所以很适合运用这种方式。

因为陶瓷产品作为半成品的特殊性，所以终端的体验营销是影响消费者品牌认知和购买决策的首要渠道，包括终端旗舰店推广和都市生活馆。终端旗舰店可以实现终端的生动化、媒体化，提高新中源产品和品牌的感染力。新中源陶瓷都市生活馆可以最大限度地利用馆内装饰资源，让消费者与都市生活“亲密接触”，是新中源专注于抛光砖、瓷片、仿古砖厚积薄发的实力再现，也是时尚艺术与生活的高度融合。

对新中源这种陶瓷企业来说，优越的服务模式可以征服广大消费者的心，取得他们的信任，同样也可以使产品的销量大增。消费者在听、看、嗅的良好体验过程中，容易产生喜欢的特殊感觉。因此，良好的体验环境不但迎合了现代人文化消费的需求，也提高了商品与服务的外在质量和主观质量，还使商品与服务的形象更加完美。新中源陶瓷首创的“旅游团购式”体验营销模式，改变了消费者传统的购买习惯，也符合新中源陶瓷一直倡导的真诚让利消费者的原则，既提升了销量，又拉近了与消费者的距离，为建陶行业营销发展模式提供了新的发展思路。

2008 年至 2010 年，新中源陶瓷凭借其雄厚的企业实力和品牌感召力，先后发起了以“火红中国”“感恩中国”“欢乐中国”为主题的大型团购活动，无论是其营销模式还是规模都在业界掀起了一股不小的浪潮。这种以其不断创新的团购 + 旅游的营销方式及其他企业无法超越的豪华礼遇、前所未有的价格优势、贴心的专业设计咨询等带来的社会效益，足以证明其营销模式对行业、社会、消费者产生的积极意义。

（3）整合营销传播，提升产品附加值。

新中源的发展模式正处于一个由生产主导型向品牌主导型转变的过程中。生产环节是目前新中源的基础环节，是新中源的主要动力，但不是最终目的，新中源的最终目的是成为一个高品牌附加值的建陶品牌。盈利能力将产生一个从量变到质变的过程，而这个过程中，新中源的战略就是在保证产品销量的前提下，同时提升品牌价值。

新中源的品牌价值提升战略是一种整合营销传播战略，包括体验营销、音乐营销、事件营销等。

无论是终端旗舰店还是都市生活馆，都是新中源实现体验营销的品牌形象载体：互动展示终端，结合3D、视频等动态交互技术，整合产品立体化展示、深度产品交互体验、销售服务一体化流程，使消费者或设计师在体验现实空间时，根据家居装修或设计要求，自由调整空间瓷砖的铺贴效果，增加消费者参与及互动感，根据个性化的需求与消费者进行深度互动沟通。而新中源陶瓷首创"旅游团购"式体验营销模式，改变了消费者传统的购买习惯，也符合了新中源陶瓷一直倡导的真诚让利消费者的原则，既提升了销量，又拉近了与消费者的距离，为建陶行业营销发展模式提供了新的发展思路。同时"旅游团购"本身也是一个事件营销。

除了"旅游团购"系列活动之外，新中源还倾力赞助和冠名大型国际设计师系列活动。设计师系列活动是新中源的原创性活动，在树立新中源注重人才培养的形象的同时，也为新中源品牌注入了一种创新和专业的活力。如新中源陶瓷连续冠名2010、2011、2012年三届的中国建筑学会室内设计赛事，以大赛推动品牌提升和设计师渠道拓展。团购活动和设计师赛事这两种事件营销都战果累累，在提高新中源品牌知名度的同时，也使得新中源品牌美誉度大幅提升。

此外，新中源通过结合主题活动推广和企业内部文化建设，进行系列歌曲创作与传唱，其音乐营销的核心在于确立新中源听觉识别系统，扩展新中源品牌传播的广度和深度，提高品牌渗透力。构建品牌、音乐、消费者之间的"共鸣"，让消费者真正地体验甚至参与进来，与品牌形成互动，才能驱动企业产品和服务的传播潮流。

3. 成长资源

新中源的商业模型的成功实施是因为它同时具备了硬实力和软实力两方面的条件。硬实力包括规模、产品品质、产品研发和资金；而软实力包括领导层的战略思维、营销创新和品牌资产。

（1）规模。

新中源陶瓷是中国规模最大、产品规格最齐全的建陶生产企业之一，在广东三水、顺德、河源、清远，以及四川夹江、湖南衡阳、辽宁法库、江西高安、湖北当阳等具有陶瓷资源和能源优势的地区兴建了颇具规模的大型建陶现代化生产加工基地。从 2003 年开始，新中源陶瓷产、销量一直保持世界第一位，目前陶瓷年生产能力已达 1 亿平方米。

基地产品的成本优势和巨大的产能优势为新中源进军三、四级市场提供了有力保证，强大的市场占有能力将为品牌向上发展提供强有力的支撑。

（2）产品品质。

新中源陶瓷视产品质量为品牌的生命线，在公司成立之初，生产商就严格按照 ISO 国际质量管理体系的标准要求建立质量管理体系。高品质核心价值的质量战略使新中源发展的每一步都走得极为扎实。

在取得 ISO9001：2000 质量管理体系认证、ISO14001：2000 环境管理体系认证、中国环境标志证书、环保产品认证等一系列认证后，新中源还成为建陶业内较早获得“广东省采用国际标准先进企业”和“全国质量管理先进企业”称号的公司。除此之外，新中源是首批顺利通过了国家质检总局的《装饰装修产品强制认证实施规范（瓷质砖产品）》3C 认证的陶瓷企业，产品具有国家级认证的安全性。

没有过硬的产品质量作保证，品牌将成为无源之水、无本之木，新中源优秀的产品质量是品牌建设的基石，是实现品牌对消费者承诺的保证。

（3）产品研发。

新中源陶瓷十分重视产品研发，注重设计魅力，积极响应国际潮流，拥有配套齐全的上万个花色品种的产品。企业在全线引进世界先进水平的陶瓷生产机械设备及整套生产线的同时，还不断消化、吸收、借鉴国外优秀陶瓷生产企业的研制开发手段。

在技术方面，新中源在整个行业已经获得了超过 1 000 项国家专利，在国际上也处于领先地位。2005 年，新中源陶瓷首家推出具有革命性技术突破意义的超洁亮抛光瓷，引发了备受行业瞩目的“超洁亮现象”；2006 年推出先进的魔术师布料系统和超洁亮技术两大核心技术相结合的精心之作——昆仑玉石；在仿古砖领域，新中源引进当今世界上先进的干法施釉技术生产线，生产出来的产品可媲美天然石材。

在建陶行业内，新中源拥有领先的技术研发优势，并以卓越的设计理念不断开发引领潮流的新品。

（4）资金。

新中源背靠的新中源集团是集陶瓷业、房地产业、酒店业为一体的大型综合性现代化企业集团，拥有雄厚的资金实力。新中源陶瓷是新中源集团的核心产业，集团每年都投入大量资金进行规模扩张和技术研发。这种强大的资金获取能力不仅为新中源陶瓷的进一步快速发展提供了资金上的保障，同时也为品牌的经销商提供了信心。

（5）领导层的战略思维。

新中源集团老总及新中源陶瓷的领导决策层拥有一般民营企业家所缺少的战略眼光，能够站在一定的高度规划企业在未来的发展道路，并且有清晰的品牌经营思路，这是一个企业和品牌取得持续发展的内在驱动力。不仅如此，新中源陶瓷领导决策层的品牌意识强烈，他们的支持使品牌建设得以顺利施行。

（6）营销创新。

新中源一直十分注重通过营销模式的创新推动品牌发展。2004 年，公司首度启用大展厅营销模式，在佛山总部建设近万平方米的总部大厅，全面展示新中源的实力、产品及产品应用空间，开创了崭新的陶瓷营销时代。在此之后，集团又先后开创出“导购大赛”“百店工程”“五星团购”“设计师大赛”等营销策略。特别是新中源在团购方面的创新和运行经验，已经成为新中源品牌的一大特色，备受消费者认可和青睐。

（7）品牌资产。

新中源从品牌创立、占领市场到完善品牌，风风雨雨走过了 27 年的历程。27 年来，新中源凭借得天独厚的资源优势，已经成为闻名中外的现代化建筑陶瓷生产企业，从 2001 年挥师西进四川夹江到 2011 年 4 月与河南鹤壁签约，在 8 年内先后完成了国内东、南、西、北四个区域的扩张与投资，形成了“多、快、精、均”的全国产业布局态势；并在“脚踏实地，做好瓷砖”的企业核心理念指导下，树立了鲜明的品牌个性，积累了丰富的品牌资产。新中源已有超过 1 000 项产品申报了国家专利；被国家质量监督检验检疫总局授予“全国质量管理先进企业”称号，并获“中国名牌产品”“国家免检产品”“中国驰名商标”等殊荣。随着新中源品牌荣膺“2010 年中国最具价值品牌 500 强”，新中源陶瓷在业内的综合竞争力也将进一步提升。

三、商业模型评价

1. 国际化基础

新中源陶瓷江西高安、湖南衡阳等十大生产基地相继投产，标志着其继续强化全球领先的规模优势；同时，新中源陶瓷生产工厂先后投入数千万元，率先采用布袋除尘器控制二氧化硫与粉尘的排放，并推行“余热利用”技术，每天节约标准煤 70 余吨，在环保节能方面也进一步向全球领先靠拢；品牌国际化方面，新中源陶瓷进一步加速了在各出口国的品牌注册工作，逐步增强在目标市场的品牌影响力。

同美的、格兰仕一样，新中源陶瓷也是广东省重点扶持争创世界名牌产品的龙头企业，新中源陶瓷在 2010 年推出了“打造建陶国际品牌”战略，力求在生产规模、技术创新、环保节能、品牌国际化等各个方面与世界同步。

2. 优势不可复制

新中源的突出优势之一就是利用大展厅营销模式，组织团购活动，至今已取得了骄人的业绩，由于其雄厚的实力和齐全的硬件产品，在陶瓷行业成就了不可复制的成功典范。

如河南营销中心，展厅面积近万平方米，该展厅按照五星级标准设计建设，囊括了新中源品牌的各类经典产品。从开业至今，新中源河南营销中心每逢周六、周日都开展团购活动，极大地提升了品牌知名度，获得了经销商的广泛认同。

3. 让利于消费者

新中源的基地建设以规模优势降低生产成本，让利于消费者，推动当地经济的发展，担当起了一个优秀企业的社会责任。新中源生产基地的营销新模式对于优化陶瓷市场环境，改善整个陶瓷的营销模式和格局具有重要作用。

动漫产业链的“逆行”

——先产业后文化：缤果动漫商业模型

王泽翼　侯　强

◇案例导读　我国动漫产业相比美国以及日、韩的成熟市场仍处于起步阶段，然而，这一市场成长空间巨大，除了动漫产品本身，更有各种各样的“衍生品”，蕴藏的商机不可小觑。本案例描述了广东缤果动漫连锁管理有限公司创始人孔祥林主打动漫“衍生品”市场，用逆向思维，开创“先做渠道—产业，后做产品—文化”的业界新模式，并剖析了缤果动漫如何能在“孔祥林模式”下一步步做大……

一、缤果动漫的迪斯尼之梦

1. 广东缤果动漫连锁管理有限公司

广东缤果动漫连锁管理有限公司（以下简称“缤果”）是一家从事自主卡通漫画创作、动画创作及动漫周边产品设计、开发、生产、销售的高科技企业。现已拥有自主知识产权及商标“缤果”等五个品牌系列产品，在全国拥有500余家缤果连锁专卖店、加盟店及经销商，目前已进驻沃尔玛、家乐福、百佳等大型超市，产品畅销国内外各大城市。公司荣获“中国动漫行业十大影响力品牌”“中国动漫市场顾客满意十佳品牌”“广东省民营科技企业”“中国特许经营连锁百强”等称号，其先产业后文化的发展模式，成为中国动漫产业模式的代表，并已进入大学教材。

2. 缤果之父——孔祥林

孔祥林主打动漫衍生品市场，开创了“先做渠道—产业，后做产品—文化”的业界新模式。“老天注定了我从事这个事业”，孔祥林曾这样描述自己的动漫缘。他刚上大学就通过帮同学照相、画像来赚钱，其营销意识和艺术情怀萌芽也始于此时。尽管非科班出身，但是艺术的修为就在这其中一点点积累了下来。

一个东北小伙子，经济学专业出身，在迈出校门后，步入了南下的队伍。创业的初期，他做日本三菱电机空调代理，因为工作需要经常来往日本，他嗅到了“面包”的味道，于是他放弃了代理职业，开始了动漫的征程。用辛苦赚的钱，他交了展会费，带着自己团队原创的卡通形象及产品到德国、美国、加拿大、日本、迪拜去和国际品牌碰撞。朋友、亲戚说他疯了，积蓄越来越少，钱还在不断地烧。装饰他的痛苦与汗水的是“有缤果，有梦想”的信念。他分析、总结了美国、日本、韩国的动漫模式，终于创立了缤果独特的“流媒体动画与渠道并行”的双驱模式。缤果品牌文化在沉淀，“有乐有趣有缤果”在传播，一间间缤果门店在全国不断开放。

缤果——这一永不言败的卡通形象，牵领一群挚爱动漫的热血青年在拼搏，终于收获了“2008 中国特许经营连锁百强”的荣誉。

3. 第一桶金

孔祥林最早起家于日本三菱电机空调的中国区总代理。从进口到结汇，一单下来，孔祥林将进出口贸易的细节做到了极致。他的那些国际贸易经验，直到今天仍被许多熟悉的朋友所称道。之后，孔祥林把所能涉足的前沿领域和新兴行业几乎玩了个遍。1998 年，孔祥林开始代理挪威的数据备份技术，他利用做空调代理时积累下来的渠道经验，在不到两个月的时间里，迅速进入全国 24 个大、中城市的四、五星级酒店。数据远程备份业务的确赚到了大钱，但不是他的兴趣所在。孔祥林视其为“过渡时期”，只是为实现他的梦想储备资源。

问题 1：为什么孔祥林选择在动漫领域创业？他有什么优势？

思考提示：对于大学生先就业后创业还是毕业即创业，每个个体有不同的情况，但创业本身的基本要素——团队、资金、技术是任何创业者都必须具备的，显然孔祥林创业时已经积累了上述要素。创业者的基本素质是兴趣、智慧和坚持，孔祥林转行做缤果可知其兴趣；缤果十余年稳步发展足见其生存智慧；在一个行业耕耘了 13 年，这份坚持，能做到的人也不多。

4. 动漫产业链的逆行——先产业后文化

动漫产业是指以“创意”为核心，以动画、漫画为表现形式，已成为文化创意产业的典型代表。动漫产业是一条长长的产业链条，连接着众多的产业，对现代社会有着广泛、深刻的经济文化渗透力。中国的动画产业曾经有过短暂的辉煌，但在 20 世纪 80 年代后衰落下来，在以后很长一段时间内，成为国外动漫企业的廉价加工厂。随着全球经济一体化的冲击，国内 3 亿儿童和巨大的动漫市场成为美、日、韩知名动漫企业竞相争夺的对象。眼下中国的动画产量虽然逐年增加，但并不盈利，需要依靠政府的财政补贴才能生存。许多地区动漫企业入驻越多，政府的补贴就越多，产业进入畸形怪圈。孔祥林试图带领缤果动漫从优化产业链、产业开发、品牌授权、新媒体动漫产品营销与推广几个方面探索动漫企业如何通过商业模式创新而突围。

孔祥林求索动漫模式用了6年时间。通过对以动漫见长的日本、韩国、美国以及国内知名动漫企业调研和摸索，最终定位于“先产业后文化”的发展模式。在孔祥林的理念里，动漫创作企业闭门造车会死，克隆外壳而没有自我灵魂会死，就算是日本动漫经典模式、美国的大制作模式以及韩国的优势模式，如果不尊重中国国情，水土不服的后果也是死。比起“先文化后产业”这种“暴风雨”式的策略来说，“先产业后文化”则是“毛毛雨”式。它虽没有“暴风雨”式激烈，却有着无所遁形的绵长。

问题2：为什么孔祥林“倒行逆施”？

思考提示：动漫在中国的发展是“真正的朝阳产业”，资金链和产业链不完善，渠道以及授权的混乱都足见其“朝阳”。再者，在盗版蔓延的国内市场，动漫企业初有利润就会被恶意模仿，“动漫先烈”层出不穷，成功之路漫长而艰苦。孔祥林熟稔于木板原理的“短板效应”，他提出：“不要抱怨通往成功的道路总在‘施工中’，毛泽东‘农村包围城市’的路线就是找短板，动漫行业的短板是模式，这就是机会。”

5. 连锁加盟模式的建立

问题3：为什么孔祥林选择连锁加盟的渠道模式？他能做好吗？

思考提示：“超越加盟，连锁梦想”的营销方式是“缤果”动漫的另一策略。孔祥林形容动漫业中渠道的重要性，好比一个盛水的器皿。他说，做动漫好比往一个杯子里倒水。如果不停地倒水，杯子下面没有盛水的器皿，水就会流走。他举了著名动漫品牌“喜羊羊”的例子来说明。“喜羊羊”将自己的品牌做大了，知名度上去了，但由于没有准备好渠道，冒牌的东西多了，影响了发展。

孔祥林分析道：“我们的模式优势在于投资小、风险低、见效快。凭借这种模式，2008年我们就做到中国特许经营连锁百强，从连锁经营角度讲，这是符合国内特点的。”的确，“逆向思维”是对孔祥林“非常规”经营动漫产业手法的最直接解读。全球72%的动漫衍生品来自中国制造，而其中58%则来自珠三角。正是基于这点，孔祥林决定首先做足珠三角，充分发挥该地区产业优势，即将动漫产业链低端衍生品这块牢牢把住，包括目前他所从事的精品玩具、服装、手袋等。在抓住衍生品营销环节的基础上，再逆行拾级而上，考虑动画制作与推广，最后再回到传统动漫营销体系，通过将产品投放给消费者来完成终极资本的回收。可以说，这无疑是中国动漫产业经营的“孔祥林模式”。

同时，渠道整合也是孔祥林带领缤果充分做足衍生品营销环节的王牌。为把渠道做强、做大，缤果采取“直营店加连锁加盟店”的模式充分铺开衍生品销售的天罗地网。在缤果动漫实行连锁经营的第三年，直营店和加盟店的比例已达到1:3，目前已有逾350家连锁店，从长远看，这个数字还要不断增加。“首先从渠道进入，用原创品牌结合渠道，通过建渠道的过程积累动漫原创经验和连锁发展经验”，孔祥林解释道。可以看出，做大渠道令缤果对衍生品开发获得了直接掌控权，使其“逆行而上”的经营思路来了个开门红。

何以至此？根源在于缤果动漫的企业文化。儒家文化“利他性”的因子不仅植根于孔祥林的为人中，也烙在企业文化中。商人以利为先是规则，合作伙伴之间利字当头，所以双赢是经营加盟店的基础。通过自己的努力让别人更快乐是孔祥林的理想，这也是“有乐有趣有缤果”品牌个性的出发点。

对于团队的打造，孔祥林有自己的认识，他说：“广东过去30年是巨人与侏儒并行，未来的30年，必须开发右脑才会有生命力。”众所周知，国人左脑的逻辑思维能力在现行教育体制的培养下已被开发，但是右脑的艺术创造力的开发远远不够，换言之，就是会讲故事但不会设计。然而在现在的企业发展中，科技可以强企、设计可以兴企、品牌可以立企，所以创新人才的培养以及团队的创造力才是企业发展的根本，动漫创意企业尤其如此。

6. 让加盟商超越加盟

江门市步行街附近，一间近20平方米的缤果加盟店，店面天花板近3米高，墙面下方是整排的货架，陈列了缤果产品，而上方则是对缤果这一形象理念的宣传画，收银台背后上方的液晶显示屏不断播放缤果自主开发的小动漫。这样一间店面，初期加盟费一般在7万~8万元之间。以2009年国内300多个连锁加盟店销售额超过1.5亿元的数据粗略估计，单店年销售额在50万元左右。

而这300多家连锁加盟店，背后的经营模式不尽相同。除直营店外，孔祥林创造出灵活的加盟模式和独特的营销策略：“你出铺位我出智慧”属于合作店加盟形式，销售收入双方按比例分享；拥有自有物业的加盟商也可以在负担了初期投入之后将店铺转给缤果公司托管，缤果公司按3%的销售额提取管理费；要是看上缤果的某个自营店，加盟商也可以在支付该店面平均月盈利的3倍价钱作孵化费用之后成为“坐享其成”的加盟商；如果加盟商想尝试“零风险”的加盟模式，则赔了全算是缤果的，但赚了钱年销售额30%也要与缤果分享；新新人类玩腻了实体店想开网店，孔祥林照样欢迎，到最近的连锁店面进货即可，这样也可让连锁店面分享到30%的批发加成价。

缤果曾因资金紧缺与屈臣氏、华润万家超市擦肩而过，在连锁店规模不断壮大的前提下，得到银行授信的缤果将沃尔玛、家乐福、华润万家、好又多、麦德龙、屈臣氏等渠道一并拿下。此外，“乐趣专线”“猎物岛”等柜台加盟的计划也正式铺开。

7. 缤果诞生

缤果与英文单词“bingo”、粤语“边个”（你是谁）谐音；而“缤果”头上三撮毛，是孔祥林眼中的“国际通用元素”，并隐含“win”（胜利）的意思。缤果（BENKO）和它几个“朋友”纷果（FENGO）、伞志（SANZI）、朴薯（POCHY）及纷可（FENKO）的表情和肤色，也少不了国际通用的流行元素（其中BENKO酷似维尼熊，FENGO酷似Hello Kitty），如图1所示。2005年5月，最终定稿并生产出的第一批缤果动漫产品正式推向市场。孔祥林最初用借鸡生蛋的方法，通过全国近630多个代理经销商的渠道让缤果系列的公仔、小件精品与消费者第一次亲密接触。

图1　缤果的产品形象

孔祥林先做渠道和产品，再逐渐注入动漫元素。缤果和它的几个“朋友”等小动画植入将与MSN保持稳定的合作，而针对3G趋势，孔祥林计划将缤果的手机游戏嵌入粉丝的手机上。缤果要做的，是玩具反斗城的扩大版，缤果的产品品类存在无限的延展空间。而缤果动漫面临的挑战是，在加大品类研发的同时，如何扩展缤果的受众和渠道。在受众定位上，缤果从先前14～24岁年龄段，拓展到目前12～28岁年龄段，计划中还将进一步拓宽为8～35岁。

8. 缤果动漫的灵魂

要让“缤果”这一具有自主知识产权的动漫品牌获得长久生命力，就必须源源不断地向其注入品牌“内驱力”。

（1）“双渠模式”。双渠模式正是孔祥林为缤果品牌形象更加深入人心而上的“双保险”——除直营加连锁这种实体体验店外，他还采用基于网络、手机、公交、地铁来播放小动画的“流媒体”形式来助力于渠道，和渠道并行。动漫产业原创最需要具备四种素质：文化、艺术、系统工程、营销。如果说对文化和艺术的深刻把控是入行的门槛，那么后两项应是登顶行业制高点的“密匙”。因为系统工程和营销能够通过构建、驾驭“双渠模式”来整合营销渠道，孔祥林显然已握住了这把行业“密匙”。

（2）研发团队。缤果动漫不但有自己的研发团队，而且还与中央美院、广州美院等学校的研发团队合作（缤果动漫负责帮学校研发团队做包装，既给了他们成果落地权和选择权，也让缤果能抓住衍生品的开发和销售）。孔祥林与各大美院通过产、学、研的合作，一方面解决了目前大学生“毕业即失业”的困扰，另一方面，今日的创意无限和未来的团队骨干皆被其“收入囊中”。孔祥林创办的“缤果学院”致力于解决目前国内高校动画人才培养结构不合理、人才培养目标不够明晰、“同质化”现象等弊病（国家院校培养出来的专业人才在整个行业中占不到1%。现有的动画人才主要集中在中期环节上，而从事专业CG总监、制作、编剧、导演、造型、美术设计的人才十分紧缺，真正的动画师更是凤毛麟角）。

（3）动漫城——品牌体验区。目前，国内动漫城往往只流于形式，没有什么实质内容，正是这样的现状，激发了孔祥林搭建动漫城，真正打造国内动漫平台的决心，这个动漫城将是国内首家集卡通影院、创业市集、休闲购物、主题文化于一体的大型综合性品牌体验区。通常建一个500～1 000平方米的动漫城需要用十几个、二十几个品牌，包括国外的品牌来支撑，而这正是孔祥林的下一步棋。

（4）品牌整合。打造缤果自有品牌的同时，孔祥林通过募集资金，完成对更多品牌的收购工作，从而打造品牌联盟。从市场现状看，品牌产生形式的多样化和周围逐渐形成的外包商也使得自2005年5月1日起，即缤果品牌初入市场开始，4年时间内平均每天有1.5个产品输出，但这仅仅是量的释放，这么多的产品如何实现真正落地，如何真正占有市场，下一步的“动作”显得尤为关键。

（5）“祈愿文化”。将中国文化与国际语言结合是缤果长期开发的原则和品牌诉求。缤果初期培植了一个“祈愿文化”产品——即人类真诚的祈愿。它形似一条项链，项链上的挂坠可以收获人类的精神能量，当你真诚的时候，他会化作十二生肖帮你实现愿望。缤果的祈愿系列正是捕捉到消费者心中最强烈的冲动和臆想，因此这种产品在没有做广告、没有宣传的情况下仍旧得到了市场的认同。

“有缤果，有梦想。”梦想是需要不断复制和延续的。在纷繁复杂的行业背景下，我们很难对缤果的未来妄加揣测。可是，我们可以在孔祥林身上看到未来的端倪，看到他的与众不同。相信正是这种差异，加上勾画“曲线”的独特手法，孔祥林将在面对行业竞争时显得更加游刃有余。

二、缤果动漫商业模型评析

1. 需求搜集

从缤果动漫商业活动中看到，其需求搜集由四个部分组成：

（1）动漫明星效应。2000年至2004年，孔祥林和他的设计团队对缤果的卡通形象作了几番修改，多次带着样品赴国外参加动漫展，多方听取行家意见，并根据观众的喜好反复修改形象设计。缤果（BENKO）和它的几个“朋友”纷果（FENGO）、伞志（SANZI）、朴薯（POCHY）及纷可（FENKO）的表情和肤色，都注入了国际通用的流行元素，这些都保证了缤果一经推出，消费者就有似曾相识的感觉，从而刺激潜在的购买欲望。

（2）“祈愿文化”——追求梦想。将中国文化与国际语言结合是“缤果”长期开发的原则和品牌诉求。青少年从虚拟到现实的过程中，在读书的过程中，会想象一些很不现实的虚拟的东西。这种想象在步入现实的过程中必然会产生矛盾。如果产生了矛盾，缤果就来帮他释放。缤果的祈愿系列正是捕捉到消费者心中最强烈的冲动和臆想，因此得到了市场的认同。

（3）产品先行，连锁加盟模式的切入。缤果以连锁加盟的模式切入市场，可谓一石二鸟：①充分保障连锁加盟店的利益，使得做缤果有利可图，这是孔祥林做大、做强缤果动漫的第一步棋，也是缤果的源头活水，可以说是以缤果养缤果，以缤果衍生产品宣传缤果影视。②以衍生产品试水市场。与日本经验有异曲同工之妙，日本常以漫画为先导，为后续动画制作试水市场，控制动画片的投资风险，增大动画片市场的成功概率。

（4）营销策略。主要采用了四种营销策略。

策略一：传统媒体营销——各地卫视齐播放，微博、博客也上马。缤果与央视动画公司合作完成了《我是缤果》（以前叫《魔力缤果》，现在改名叫《我是缤果》），在戛纳电视节参展期间，该动画片还获得了几家海外机构的版权购买意向。若版权成功购买，缤果与央视动画公司将1:1分成。动画片力争今年年底前在央视推出，具体时间待定。动画片为二维动画，观众定位为4～8岁的小朋友。届时，动画片可能在中央电视台3个频道播出，长达312集，每集11分钟。

策略二：全媒体联动，注重新媒体下的动画营销推广。互联网和移动增值业务给动漫业带来了真正的契机，在3G与三网合一的时代背景下，动漫产业的商业模式将发生重大变化。一方面，由于版权保护的不力，互联网侵蚀了内容产业的利润；另一方面，互联网指数倍地扩大了内容产品的影响力，这是一把双刃剑。现在的观众接受途径也和十几年前有很大差异，他们不再整天坐在电视机前，这需要用全新的观念去接受，用创新的模式去经营。

策略三：合作营销。①缤果动漫通过与中央美院、广州美院、行业协会、动漫社团等多角度合作，与广大师生探讨缤果的动漫形象，不但使之不断地贴近受众，同时也培养了一批缤果粉丝；②通过与暨南大学等商科名校合作开发商业案例，树立缤果品牌的高端形象。

策略四：营销铺垫。①先卖产品，混个面熟。缤果动漫现已拥有自主知识产权及商标“缤果”等五个品牌系列产品，在全国拥有数百家缤果连锁专卖店、加盟店及经销商，目前已进驻沃尔玛、家乐福、百佳等大型超市，产品畅销国内外各大城市。②缤果QQ、MSN表情、小动画、漫画等宣传铺垫。目前已设计QQ表情约180个，MSN表情约150个，缤果漫画276本，缤果小动画13部（部均约1 000秒），所有这些都通过各种IM工具、宣传广告等传播出去。③动漫明星的影子效应。缤果系列的肤色表情等设计使得缤果得以借助动漫明星的话题营销，扩大品牌的知名度。

总之，缤果动漫"先做渠道—产业，后做产品—文化"的业界新模式有效地满足了创造商、渠道商、消费者的需求。

2. 盈利设计

（1）构造清晰的盈利模式。

中国出版工作者协会游戏工作委员会副理事长王鸿冀认为，从创意创业的角度看，动漫产业的产业链是清晰的，是制作、出版和推广、销售、运营等。这个产业链和传统产业链的不同在于它是增值链，但业界没有认识到它是一个增值的过程。不是有了一个想法，完成了一个作品就万事大吉，还必须完成出品和出版、宣传、推广，建立销售渠道，再通过衍生产品沉淀利润。缤果是如何构造盈利模式的呢？让我们通过图2来看缤果的盈利模式。

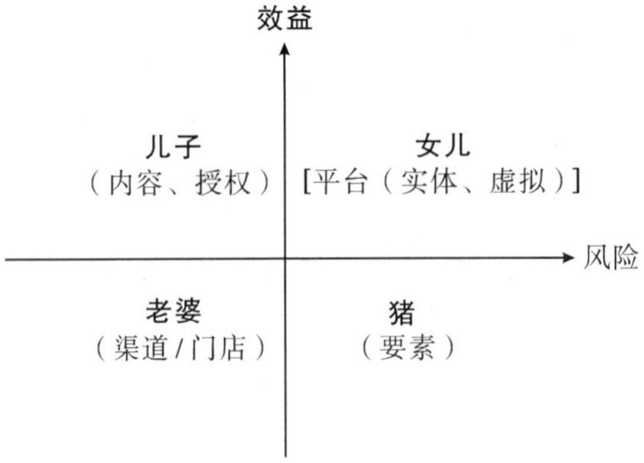

图2　缤果的盈利模式

"儿子"代表缤果（BENKO）和它的几个"朋友"纷果（FENGO）、伞志（SANZI）、朴薯（POCHY）和纷可（FENKO），以后还陆续会推出十二生肖的模型。通过将儿子播放权授权给央视、网络公司等获得收益，同时提高了缤果的品牌和文化认同度，再将衍生品的开发和销售权授权给各个上、下游企业获益。

"老婆"代表渠道及连锁加盟店，通过"老婆"销售缤果衍生品获益，如毛绒玩具、抱枕、服装鞋帽等。

"女儿"代表平台，实体平台如体验馆，虚拟平台如淘宝旗舰店等。

"猪"代表要素，猪的引申义指那些养肥了就卖的要素，如缤果和它的朋友们都可以养肥了卖，从儿子转变为猪。

（2）衍生品的深度开发。

衍生产品的形象授权占缤果动漫收益的绝大多数。其产品包括了从图书、毛绒玩具、食品到日用品、QQ表情、MSN表情、饮料、服装等各个行业。

（3）连锁加盟模式切入市场。

缤果动漫现已拥有自主知识产权及商标"缤果"等五个品牌系列产品，在全国拥有数百家缤果连锁专卖店、加盟店及经销商，目前已进驻沃尔玛、家乐福、百佳等大型超市，产品畅销国内外各大城市。

以上三点分析可以概括为孔祥林的"王"字模型：支撑的顶梁"柱"即连锁加盟，第一横指的是渠道、代理和出口；第二横是商业连锁超市；第三横是"特工"，即制作动漫衍生品、动画产品，与移动、电信等多方合作。这是孔祥林的动漫理想国。

3. 成长资源

"先做渠道—产业，后做产品—文化"的双向循环使得缤果动漫一步步做大，后续会开发更多的卡通形象和故事来丰富缤果家族的成员。

缤果的成长资源来自以下五个路径：①打造缤果产品形象，成就缤果。如Hello Kitty、Mickey Mouse、Donald Duck、哆啦A梦、奥特曼、喜羊羊系列，可能的结果是成就缤果公司品牌，如迪斯尼。②打造缤果之父孔祥林，成就动漫大师。③创建动漫体验园区。经过多年积累，孔祥林说缤果动漫即将迎来"井喷现象"。目前，他们已经和中央电视台合作，正进行长达312集的动画节目制作，每集11分钟。制作完成后，动画片将在中央电视台3个频道播出。缤果动漫主要根据自己多年积累的故事提供故事框架，这部系列长剧就是通过一些小故事来讲述大道理。不久之后，缤果动漫将设立自己的创意园区。这个园区总办公面积达1.6万平方米。创意园区内有五大馆区，分别是梦想区、创意区、体验区、生活区和潮流区。届时，观众可以在园区内进行互动性极强的创意体验。孔祥林介绍说，里面包括了一个"立体扫描"的互动节目。观众可以通过数码设备，将自己扫描进节目里，成为动漫中活动的主体。④创办国内首本动漫潮流杂志。孔祥林主导的缤果动漫，已经收购了本土知名的"行街街"等网站。他近期创设了一本动漫杂志，自己任主编。这本动漫杂志名为"oohope"，据称为国内首本动漫潮流杂志。杂志的架构是以20个子栏目，贯穿梦想、创意、体验、生活、潮流五大主题，对动漫进行全方位的定义，该杂志致力于打造国内一流的动漫权威媒体平台。杂志设为月刊，目标读者为16～30岁的人群，主要是高中生、大学生、年轻白领、动漫产业工作者或爱好者。⑤品牌战略。要讲缤果动漫商业模型的实施条件，还应从缤果动漫的品牌战略说起：道，企业文化——"有梦想，有乐趣"；天，商业模式——先做渠道—产业，后做产品—文化的双向循环模式；地，产品体系——缤果系列；法：人才体系——缤果大学，与高校深度合作；人，管理制度。缤果动漫的管理架构见图3。

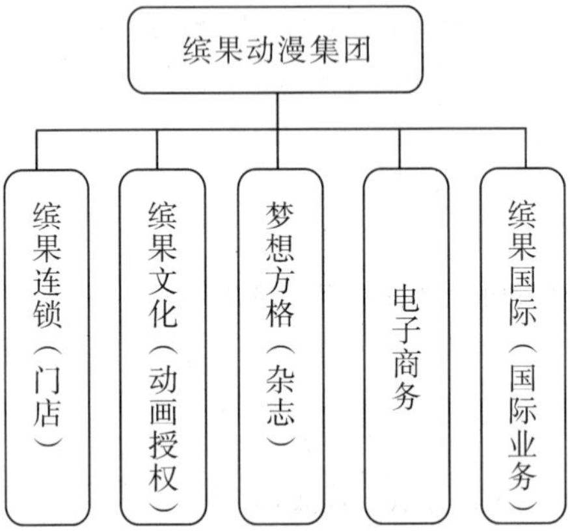

图3　缤果的管理架构

三、缤果动漫商业模型总结

2009年缤果动漫年收入达1.5亿元，比去年增加300%，拥有加盟店350家，直营店100家，环比增长分别为200%和150%。缤果的连锁店遍布重庆、上海、北京、武汉、辽宁等地，在中国的每一个地方，都能看到缤果可爱的表情。缤果能取得今天的成绩离不开其教科书式的商业模式——“双渠模式”。双渠模式为缤果品牌形象更加深入人心而上了“双保险”——除直营加连锁这种实体体验店外，配合采用基于网络、手机、公交、地铁来播放小动画的“流媒体”形式来助力渠道，和渠道并行。这种模式可形象化为孔祥林的“王”字模型。

使得“王”字模型有血有肉的当是缤果的“祈愿文化”——“有缤果，有梦想”。将中国文化与国际语言结合是缤果长期开发的原则和品牌诉求，缤果的祈愿系列正是捕捉到消费者心里最强烈的冲动和臆想，因此得到了市场的认同。

如果说缤果“先做渠道—产业，后做产品—文化”的双向循环使得缤果得以生存的话，那么缤果得以发展就必须依靠创意，而现实情况是缤果还不能称得上是一个强大的动漫企业，故缤果靠创意发展必然要克服我国动漫艺术面临的三种尴尬：

（1）专业编剧人员太少。由于报酬原因，很多有能力的编剧宁可去做电视编剧，也不愿意做动画编剧，导致真正有能力的、高水平的动画编剧少之又少，一些动漫企业“寻人”无门。

（2）动画剧本酬金低廉。一些国家的动漫剧本成本占整个投资的10%，但中国的动漫剧本仅能占到整个投资比例的1%。

（3）幼稚化倾向。中国动漫的主要观众是青少年，因此一些企业在制作动画时便出现幼稚化倾向，甚至很多动画片故事编得很拙劣，由此造成市场回报不高。

讨论题：

现在的儿童接受途径也和十几年前有很大差异，他们不再整天坐在电视机前。缤果动漫如何面对这一新形势？

参考文献：

1. 缤果动漫官方网站：http：//www. benko. cc.
2. 薛娟．中国动漫：人才和商业模式之困［J］．新华月报，2009（9）.

残友集团

——社会民生与高新产业互助发展的和谐科技企业

曾　伟　晋海建　左小德

◇案例导读　我们见过、读过正常人成功创业的很多事迹与故事，无非是他们在正确的时候、进入了正确的行业、运用了正确的策略，从而得到了一个满意的结果。但是残疾人创业会遇到什么样的艰难困苦？他们如何寻求创业的切入点？他们如何发挥残疾人的特长，把他们自己的事业做成行业标杆？这一切的背后究竟有什么样的商业模式与技巧？让我们一一为您解读……

一、残友集团概况

在深圳市福田区莲花街道，有这样一个特殊的大家庭，家庭成员虽然身体残疾，却始终心存美丽，在自强不息的道路上创造了一个又一个奇迹。这个大家庭就是深圳残友集团（以下简称“残友”），全称深圳市残友控股股份有限公司，它的宗旨是“发展社会民生与高新产业互助发展的和谐科技企业”，残友的LOGO如图 1 所示。

残友是国际上唯一一个全部由残疾人自主管理、自我良性发展的现代高科技企业，以“发展和谐科技，融入现代产业体系”为己任，以“实现大规模的残疾人集中就业，重构中国高科技产业人力结构”为构想。残友十年来一直致力于探索在新经济环境下，如何让残疾人依靠其智力与性格优势，在实现生存价值的同时创造巨大的经济与社会财富，实践“残疾人人力资源是现代产业体系发展的优势补给，而不是社会发展的弱势包袱”。

图 1　残友的 LOGO

问题 1：为什么取名“残友”，其 LOGO 有何寓意？

思考提示：①“残友——CANYOU”，英文寓意“你能、你可以”；②整体寓意为点亮世界、引领前行的火炬；③图案红色代表“热情与执著”；④图案为“残友”汉语拼音首写“CY”；⑤图案寓意自信鼓舞的拇指、腾空展翅的雄鹰、跳动不息的心脏。

残友从管理层到技术骨干，再到普通员工，全部是由有不同程度残疾的优秀人才组成的。这里是北京大学、湖南大学等高校的软件学院和计算机学院的肢体残障优秀毕业生汇聚的摇篮。

郑卫宁和他的残友自1999年创业以来，十几年间获奖无数。郑卫宁个人荣获了“中华最具爱心慈善行为楷模”“全国自强模范”“深圳服务义工市长奖”等，他还是2008年北京残奥会火炬手；刘勇荣获捷克布拉格网页设计国际大赛大奖；李虹和单凯分别荣获印度新德里程序设计国际大赛大奖和青少年基金会“希望之星”。此外，有多名残友员工分别获得工业与信息化部系统架构师资格、软件系统分析师资格、专家委员会专家等资质。而残友这些年获得的荣誉和资质更是不胜枚举，主要有国家级高新技术企业、全国优秀福利企业、工业与信息化部信息系统集成资质一级、信息系统运维资质一级、工业与信息化部信息系统工程设计资质一级等。

奖状、证书、奖杯，这些连健全人都难以企及的崇高荣誉，标志着郑卫宁和他的残疾人伙伴们一路奋斗过来所取得的人生硕果，他们都整齐地陈列在残友本部的荣誉室里，其中最让总经理刘海军感到骄傲的是美国CMMI三级认证资质。深圳市获得美国CMMI资质的只有华为、中兴通讯等12家企业。

集团主持的慈善公益网站——中华残疾人服务网有中文简体、繁体和英文简版三种版面，下设康复指导、征婚交友、就业市场、心理辅导等32个互动栏目与信息板块，为海内外残障人群提供包括服务器、免费空间和免费二级域名在内的全方位网上服务。目前注册会员有海内外残疾人及亲属、义工等共22 000人。自2000年8月起，网站被媒体评为“全球点击率最高的福利网站”并保持至今，是在Alexa网站的世界网站排序万名以内的“华语圈伤残类门户网站”，也是深圳市科技和信息局的“深圳市优秀示范网站”。

问题2：残疾人创办企业的机会在哪里？

思考提示：创办企业最重要的是人力资源。中国有8 300万残疾人士，每年平均近万名残疾大学生毕业，加之就业状况堪忧，是亟待开发的优质人力资源，为残友这样一个独特群体的发展提供了充足的储备。

现代高端产业与高端服务业的纵深发展，使得行业对人力资源的需求趋于大规模稳定、专业、标准、成本相对较低的服务外包，这为残疾人人力资源提供了一个广阔的市场空间。

郑卫宁在参加2010年夏季达沃斯论坛时说：“我们残友主要是残疾人就业的企业，在12年的发展当中，从当年的5名残疾人、1台电脑发展到如今

1 162名残疾人。目前残友的残疾员工比例保持在85%以上。残友的商业模式特别简单，就是残疾人坐在屏幕前通过网络做事情，这种商业模式在中国这种世界工厂的发展背景下获得了非常快速的扩张。12 年来，残友没有在银行贷过一分钱，也没有领过政府民政部门一分钱的补助，在中国各地，包括香港、澳门、台湾都有子公司，两家全资子公司，残友软件和残友动漫目前也在深圳的创业板属于2 500 家排队公司之一。”

残友自成立以来的发展树如图 2 所示：

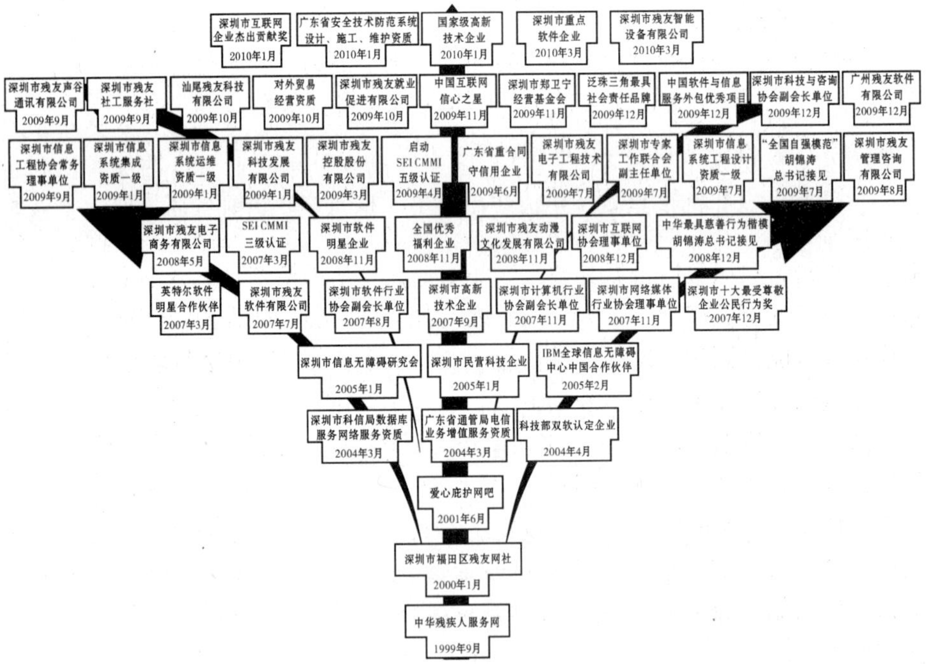

图 2　残友发展树

1. 残友的创建历程

残友创始人郑卫宁先生自幼患先天性重症血友病，疾病使他的行动极为不便，一些在别人看来简单平常的动作，却可能造成他因体内大量出血而死亡。在 20 世纪 90 年代中期，为得到更好的治疗，郑卫宁随家人从老家山东来到医疗水平相对发达的深圳。不幸的是，1999 年上半年，照顾他大半生的母亲离开了人世，这对郑卫宁来说是个沉重的打击，也成为他后来人生的转折点。

母亲给他留下了一笔钱和房子，他的妻子和女儿也能自力更生，但此时的郑卫宁却开始认真思考自己人生的意义。郑卫宁回忆起那段阴霾密布的日子时说：“父母在世时我受父母的照顾，父母去世后妻子和女儿继续照顾我，我就一直是个被照顾的残疾人。我活在世界上的意义是什么呢？难道就是等着别人来照顾吗?”

在家人的支持下，1999 年 9 月，郑卫宁和 4 个残疾人朋友蜗居在自己家里，办起了电脑学习兴趣班。刘勇是其中重要的一员，他因意外事故造成脊骨受损，他的身材和长相因此异乎常人。刘勇曾想通过承办一个书报亭养活自己，但是却被拒绝，心灵受到巨大打击。1999 年 8 月 15 日，通过义工介绍，刘勇认识了郑卫宁，两人相见恨晚。那时他们都想做一些事去证明残疾人的能力。“因为之前我参加过残联组织的电脑培训班，懂一点电脑，然后就跟着郑大哥，成立了电脑兴趣小组，一台电脑 5 个人用，而且所有人吃住全在郑大哥家。”刘勇充满感激地说。

回忆起当年的创业过程，刘勇感到一切来之不易，同时也感到很幸运。他说：“在郑大哥的支持和鼓励下，我们用学到的网页制作技巧，做了一个‘中华残疾人服务网’。网站虽然非常简陋，但在当时是中国唯一的残疾人网站，内容也很丰富，于是在 2000 年成了世界点击率最高的公益服务网站。”

创业是艰苦的，而残疾人创业更需要加倍努力。“没有办公桌，他们就拿来几个纸箱，里面放些报纸和被丢弃的木地板，把纸箱支起来当桌子用。我后来也把自己的电脑搬来了。大家办好网站也不是为钱，就为证明给别人看，我们残疾人也能做网站，这是一种精神。”刘勇谈起当年郑卫宁带领他们一伙残疾人创业的经历，至今还是激动不已。

从“纸箱办公室”起家，在几乎花光了郑卫宁所有积蓄之际，政府帮助他们办起了一家“爱心庇护网吧”，从那以后，郑卫宁的团队才开始盈利，并不断添加设备，不断吸收优秀的残疾人入伙。一路走来，公司里的残疾人员工们积极学习新的 IT 知识，试图在网页制作之外，开创残疾人更高端的事业，于是软件制作、动漫设计等前卫的知识技能走进了每一位员工的生活，改变了他们的人生。

十年之间，郑卫宁的团队从 5 人发展壮大到 300 人，从一个网站发展成为拥有 15 家分公司、4 家公益机构的“残友”。总经理刘海军介绍道：“残友的 15 家分公司根据残疾人类型的不同，涉及不同的领域。比如说，残友软件是办给理工科的残疾大学生用的，动漫文化是给设计和文科类残疾人大学生用的，残友科技是专门给低文化程度的残疾人做手机装配用的，电子商务是给那些出不了家门的重残病人用的，他们躺在床上做电子商务，我们给他们准备好物流和产品。”残友从总经理到技术员，残疾人的比例高达 85% 以上。刘海军说：“除去 15% 的后勤，单纯从企业角度讲，员工 100% 都是残疾人。”

2. 社会的力量

2005 年春节，当时的福田区领导慰问郑卫宁。当领导看到 20 多名残疾人挤在狭小的房间里心无旁骛地工作时，被眼前的情景和他们的自强精神深深感动了，当即承诺为他们解决办公场地问题。当时的莲花街道领导经过多方协调，在小区找到了300多平方米的场地，政府还为其免去房租，减免水电费。2009年，在福田区委书记的关心下，郑卫宁又成为医院绿色通道“优诊”对象。

福田区在发布各项扶持政策时总也忘不了残友。2006年，区民政局又从福利彩票公益金中拨出50万元，资助这个特殊的集体；区科技发展基金历年共资助360万元；区残联每年都会从就业安置扶持和慰问金等多方面给予扶助；区文明办等单位也一直关注着他们的发展。2009年，残友还被纳入保增长、保就业资助企业。

除了政府的支持，日常生活中，义工和热心人士总是围绕在公司残疾员工身边。员工喝的水全部由一家纯净水公司赞助，从当初每天1桶到现在每天20多桶，一送就是10年；网站创办初期，一家装修公司为他们免费装修办公室；很多爱心人士通过募捐，为员工买鞋、买袜……

“我们残友能有今天，离不开这片充满爱心的土壤。为方便员工日常生活和出行，有支专门的义工队服务我们，有的义工已经服务了10年。另外，公司后勤周末要休息，义工就上门为我们做饭、搞卫生等。”残友总经理刘海军心存感激地说道。

3. 残友的人力资源

残友成功地践行了残障人力资源在现代产业体系特别是电脑屏幕前工作的优越性，他们不再是社会的包袱，而是新知识经济时代高新产业发展的卓越力量。

高端人力资源方面，主要有两类：一类是因病或意外致残的专业人员；另一类是每年毕业的残疾大学生。2005—2008年全国普通高等院校录取残疾考生情况如图3所示。

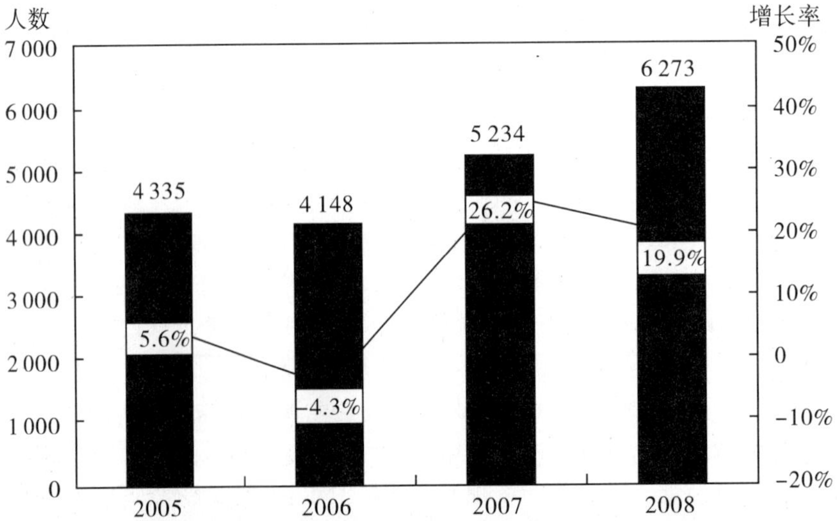

图3　2005—2008年全国普通高等院校录取残疾考生情况

资料来源：中国残联网站.

2008年，面对着每年十几万残疾大学生的毕业，为使优秀残疾大学生能更好地服务社会，更好地实现人生价值和加快残疾人就业的进程，残友成立了深圳市残友动漫文化发展公司、深圳市残友电子商务有限公司、深圳市残友科技有限公司和残友软件。残友根据残疾人的不同类型，涉及了不同的领域。这些行动有力地体现了残友以“发展和谐科技，融入现代产业体系”为己任，也用实际行动表明了“实现大规模的残疾人集中就业，重构中国高科技产业人力资源结构”的构想具有实际操作性。

问题3：相对而言，残疾人在当今社会有哪些不可复制的优势？

思考提示：从经济发展史看，无论处于哪种社会形态，残疾人都无法从事繁重的体力劳动，一直都被视为“没有价值的劳动资源”。而在新知识经济时代，依靠电脑、互联网的信息化社会，知识作为根本生产力，消除了残疾人与正常人的区别，反而在某些层面，残疾人人力资源显示出其巨大的潜力和优势：

（1）稳定性。由于先天的生理特征，使得残疾人工作踏实，勤奋敬业，寻求稳定的工作状态。而稳定直接衍生了其在某一领域经验沉淀充分，技术成长性连续的特点，极易成为专才。

（2）团队性。天然的同一性，使得残疾人团队目标和行动高度统一，同感与互相体谅使其凝聚力极强。

（3）创新性。残疾人自幼生活困难重重，随时需要为解决问题思考，长此以往，其居安思危与创新思维得到锻炼。

（4）价值实现。残疾人参与工作与项目，目的不仅仅是简单的薪酬，更重要的是自我价值的体现。其服务与工作更具敬业精神和执行力。

4. 残友商业

创建10年来，集团为国内外近千家政府机构、事业单位、集团企业提供了优质的互联网信息化（软件+设计）解决方案，这些企业和机构包括中国人民银行、航天科技、深圳市科技和信息局、深圳软件行业协会、深圳软件园、深港创新圈工作组、香港复康联盟、台湾德林、国际商务联盟、中国残联等。残友以先进的技术、24小时迅捷反应服务、紧随客户需求的专业精神赢得了市场认同。

为取得进一步发展，残友建立了现代企业制度。残友建立初期，由郑卫宁一人担任董事长和总经理。在2007年残友完成股份制改造后，他任用了新人刘海军担任总经理。对此，郑卫宁的解释是：“残友要想大发展，必须实行现代企业管理制度，要用制度管人，而不是以人管人。如果我既是公司的董事长，又是总经理，钱想怎么花就怎么花，那怎么能建立起现代企业制度呢？”

通过残友的发展历程我们可以看到，在 2007 年以后，残友开始了腾飞的脚步。这一结果和郑卫宁的用人之道不无关系。

5. 残友的社会责任

社会责任通常是指组织承担的高于组织自己目标的社会义务。如果一个企业不仅承担了法律和经济上的义务，还承担了“追求对社会有利的长期目标”的义务，我们就说该企业是有社会责任感的。

郑卫宁携所有残友感恩回馈社会，与义工们一起开展诸多享誉深港的慈善公益项目，具体有中华残疾人服务网、盲人电脑免费培训、聋人手语科普推广、临终关怀扶持、“春风计划”关注性侵害女性、青少年生命动力训练等项目。

2005 年，为帮助更多残疾人在网络世界中实现信息无障碍沟通与交流，郑卫宁创办了深圳市信息无障碍研究会。无论对残疾人而言，还是对整个社会而言，信息无障碍都是必须的。只有实现信息无障碍，残疾人才能更好地融入社会，实现自我价值与社会价值。与此同时，“为促进残疾人的社会参与及创造社会价值而不懈努力”是残友的使命之一。基于这个使命，残友的互联网平民化、普及化和发展新经济时代的信息无障碍慈善事业才没有成为空谈，其与 IBM 全球信息无障碍中心合作的信息无障碍理念及相关产品才能在全国广泛推广。

截至 2010 年 5 月，残友已先后开办了 10 期肢残人士免费电脑培训班，4 期社区老人免费电脑培训班，2 期孤儿特困生免费电脑培训班，23 期盲人电脑培训班。并通过网上“免费空间”“手语教学”和“盲人按摩教程”等免费服务，培训了残疾人 3 128 人次，老人 75 人次，孤儿特困生 41 人次。任何企业，无论是利益性企业还是服务性企业，文化建设中的社会价值将决定企业的发展，残友的“世界将因我们而更加精彩”的宣言，体现了企业把自我发展与社会紧密联系在一起的社会责任感，也是这种对社会的感恩和回报，才能使企业赢得社会的支持。

二、残友的企业文化

残友的文化体系包含以下内容：

- 残友理念：和谐科技，生存革命。
- 残友口号：越是残疾，越要美丽。
- 美丽诠释：积极执著，创造价值。

1999 年，郑卫宁创办了中华残疾人服务网，这是一个以残疾人和残疾人家属为主要服务对象的综合性网站。它涉及的内容非常广泛，包括残疾人生活、交友、学习、就业等方面。网站成立至今，获得的国际、国内奖项及荣誉不计其数，同时还带动了一大批残障人士走入网络生活，特别是以前所未有的勇气进驻高交会，更是翻开了弱势群体使用高科技的崭新一页。

企业文化建设能强化人的思想，凝聚团体的力量。在发展的过程中，网站在重视文化建设的基础上，更重视文化建设与实际相结合，把文化的核心落实到实践中。例如，为调节员工思想情绪，公司实行了“母亲菜”的创意，就是每个员工可以报一道菜，是他们最爱吃的自己母亲做的菜，把菜名记录进公司的菜谱，每顿轮换着做给大家吃。虽然是简单的一个菜，却能使员工感受到企业核心价值观中的“感恩，润物无声，催化幸福；奉献，快乐习惯，大爱情怀”。由此，便于细微处体现出企业的文化精神，大家不但感受到了同事之间的温暖，而且把家庭的温暖也带到了公司，让公司成为一个真正的家，让同事成为真正的亲人。在如此贴心的举措下，员工也激发出了“爱厂如家”的精神。重视文化建设，使残友在发展的方向和目标上定位更准；准确的文化建设在残友的发展道路上起到了引导作用，指引着残友经营者的正确决策，引导着员工正确的价值取向。

残友还有着独特的义工文化。在笔者去残友总部调研时，发现有一名身体健全、做事麻利的大姐在员工中间穿梭，她就是人称“奔驰玫瑰”的义工田姐（因为她是开着奔驰车来做义工的）。她从2007年开始，日复一日，从不间断，投入到服务残疾人中。田姐说：“我为什么愿意到这里来？这个团队没有等级观念、没有钩心斗角、没有权力之争，真是一片世外桃源。我在这里能够学到很多东西，能够看到在外面看不到的人与人之间最宝贵的东西。我觉得我到这里不是来奉献的，纯粹是来索取的。”

残友创始人郑卫宁先生的一段话也可以深刻表达残友的文化氛围：“我是一个先天遗传的重症血友病人，从小寸步难行，无缘校门。作为轮椅人士，能引领300余名残疾大学生在高科技领域实现集中、稳定、持续的就业自养，为社会民生和高新产业和谐发展贡献人生，成功进行了残疾人在新世纪生存方式的尝试探索，幸甚！生命和死亡是人生的一对翅膀，都思索领悟了，才能飞翔。”

三、残友的核心竞争力

残友的企业核心竞争力是以残障人士人力资源为根本，整合资源并最大化运用。这一核心价值理念是残友的安身立命之根本，也是区别于其他企业的最主要标志。郑卫宁先生的一段话有力地解释了残友的人力资源优势：“对残疾人企业，只要政府或残联扶他们一把，提供一个场地和免税政策就可以了，剩下的完全可以交给残疾人自我管理和经营。你越是对残疾人信任，他们便越觉得自己有价值，就越能发挥出干劲和潜力。”

除了运用自己原有的资源，郑卫宁更为集团的建设吸引了一批又一批来自全国五湖四海的残疾大学生。凭着对集团公司的一腔热忱和不懈的努力，他得到了各级政府、残联以及社会各界的关怀和帮助。如此一来，他不再是孤军奋战，而是拥有了更充分的资源。

问题 4：以残友软件为例，对其进行 SWOT 分析。

思考提示：SWOT 分析是一种企业竞争态势分析方法，是市场营销的基础分析方法之一，通过评价企业的优势（Strengths）、劣势（Weaknesses）、竞争市场上的机会（Opportunities）和威胁（Threats），用以在制定企业的发展战略前对企业进行深入全面的分析以及竞争优势的定位。

残友软件公司 SWOT 分析表如下：

残友软件公司 SWOT 分析表

外部环境分析（OT） 内部环境分析（SW）	机　会	威　胁
	• 国家及当地政策的扶持信息化建设的深化 • 公司所需的人力资源较为丰富 • 人们对软件的认识逐步加强	• 行业内竞争日益激烈 • 许多大型企事业单位自行设立科技研发部门 • 客户议价能力日益增强
优　势	优势机会策略	优势威胁策略
• 残友的大力支持 • 自身技术水平高 • 拥有较丰富的客户资源和合作伙伴	• 增加产品种类，扩大销售范围 • 为现有的客户提供新的服务 • 加强自身开发实力，采用后向一体化战略	• 发挥公司技术优势，为客户提供差异化的产品 • 提供优质的服务，以服务战胜竞争对手
劣　势	劣势机会策略	劣势威胁策略
• 缺乏明确的市场定位 • 公司资金少，抵抗风险能力差 • 员工数量有限 • 服务水平尚待提高	• 利用人们对软件认知的加强，通过向客户推广小型软件来得到客户认可 • 吸纳更多的技术性残疾人才就业，完善公司的人才梯队	• 重新整合资源，退出无利可图且竞争激烈的软件领域，将有限的资源聚集在关键领域 • 提高软件服务水平

残障人士人力资源始终是残友的核心，为保留核心力量，残友从生活无障碍和精神无障碍两个方面对残疾员工进行管理。生活方面，残疾人因为身体因素，生活的成本很高，要耗费大量精力在上、下班和处理生活事务上。为解决

残疾员工上、下班困难，公司为他们免费提供酒店式的无障碍工作环境，员工办公和生活一体化，公司安排食宿，有专人搞卫生、洗衣服和做饭。另外，员工的医疗方面，因为残疾人最容易得病也最怕得病，所以公司不能像一般公司那样给员工买社保、医保（公司月缴费比平常的社保、医保多100多元），而是要买连门诊费都可以报销的社保、医保，解除他们的后顾之忧，使其能安心踏实地工作。员工李燕2009年从大学毕业，考取了软件工程师资格证。小时候的一次意外事故使她无法行走，从小到大都由父亲抱着去上学，但现在她已是残友软件公司的主开发人员。她感言道："残友，对外称公司，对内是个家，我们都叫郑卫宁大哥，兄弟姐妹们拧成一股绳奋斗。公司就像家一样温暖，关怀无微不至。更重要的是，在这里，我们终于有了一个施展才能的平台，可以证明自己的能力。"

此外，一些身体重残的员工，进入残友没几年便无法工作。为使他们的生活有一个彻底保障，郑卫宁创造性地提出"退养制"，即将退养工资的数额以退养员工正常工作状态下月收入的最高额为标准，每月全额发放，而且对那些愿意陪伴残疾朋友走完最后人生路的亲友们，也会有一定的资助。

核心竞争力在企业发展和企业战略方面占据了主导地位，成为指导企业经营和管理的重要依据。残友的发展由自身所拥有的与众不同的资源决定，残友需要围绕残障人士人力资源构建自己的能力体系，实现自己的竞争优势。

问题5：从"母亲菜"到社保、医保，残友这样做有无理论支撑？

思考提示：美国心理学家马斯洛将人的需要划分为五个层次，分别是生理的需要、安全的需要、感情的需要、尊重的需要、自我实现的需要。他认为："只有在较低层次的需要得到满足之后，较高层次的需要才会有足够的活力驱动行为。"无论"母亲菜"还是社保、医保，残友都是着眼于满足员工的生理和安全需要，只有在这些基本的低级需要被满足的情况下，才能激发员工的高级需要。而员工对高级需要的追求过程，正是他们为企业、为自己、为社会创造价值的过程。

四、残友的组织架构——三位一体

残友的"三位一体"架构是以基金会为管理前端，以公益机构和科技福企为发展双翼。基金会即深圳市郑卫宁慈善基金会；公益机构指中华残疾人服务网、深圳市信息无障碍研究会、深圳市残友社工服务社、中华残疾人服务网义工队；科技福企指残友控股、残友软件、残友动漫文化发展、残友网社、残友科技发展有限公司、残友电子商务、残友管理咨询、残友就业促进、残友工程技术、残友声谷通讯有限公司、残友广州、残友汕尾、残友（香港）、残友（大鹏）、残友（南沙），其架构如图 4 所示。

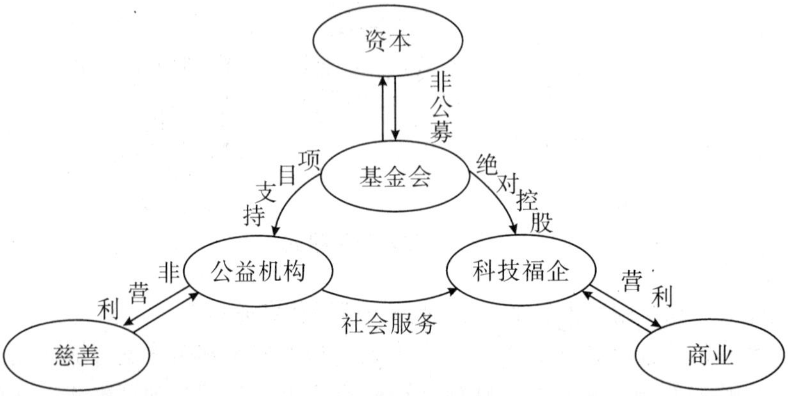

图 4　残友组织架构

残友三位一体的运作模式具体表现为：

（1）基金会控股社会企业 90% 的股份，以保持其社会性永远不变。

（2）基金会为非营利机构提供社会服务项目资金支持和监控。

（3）非营利机构为社会企业集团提供吃、住、洗衣、心理辅导等免费社会服务。

（4）社会企业依托稳定的残疾人团队，在高科技商业领域公平竞争。

五、残友企业发展模式：残疾人事业的“革命”

通过对残友概况的介绍，对企业文化和核心竞争力的总结分析，可以得出残友的如下四点成功发展模式（见图 5）。

（1）以商业的手段，实现社会的目的。

（2）政府、社会、残友三方参与，建立资源有机整合平台。

（3）残疾人自我管理、自我发展。

（4）食宿、洗衣等免费无障碍保障的社会服务体系。

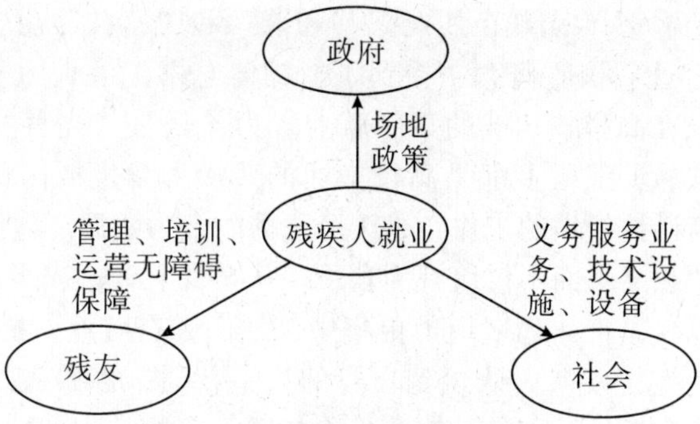

图5　残友发展模式

问题6：残友创始人的股份、财务如何运作和安排？

思考提示：众所周知，郑卫宁将自己全部的家财都用来支撑企业运营。然而众人所不知的却是他将公司的财务大权全部交给了总经理刘海军。无论是公司的项目支出还是运营费用报销审批，甚至连郑卫宁经手花出的每一分钱，都需要总经理刘海军的审批同意。面对“为何财权未掌握在创始人手中”的疑问，郑卫宁的解释是：“残友必须建立健全现代企业管理制度，才能使企业不会因为我的离去受影响。心有多宽，事业就有多大。”

对于股份问题，我们引用创始人郑卫宁的一段话来描述这个问题：“身患多种疾病的我，为保证残友和谐科技事业的稳定、持续发展，已将残友的90%个人股份控股和各分公司51%的个人股份控股，以及‘残友’和‘郑卫宁’的驰名商标品牌价值等，通过律师公证全部捐赠为社会所有。这样做一则回报党和政府及社会各界对残疾人事业的关爱支持，二则保证在我身后残疾人集中就业的和谐科技企业能在中国和谐社会的建设发展中持续、稳定地再创辉煌！”

问题7：为什么说残友模式是一种“革命”？

思考提示：之所以这么说，是因为残友改变了人们对残疾人需要的认识。即使到现在，很多人也没有意识到残疾人有自我价值实现的需要，仍然认为对残疾人的福利就是解决他们的温饱问题。其实，残疾人也有梦想，残疾人也想通过自己的技能，为社会作出贡献，并且他们也有这个能力，只是一些旧的观念限制了他们。残友恰好给了他们发挥自身能力的平台，给了他们实现自我价值的机会。

对于残友模式，创始人郑卫宁解释道：“这种模式的形成，其实源于马斯洛需要层次理论，残疾人也有五个层次的需要，残疾人也需要得到自我价值的实现。”

过去，提到“和谐”，人们想到的是“帮助弱势群体”；提到“科技”，就想到“白领”“海归”。而现在残友把“和谐”和“科技”融合在一起，形成了“和谐科技”这一核心概念，受到了胡锦涛总书记的大力赞扬。“和谐科技”就是残疾人在高科技领域的集中就业。为什么是“高科技领域”的集中就业？因为残友的员工很多都是高校毕业的残疾大学生或因病致残的专业人员，可以从事高科技领域的工作，是十分优秀的人力资源。他们把工作视为生命，视为生存的意义，而不仅仅视为薪酬。从客观上讲，残疾人行动不便，因此可分心的事也少，工作起来精力更集中，他们勤奋敬业，技术成长性连续，经验积累充分。为让残疾人认识到自身的这一特质，创始人郑卫宁常告诉员工：“上帝给你关上了一扇门，就会为你打开一扇窗。”他还经常拿自己开玩笑：“我为什么比你们聪明？因为我有血友病，我的血液黏稠度低，这样血液流通速度比正常人快，快了大脑供氧就充分了，所以就比你们聪明。”

在人们的印象中，高新产业从来都与残疾人无缘。但是，郑卫宁却不这么想。早在公司成立之初，他就打算涉足高新领域，最后选中了动漫领域，并成立了“残友动漫”。随着这个高新作坊在2010年11月迁入深圳市罗湖区梧桐山下，他的这一愿望已基本实现。每天在公司内部，除新招来的残友外出受训外，都有40多名残疾人在设计制作动漫画面，有的坐在轮椅上工作，有的身边放着拐杖，有的需要坐着特殊的椅子，但他们都有一个共同特点——全神贯注。

正是看中了他们的潜力，曾参与《阿凡达》制作的美国欧特克（Autodesk）软件公司全球副总裁黄健铭先生曾“三顾茅庐”，要求与残友动漫建立长期合作关系。为表示诚意，他们先期邀请了残友动漫的10名残友到位于上海的欧特克中国研究院接受为期半年的业务培训，所需费用全部由他们承担，学成后还给每位学员免费赠送了一套价值22万元的三维动漫制作软件。刚刚学成归来的曾志明说道：“虽然我大学毕业，但这个软件专业性太强，操作起来非常难。经过培训后，我的专业水平有了很大提高，电脑技术更全了，干起活来也更自信了！”目前，残友动漫已成为“好莱坞外景和特效外包基地”，他们的三维动漫制作将从这里走出国门。在取得跨国公司认可的同时，残友动漫在国内的名气也在不断提升，不少机构慕名而来，目前他们已承接下了“徐州图书馆”的外观三维设计，为54集动画片《低碳小子》提供三维技术支持等重大项目。

10年间，残友攀登了一个又一个事业发展的高峰，不断地为员工举行培训，鼓励员工参加比赛、申请资质。他们用事实证明：残疾人通过努力，也能成为对社会有用的优秀人才！

科技的发展，为残疾人实现人生价值提供了良好的机会，极大地便利了残友模式的推广。古语有：“苍蝇之飞，不过数步；附于骥尾，则腾千里。”意思是：苍蝇虽然飞之不远，但是伏在马的尾巴上，则可以行至千里。而科技就是残疾人朋友的“骥尾”。优势和劣势都是可以互相转化的，行动不便是残疾人的一种劣势，但残疾人只要通过培训掌握了技能，无论在家里还是外面，无论坐着还是躺着，都可以专心致志地编软件、做设计、做电子商务，并且心无旁骛。从某种意义上说，这也是残疾人的一种优势。

创业10年来，除了政府提供了一些办公场地和免税优惠外，残友完全靠自我经营、自我盈利来维持运转，从未依靠过政府和残联的捐赠。郑卫宁自豪地告诉记者："我们不接受政府的捐助，是因为我们想转变过去那种残疾人机构等着政府、靠着政府、向政府索要的'等、靠、要'模式，我们是为探索一种残疾人企业能自己'造血'的模式。这也是为了我们在推广自己产品的时候能更有说服力，如果我们接受了政府的捐赠，许多人也许就不会认同残友模式。我们就是想证明一条：残疾人不需要依靠政府资助这根拐杖，也一样能自强自立！"

在未来3年，残友将在全国69个大、中城市建立分公司；在未来5～10年，残友将在3 000个县级以上城市建立分公司，基本完成网络布点。这一切，都是为残友的目标——使残疾人通过高科技强势就业，使残友成为世界典范的社会企业。

六、残友的商业模式总结

残友的商业模型可以概括为下列商业逻辑：

"天生我才必有用"，上帝关上了残疾人的一扇门，同时也为他打开了一扇窗。残友这个组织/公司正是利用这扇窗，为残疾朋友开辟了一片亮堂的广阔天地——虽然残友的员工大都身有残疾、行动不便，但这使他们可以十年磨一剑，专注于他们的工作。残友找到了残疾朋友的需求。

（1）发现残疾人对劳动力市场的供给和残疾人就业岗位需求之间的差距，确认了残友应该进入残疾人就业市场的特征，确立了以解决残疾人就业为核心的市场定位。

（2）创造了"三位一体"的运作平台，以基金会为管理前端，公益机构和科技福企为发展双翼。

（3）专注于不同类型的残障人士，以残障类型为导向选择进入不同行业。

（4）提供免费无障碍的社会服务体系，以此解决员工的实际生活难题。

（5）中、高管理层统一由残障人士担任，以此实现残友的自我管理、自我发展。

（6）做好深圳市场后，开始在全国各地复制建立分公司，开拓其他市场。

同时，IT系统的开发、运行和维护需要一个相对稳定的队伍，需要组织知识的学习和传承，相对稳定的残疾朋友们很好地做到了这一点，残友找到了市场的需求。

残友将这两种需求对接起来，就创出了一片阳光天地。

讨论题：

1. 残友的出现、发展是偶然还是必然？
2. 随着残友产品线的丰富，该如何建立并使用好“残友”这个品牌？
3. 随着规模的扩大，残友是否应该招聘肢体健全人员加入其管理层？请说明理由。

参考文献：

1. 残友集团官方网站：http：//www. canyouchina. com/index. asp.
2. 王方华，吕巍．企业战略管理［M］．上海：复旦大学出版社，2003.
3. 黄淑敏．福利企业在残疾人就业中的作用分析［J］．社会工作（学术版），2007（1）．

广州三学苑的商业模式评析[①]

范　宁

◇案例导读　当今世界教育的难题是学生对学习存在厌恶感，发现这个难题，意味着发现了一个巨大的市场需求。近年来，互联网不断渗透到普通人生活的各个层面，教育作为生活中必不可少的一环，与互联网进行更好的结合是必然的。如何“让所有的学生就像迷恋网络一样迷恋学习”？本案例通过描述广州市三学苑网络科技有限公司利用网络办教育，将先进的网络信息技术与先进教育思想、教学理念通过多媒体的有机整合，进行完美的联姻，将“数字化教育”产业化；剖析了三学苑如何成功构筑“轻松”的商业模型，将之应用于中国人最累的一个领域，强化以技术创新为核心的教育改革之路。

一、广州市三学苑网络科技有限公司的发展历程

2002年，黄正文还是一名教师，后来，一次公开课的经历让他最终离开教室，转而投身于数字化教育。每一名教师对这样的情景都不会感到陌生：一个问题重复跟一个学生解释几遍或者是同一个问题跟几个学生各解释一遍。黄正文对此感到非常困惑，他一直想，能否有更好的办法让教师对每个学生提出的每个问题都能轻松地回答呢？那一年，黄正文接到学校的通知，开始紧锣密鼓地准备公开课的资料，对他来说，最难的是找素材和图片，他特意跑到购书中心去买了几盒光碟，虽然最终的课件只用了其中几张图片，但后来的公开课上得很成功。

问题1：一位教师为了一堂公开课要忙活一个月，需要的几张图片要花几十元钱，什么样的方式能让教育变得快捷而经济？

思考提示：黄正文经过思考，认为只有数字化教育才能真正实现信息化教

① 本书主编张耀辉对本文作了较大幅度的修改。

育的普及，也才能真正让“山区的孩子和大城市的孩子享受一样好的教育资源”。用什么方法才能够实现呢？用政府投资的办法吗？

黄正文辞职下海了，找办公场地，开始组织人马。在成功说服原来学校旁边一电脑公司的老板和自己一起干以后，黄正文又找了从事摄影制作的朋友，还有原来学校的教学顾问，就这么几个人在一个40平方米的民房里开始工作，于是www.3xy.com.cn网站和广州三学苑网络科技有限公司（以下简称“三学苑”）相伴相随诞生了。

这是一所提供教育资源、教学服务、软件开发与网络技术开发的高新技术公司，2002年3月创立，注册资本3 000万元，公司总部位于广州市从化街口，公司研发基地位于广州国家软件产业基地，拥有广州天河软件园办公区和从化总部办公区与科教中心。公司定位为致力于数字化学习资源开发与教育信息化建设和服务的高新技术企业，旨在将动漫产业、IT产业和数字教育进行有机整合，是以教育教学资源软件和系统管理软件开发为主，以远程教育、网络工程和影视广告等为辅的高新技术企业。

黄正文来自贫困山区，有一种乡土情结。当年黄正文考上大学，是村里的大喜事，村里为他摆了整整一星期的酒席，放了整整一星期的电影。他现在的理想是让所有的孩子都能够站在同一条起跑线上，接受到平等的教育，让贫困山村的孩子和大城市的孩子一样享受到最好的教育资源。

创业初期，黄正文觉得那些日子是精彩而新奇的，没有任何模式，都是靠着想象在设计产品，经常讨论到深夜。无米之炊的数字教育大胆创意构思，引来千万教育投资资金。他找到了一直关注中国教育事业的民营企业家陈焕光，并介绍自己的大胆构思：要让学生像看电影一样欣赏课文；像唱卡拉OK一样朗诵课文；像看DVD一样观看特、高级教师课堂实录；像看动画片一样进行重、难点复习；像玩游戏一样做作业；像自己的私人教师一样，不懂即问，随问随答；让所有的学生就像迷恋网络一样迷恋学习。“让所有的学生就像迷恋网络一样迷恋学习”，因为这一句话，陈焕光决定投资，一起成立了广州市三学苑网络科技有限公司。

问题2：什么是教育的难题？发现这个难题有什么意义？

思考提示：教育的难题是学生对学习持厌恶的态度，如果学习是一种压力，这种无趣会被放大，教育的参与者都会受到伤害。发现这个难题，意味着发现了一个巨大的市场需求。

公司立刻从民房搬到了广州市高科大厦，也聘请了很多优秀的人才，现在这些人都已成了公司的核心成员。黄正文的目标也开始真正清晰起来：要改变中国人教育和学习的传统方式。他提出了一个4A理念：任何人（anybody）、任何时间（anytime）、任何地点（anywhere）可以学习任何知识（any knowledge）。黄正文说，一般网络教育有两种方式，一种是从教育出发做网络，另一种则是从网络的角度出发做教育。现在很多学校建立网站就是将他们学校的资源堆在上面，这属于前者，而三学苑的思路则是利用网络办教育，将先进的网络信息技术与先进的教育思想、教学理念通过多媒体的有机整合，进行一次完美的联姻，将“数字化教育”产业化。根据这一理念，三学苑在设计产品的时候集知识性、趣味性、系统性、娱乐性为一体，历时四年时间，集全国近百位特、高级教师，打造了一个系统、科学的在线学习平台和教学资源库。

问题3：创业资源是如何集中的?

思考提示：创业资源不同，资源集中的方法也不同。需要通过召唤，将志同道合者集中起来，他们可能不仅仅是资本所有者，也有许多是具体资源的提供者，这些资源往往最有意义。

三学苑在2005年引入台湾和歌集团与深圳同展投资公司等国际风险投资资金后，将巨资投入核心技术教育软件产品的开发，不断增强公司发展的核心能力。三学苑产品分三个系列，软件系列包括学习资源库、教学资源库、亲子教育资源库、国际华文教育资源库、中学和小学网校、教育工具软件等；软、硬件集成系列包括电脑+资源库、触摸电视+电脑+电子白板+资源库等；图书系列包括国际华文+幼儿点读+小学点读等。公司产品涵盖了中、小学十多个版本的新课程标准教材每章、每节、每课的数字化学习资源（学生学习使用）、数字化教学资源（教师教学使用）和数字化亲情教育（家长使用），形成了以教育教学资源软件和系统管理软件开发为主，以远程教育、网络工程和影视广告等为辅的一个在全国有专业影响力的高新技术企业，针对中、小学生，以素质教育为目标，提供丰富多彩的教学内容，并逐渐代替课堂教学，使网上教学逐渐扩大到学校，最终成为国内中、小学远程教育的一个重要品牌。依据先进的教育理念，汲取传统教育的精华，系统地完成了数字化基础教育资源、学前教育资源、国际华文教育资源及相关平台的建设，为全国的中、小学校，教师、家长、学生、幼儿园及国际华文学习者提供开放的教育平台、优秀的数字化教育产品及优质的教育服务。自2000年1月以来，教育部开始在中、小学（包括中等职业技术学校）普及信息技术教育，目前“校校通”工程、教育城域网、校园网等工作已经在如火如荼地开展了，这为优秀教育资源共享和实现教育平等化铺好了一条高速公路。在2006—2007年进入战略营销与品牌建设大举实施的时期，三学苑销售业绩突飞猛进。现在三学苑是国家“十五”规划课题（01BZX052）核心分课题“信息技术与素质教育实施研究”实验基地、中国学校信息技术与素质教育优质服务示范企业、全国先进爱国企业，也是教育部首批教育教学资源研究、开发基地。

为回报社会，从2004年起，三学苑先后向湖南、安徽、海南等十几个省市教育厅（局）捐赠了教育资源及学习资源，惠及近百万的教师和学生。2007年4月4日，由中国光彩事业促进会、国务院扶贫办公室共同主办的“中国光彩事业促进会三学苑教学资源卡捐赠仪式”在北京人民大会堂举行，三学苑再次向全国592个贫困县捐赠教学资源卡，1 776所学校近23万教师得到帮助。至2009年，三学苑相继对全国各省市捐赠现金及教育产品总价值累计达7亿元，2008年还向汶川灾区捐赠现金100万元，用于灾区校园重建。

问题4：教育企业做慈善的意义是什么?

思考提示：教育企业也是企业，尽管教育本身有巨大的社会意义，但是一旦以商业方式出现，便需要用社会责任来树立自己的形象，从而强化自己产品的正面教化和激励的印象。

三学苑秉承“发展网络信息技术，服务中华教育事业”的宗旨，凭着对中华教育事业的满腔热情，为社会提供强大的教育服务与支持，用先进的理念和技术推进中国的教育变革，让学校高效管理、教师轻松教学、学生快乐学习、家长科学教孩子，让天下所有的孩子都能享受到公平教育的机会，享受到最优秀的教学资源，真正把学习的主动权还给孩子，得到了国家和社会各界的充分肯定及广大用户的赞誉。

二、三学苑商业模型

1. 需求搜集

(1) 对中国教育的认识——国情研究。

在很大程度上，三学苑借助于中国人对孩子教育的重视。在中国，孩子的教育是父母不得不直面的话题，也是社会最为关注的热点。让孩子一生幸福快乐，是父母毕生的心愿。在这样的市场中，教育服务的购买者不是孩子，也不是国家，而是家长。满足了家长的需要，就可以实现需求搜集的第一步。

还有一个市场环境是人类正面临着“知识爆炸时代”，它意味着，如果你想让孩子掌握许多知识，就得利用现代信息工具。三学苑以信息技术与新课程的结合暗示中国的家长使用这样一套包装和造就社会精英的产品，这也恰好满足了中国家长们的要求。按三学苑的说法，他们完成了“一次教育史上的革命”，其中的“快乐五步学习法”提出“让天下所有孩子学习快乐”，这个口号是针对中国应试教育让孩子感受到学习很痛苦而提出的，同时，在中国教育市场中，教师也并不轻松，而三学苑软件真正的购买者与购买的代理人正是教师，所以他们的口号是"使天下所有老师教学轻松"，这是三学苑的商业模型中作为需求搜集的第二步，也是重要的一步。

（2）教育工具的营销代理人——教师。

营销代理人，在医药行业非常流行，而在教育行业里却比较少见。但三学苑意识到中国有3亿多的中、小学生，有9 000万的教师，如果教师们接受三学苑的产品，那么他们的学生也会接受，这样，假设每个学生有1美元的支出，便有3亿多美元，如果教师们自己也购买，中国每位教师有1美元支出，便有9 000万美元。这已经是一个巨大的市场了，况且，还有近1亿的全球华文学习者，如果每人有1美元支出，便有1亿美元，这是一个积少成多的巨大市场。关键在于教师对三学苑产品的认可。

以教师为核心的市场中，有四个重要的需求：一是教师课件的资料寻找与课件美观、易于操作，以及贴近教育活动本身的课件系统，这是教师们的重要需要，有了这种系统，教师们可以省去许多备课的精力，是解放教师的重要一步。二是如何减少学生学习枯燥的感受。任何时候，强制都会带来不幸福，学生的学习也是如此，相反，兴趣是人们行为的动力。这样就有一个如何减少学习的强迫性，增强兴趣性的需求。学生对学习有了兴趣，教师也可以省去教育的投入，他们当然愿意接受这样的产品。三是释缓家长们的压力。中国的家长非常不轻松，中国人对家庭教育无可奈何，盼望着有一些变革能够将自己解放出来。解决这个问题的根本办法是教育制度，但教育技术可以在一定程度上缓解压力，至少可以让家长在辅导孩子方面能够比较迅速地与孩子同步，或者直接使用一些软件就可以代替家长。四是学校、学生、家长三方的沟通。如果有一些平台，能够让家长方便地了解孩子的情况，就可以在很大程度上代替改革开放前的家访和现在的家长会，家长也不必有沟通上的巨大压力，学校和教师也不必为此付出太多的努力，只需将信息公布在平台上，让家长了解，如果需要强化，再单独沟通。这种平台还可以建立一些解释，使三方对教育的理解能够接近，而不至于因为沟通不及时或者标准不一致造成误会。这种平台，相当于病人的病历，也相当于司法解释，教育不再容易形成误会。总之，基于对中国教育市场需求特征的认识，三学苑形成了以教师为突破口的教育技术推进，让教师们感受到三学苑首先是在解放自己，也是在解放教育的对象和相关群体。三学苑的目标是让教师主动成为自己产品的接受者和代言人。

在中国，教育不能产业化。几番辩论以后，教育的产业化最终被否定，但是教育技术的产业化却始终没有停止。这是一个边际市场。教师们盼望着有可以解放自己的产品，国家没有明确规定这种产品是不能做的，甚至在信息化的口号下，教育产品还在成为国家政策的鼓励对象。更为重要的是，在教育未实现产业化的情况下，教师们有着一些垄断权力，这个权力起源于政府对教育的投入不均衡，一些优质教育资源使教师变得很紧缺，这样教师们在整体上成为教育工具的决策主导，比如教学辅导资料、教具，还有一些与信息化有关的新鲜事物都可以让教师代替学生决策，家长们对此也无可奈何。尽管他们可能不愿意，但是在教师们的压力和其他家长的攀比下，几乎很少有家长会对这样的决策机制表现出反对。这也是教师能够成为学生代理人的重要前提。

（3）三学苑以网络为主体的平台。

“选择大于努力”，确立自己的正确方向，进入一个经久不衰的行业，使用一个符合大趋势的产品形式来表达自己对这个市场需求的理解，在这些战略原则方面，三学苑是幸运的，他们确立了以当代主流的时代发展趋势、体现信息时代的互联网、网站、远程教育、电子商务来体现自己对市场需求的满足方式；选择了世界上最具有发展空间的市场定位——学习社会，为中国庞大的人口基数（中国幼儿几千万，中、小学生3个亿，学电脑、学英语、学营销的不计其数）提供了方便的学习工具；选择了竞争强度最弱、最容易让自己成为行业领导的学习市场。这三个重要的选择决定了三学苑的未来。

三学苑建立了“三学苑教育网”。这是公司自成立以后做的第一件事情，当时的想法是“发展网络信息技术，服务中华教育事业”，带有很强的愿景色彩，至于做到什么程度，他们也不知道。因为网络这个东西是“任何人在任何时间、任何地点，都可以参与知识学习的工具”，这种理念不会有错。但是，这个网络却成了公司的基本资源，既体现着产品，又承担了销售的双重职责。

以网络为载体，三学苑开发了“学习五步法”，将教材变成了数字课本，集图、文、声、像、动画等于一体的多媒体课件、课文学习软件，以情景教学作为手段，让学生可以像看电影一样感受课文，课堂变得生动和富有乐趣。这五步学习法是：第一步，MTV 朗读——增强学习记忆，即像看电影一样欣赏课文，像唱卡拉 OK 一样朗读课文。第二步，名师课堂——加深课程理解，即像看 DVD 一样观看特、高级教师课堂实录，集情景、试验、动画、讲解于一体，像看动画片一样进行重、难点复习。第三步，动漫释疑——提高学习效率，还有一批特、高级教师的课堂实录，以新课标教材为全国主流版本，加深课文理解。第四步，在线测试——提高学习兴趣，即像玩游戏一样做作业。第五步，即时答疑——让学生大胆发言，即像私人教师一样，不懂即问，随问随答。

网络变成了一个资源载体，也是一个会员的集中地，只要成为会员，就可以随时上网获取这些资源。网络兼有了营销与产品的双重职能。

(4) 三学苑的产品推广营销系统。

第一步：招商，邀请代理商加盟。

以市级为单位招代理商，既能快速回笼资金，又能有一支强大的免费的销售队伍帮助公司一起推广，一般来说，代理商在当地有一定的教育资源与背景，比公司在当地开展业务要好得多。让代理商协助招加盟商，可以让公司省去一大笔招商费用。每个加盟商首付3万元，1.5万元在代理商处购货，快速消化代理商手中的产品，减轻代理商存货的压力，另外的1.5万元交总公司以获得授权，如此一来代理商与公司便属双赢局面。然后，公司协助代理商做好加盟商的培训。在三个学校周围招一个加盟商，并开设一间“三学苑数字化学习体验馆”，相当于把免费的广告插得到处都是。一个市级代理一般拥有上千所学校，也就是说可建立300个以上的体验馆，兼有300个免费的灯箱广告，每个体验馆有5个业务人员，相当于有近1 500人的业务团队共同推广，既收回了一部分加盟费，又拥有了一大批免费的业务团队，学生随处都可以买到产品，随处都可以体验产品。

第二步：协助代理商建立网校。

这一做法的目的一是利用三学苑已有资源帮助学校建立网校，每所网校9.8万元，快速回笼资金。二是每建立一所网校相当于将广告植入学校，教师每天用三学苑的产品给学生上课，等于每天都在给学生做活生生的广告。三是建立网校后方便召开家长观摩会，给全体家长做好宣传，引导购买。四是学校建立了三学苑网校，以后想删除都不那么容易。若在全国建立2万所学校的网校，每个学校按1 000人计算，就有2 000万的用户，现在他们所做的所有网校都已留有广告位，方便以后在学校的网校植入其他的广告。五是只要网校免费或降价，想要拥有用户是一件很容易的事。网校类似于QQ空间，可以把广告想放进哪个学校就放进哪个学校，想放多大范围就放多大范围，可根据客户的广告费用与需求而定。

第三步：指导代理商召开家长观摩会。

这样做的目的是将网校开通仪式做成“网校家长观摩周”，避免商业味，让家长更容易接受；在学校开设网校实验班，实际上是销售三学苑的产品，只是把产品变成实验班的教材；在学校利用现有的电脑室开设第二课堂，将三学苑的资源安装于其内，让学生免费体验，公司不用投任何一分钱便将体验馆建立起来。对于学校来说，不用另外投入便建成了数字化学习第二课堂；学生也得到了便利，他们在任何学校门口的体验馆都可以轻松买到产品；开通网上购物，方便学生。

第四步，构建三学苑的渠道经营策略。

前期，以产品销售为主，快速回笼资金，实现造血功能。让代理商去推广，为前期扩大知名度、介绍产品、培养用户打下基础，把赚的钱用于实实在在的人员推广。后期以网络运营为主，把公司网站做成教育门户网站，增加社区功能、娱乐功能、互动功能、增值业务功能。

然后，将网校做成社区，公司是平台，在公司的平台上帮每个教育局免费生成一个网站（大社区），包含每个学校（中社区），学校包含每个班（小社区）的班级管理系统，每个班包含若干教师（个人空间）和若干学生（个人空间）及若干家长（个人空间），实现教师、学生、家长的全面互动。

最后，网校与体验馆并行，网校的目的是迅速占领学校阵地，体验馆的目的是让学生到处都能买到产品。

2. 三学苑的商业盈利模式

盈利点 1：《YY 学习通》销售。

《YY 学习通》是把三学苑公司的优质学习资源安置在公司 www. 3xy. com. cn 的网站上，提供给全国中、小学生课堂教学外预习、复习、补习用的学习辅助产品，同时提供家长亲子教育和师生互动交流的多功能在线平台。学生通过账号和密码登录三学苑网站就可以学习所有内容，模式类似于上网看电影，不同的是三学苑网站上全都是学生学习的课程，而不是电影。

盈利点 2："YY 电脑书包"和"YY 教学宝典"。

"YY 电脑书包"是一款专为中、小学生量身打造的学习电脑，集成了优秀的互动型动漫学习资源和学习软件，是激发孩子学习兴趣、培养自主学习能力、快速提高学习成绩的最好工具。

"YY 教学宝典"是一款专为中、小学教师量身打造的教学电脑，集成了优秀的教学资源，是教师进行日常办公、备课、课堂教学的有力工具。

"YY 电脑书包"和"YY 教学宝典"完全突破传统的远程教育模式，为没有网线或网速不快的用户提供了极大的方便，它的推出不仅满足了父母对子女教育的需求，也解决了许多家长担心学生上网接触不良信息的顾虑；不仅减轻了教师的备课负担，同时实现了优秀教育资源的社会共享，让学生可以"将名校名师请回家"。三学苑将此款产品设计成礼品包装，更彰显出其高贵的品质，隆重推出送礼送教育的概念，旨在打造出教育礼品市场的旗帜。

盈利点 3：三学苑积分有奖计划推广。

为提升三学苑品牌及相关产品在消费者中的知名度，2010 年推出三学苑积分有奖活动计划，该计划通过积分返利和抽奖活动鼓励并刺激更多的消费者关注三学苑，迅速提高三学苑的品牌知名度。积分活动通过代理商、各特约服务点宣传，它不仅为三学苑网站、各代理商及特约服务点网校带来点击流量，也可带来巨大的经济回报。三学苑积分有奖活动通过代理商、各特约服务点宣传，作为有效的品牌和产品推广渠道，通过三学苑有奖积分将终端的点击量与留言量转化为代理商、各特约服务点的利益。

盈利点4：网校建设。

网校建设项目，是三学苑公司在教育信息化和远程教育大发展的背景下推出的一项与学校合作的项目。长期以来，很多学校在建设高质量的网校方面愿望强烈，不过由于网校建设资金短缺、师资不足，给校方带来很多困难。而现在，三学苑公司将潜心研发长达8年的数字化教育、教学资源拿来帮助学校建设自己的网校，建设周期短，不需要学校委派技术人员维护，免费为网校升级资源，帮助提升各学校及教师的知名度，学校只需要一次性花费很少的网站建设成本，就能拥有一个真正属于自己的网校。项目集校际合作、校务管理、学校办公OA、班级门户、在线学习、资源下载、人员交流、培训、教学管理、学生管理、品牌宣传等各项学校关心的服务工作于一体，借鉴三学苑公司优秀的教育、教学资源及一流的网络技术水平，协助学校在教学质量上有实质性的提高，为合作学校办学、管理、教学、品牌打造注入新鲜的活力。

盈利点5：网上销售。

由三学苑总部统一进行网络推广，哪里的客户购买，总部就通知当地的代理商或特约服务点负责送货和服务。只要服务跟进及时，用户重复续费率更为可观。

盈利点6：广告招商服务。

三学苑官方网及代理商、各特约服务点网校、学校网校可作为宣传窗口，为全国的招商、加盟、连锁企业和机构提供优质的网络推广平台，也为学校及培训机构的招生、品牌宣传、教育产品展示提供一个广告宣传平台，还给广大消费者一个多途径选择的平台。代理商、各特约服务点可通过宣传、介绍、推广等活动获得地方广告客户，每成功推荐一家广告客户可获得所持卡类型折扣的相应广告收入。广告费用根据位置不同价格为数千元到数万元不等，广告费用按月进行计算。

盈利点7：培训场地出租。

各特约服务点作为连锁品牌的地方学习体验中心，需要具备一定面积的培训场地，培训场地是用于各特约服务点在经营过程中给学员进行学习体验、辅导的地方，也是自身开设培训班招生的场所，该培训场地不但可以满足自身的学习、体验、辅导、培训的需求，更可以面对广大的教育工作者进行场地的出租服务。各特约服务点的培训区域承接当地其他机构或教师开办的培训班课程，不但可提高自身的知名度，更可以为体验中心带来新的利润点。自设培训班与外接培训班相结合，一方面给消费者创造了良好的学习机会，另一方面在社会影响上也可以提升体验馆或各特约服务点的公信度和美誉度。

盈利点8：自主培训班招生服务。

各式各样的学习培训班越来越被学生及家长接受，并迅速普及和推广到各大、中城市，三学苑各特约服务点作为品牌连锁的学习体验、辅导、培训中心，可有针对性地进行自主开发培训的招生业务，结合本地教师的教学服务定期辅导开课。

盈利点9：书籍类出售。

三学苑各特约服务点体验馆可以店面的形式存在，为了更好地服务于广大教育类消费者，并完善各特约服务点本身的经营理念，体验馆可配以书籍类出售。

盈利点10：学习产品及周边产品。

三学苑各特约服务点可利用现有场地经营学习类产品及周边产品，总部亦可逐步提供大量的折扣文具、学习用品、学习礼品和学生饰品等产品的销售。

3. 三学苑的成长资源

三学苑能够成长，在很大程度上取决于三学苑教育网的资源凝聚与人气提升。三学苑教育网是一个集学生、教师、家长为一体，全情互动的社区，任何人可以在任何时间、任何地点，进行任何知识学习的集知识性、趣味性、娱乐性为一体的在线互动学习网站。网站栏目主要包括：

（1）互动校园。互动校园是三学苑教育网的虚拟校园，这里包含了全国所有主流版本教材、主要学科的每节课的同步学习内容。学习内容按公司独创的网络五步学习法组织，供学生进行高效、轻松、愉快的学习。在这里，学生还可以与全国各地的学生、老师在线互动。

（2）教师园地。教师园地是教师的教学资料中心，为教师的教学提供成品的教学资源和素材资源。成品资源包括按MTV式课文朗读，课件，每课一练，单元测试，期中、期末试题，中、高考模拟试题，以及历年各地中、高考试题等。素材资源包括语音、动画、图片、音效等。

（3）家长俱乐部。家长俱乐部是家长们学习交流的大平台，这里有丰富的家庭教育资讯供家长们学习和参考，也有众多专家为家长们随时解答教子疑惑。

（4）活力Y区。活力Y区是学生学习之余的休闲场所，有交友中心、音画坊、图书馆、论坛等栏目，让学生与全国各地的学习爱好者一起互相交流，互相学习，共同进步。

作为全天开放、高性能在线视频答疑的教育网站，三学苑为教师提供教学软件，以捐赠的形式无偿提供给教师用，带动了以学生为主要用户的社群登录。用户数量的快速增加从外部和内部两个方面为网站提供了成长资源。从外部扩大知名度，使用户端的相互交流成为一种必要的工具，甚至成为一种语言标准，学生们越来越依赖于这种方式进行学习，并且为这种学习方式不断提供内容要求；在内部，将影响力与盈利结合，吸引了越来越多的教师特别是知名教师参与其中，成为拉住外部用户的重要引力。

三、三学苑商业模型评析

1. 三学苑商业模型总结

（1）以特有的市场洞察力挖掘出教育信息化需求，并通过网络与教育产品代理制度完成了需求搜集。

三学苑开发市场需求型网络教育信息化科技产品，抓住发展新型网络科技教育之路所蕴涵的强大商机与广阔的市场发展空间，走新商业构想与创新教育梦想结合之路，走教育革命之路，成就了企业。它所破解的市场需求难题包括：第一，应试教育培养出的学生对教育的逆反，使学习变得没有吸引力。同时，与学习竞争的游戏却以极强的吸引力召唤着学生，教育界想的办法就是不断地教育学生回到课堂和作业之中，而三学苑的办法是“让所有的学生像迷恋网络一样迷恋学习”，在很大程度上破解了应试教育的难题。第二，教师应对教育管理部门的难题。形式化的教育要求与教师高强度的应试教学工作量让教师也压力倍增，三学苑的办法是“让教师备课如同在家里做饭一样方便”，使教育最大限度地工具化。第三，教育公平化一直是中国教育最大的难题，也许未来仍然会有少量的好教师与大量的求知学生之间的矛盾，三学苑的网络化教育成为破解这一难题的方法之一。

1）基本需求。

利用多媒体技术、网络技术和其他相关 IT 技术，以高科技产品与网络整合，用实体产品“YY 教学电脑包”满足学生；用网络资料和多媒体教具满足教师；用高水平教师与教材内容多媒体化以及各种沟通平台满足师生，形成了两个需求群体的多重需求叠加。三学苑产品需求如图 1 所示。

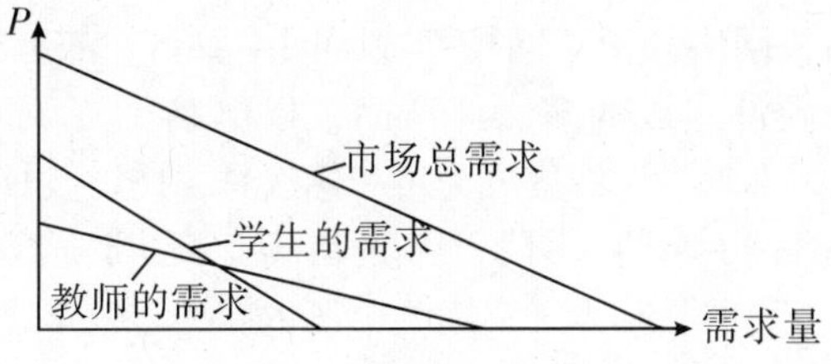

图 1　三学苑产品需求

2）网络需求。

与所有网络产品一样，通过网络服务将人们的学习习惯培养起来，再将学生与教师群体消费作为一种语言，实现工具一致化，一方面锁定了人们的需要并不断加以强化，另一方面，通过互通强化人们的需求，双重作用下使三学苑产品有了充分的网络特性，即用户效用与数量边际递增。这是三学苑能够快速发展的重要原因。

3）需求强化。

三学苑在设计产品时集知识性、趣味性、系统性、娱乐性为一体，与多媒体有效结合，抓住了市场的时代需求。这个旗帜，可以让政府与教育部门认可，并可借助于它们的影响力实现营销公关策略，快速进入壁垒市场；走名校联盟、网校捐建道路，提高核心网络高科技教育拳头产品的宣传力和销售力，在商业经营上淡化商业盈利，突出社会服务，赢得社会好感；发展代理商的同时通过加盟联盟销售，构建起庞大的市场网络和通畅的渠道销售网络。

4）特殊的营销。

先期走渠道商务代理发展模式，壮大市场，推动企业步入快速扩展轨道；而后，以网校为商务推广平台构建起庞大的免费市场广告影响力，通过慈善营销先行获得政府认可和支持，进而打开学校这个难以打开的特有的巨大市场；再利用网校集群扎根宣传，并通过电视直销或会议营销与体验式营销为重点推广工具，走网络教育连锁超市的品牌竞争之路。

（2）精确的战略定位和复杂的盈利设计。

三学苑选择了创新网络教学模式，将先进的网络通信技术与先进的教育思想和理念数字化，将教育产业化，颠覆传统教学学习模式，使其产品群落化，构建“数字化教育王国”。这一战略定位顺应了网络信息化与远程教育发展的时代特点，推动了网络教育的深刻变化，使之成为此类产品的国内领头羊。其战略可以概括为用现代技术实现简单而有趣的教育，战略指向为：网络化的教育资源＋多媒体与动漫化互动教育模式→吸引眼球＋吸引教育资源→吸引投资者→盈利并持续技术开发。

三学苑以自主研发和培植具有巨大市场潜力的产品与技术为核心，形成了三大核心竞争力主力产品与网络平台，是非典型网络企业，以混业方式构成了盈利系统（见图2），《YY 学习通》、“YY 电脑包”和“YY 教学宝典”成为其基础的品牌产品，网络教学、网校组成了网络平台，兼有服务与推广核心产品的功能，用软、硬件集成的多媒体产品，以电脑＋资源库、触摸电视＋电脑＋电子白板＋资源库软、硬件集成为新一代教具，诱发教具市场变革，代表了新技术向教育产品渗透的趋势，引发了新的市场变革，形成了未来市场核心竞争力的新格局，更为重要的是获得了高度的市场占有率与较丰厚的市场利润。

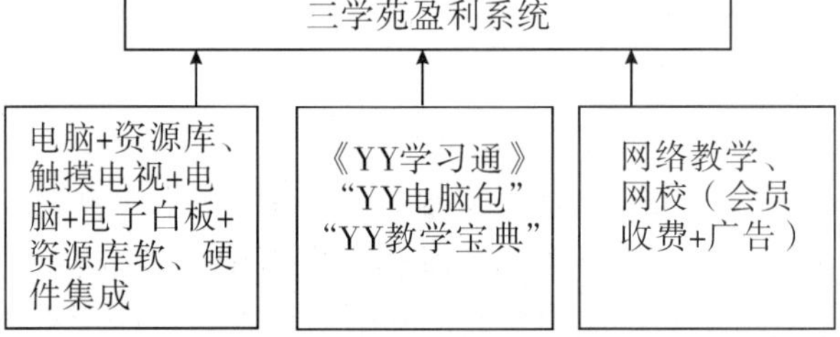

图2　三学苑盈利系统

（3）借力发挥，快速成长。

领先的概念，雄厚的资金，使三学苑保证了产品的技术领先第一品牌地位，为企业后期的快速发展注入了强大的动力支持与奠定了坚实的发展基础。做无米之炊的“数字教育王国”理念赢得了投资方的认可，其中能够实现先融资后开发的双方共识尤为重要，其原因是三学苑走教育变革的技术之路，没有大量的内容研发和表现形式的技术研发不可能实现，即使有单位进行多媒体等技术的合作，但就内容而言，仍然需要独立开展研发工作。三学苑的融资模式解决了多数 IT 企业发展资金困扰的普遍性问题，三学苑的商业创意构想和项目商业计划策划的“大饼”吸引了资本的进入，这说明了其商业模型设计的超前，也说明三学苑有足够的运气。

三学苑以教育网为平台，以线上、线下两条渠道和建立名校联盟、大学生创业联盟、慈善基金等容易对市场产生影响力的手段，获得了教育主管部门的认可和支持，在获得了广告宣传、扩大市场影响力与渗透力的同时，与教育部门和学校结成利益共同体：教育部门获得科技进步与教育改革收益，学校获得教育公平化与优秀师资的收益，终端消费者教师与学生获得了教学与学习的解放的收益，企业由此获得了巨大的市场资源，再通过这些资源转换为利益，进而推进了研发，强化了以技术创新为核心的教育改革之路。

2. 三学苑商业模型的推广价值

三学苑商业模型的直接推广价值因为其有着“赢者通吃”的特征而相对较难体现，但是作为商业模型的思想，仍有一些方面可以为其他企业提供参考。

（1）借助大势，以商业方式推动社会进步。

当前大势，主要是信息化，这种趋势谁也无法阻挡，教育也是如此。但是，为什么多年来教育的信息化只停留在 PPT 制作上呢？主要的原因是商业介入不够，大生产方式生产的教育信息化平台和工具提供不足，教育并没有从信息化中获得很多的好处，而是形成了课堂教育与网络社会教育的双重教育体系，甚至在很大程度上还形成了两者之间的竞争。三学苑较早地意识到了教育信息化需要商业介入，以专业化方式生产教育产品，从而为自己成长提供了重要的背景。一个企业不能谋大势，便不可能有作为，而大势往往在企业成就大事之中而立，两者相辅相成。

（2）立足国情，把满足多方需求作为起点。

中国当前面临着教育的困局，谁都累，但谁都无法停歇。政府、学校、孩子、家长以及教育家们，甚至连决策者都眼看着中国教育的毛病而无可奈何。三学苑的努力应该是一个重要的方向，它可以让教师备课相对轻松，让学生学习轻松，让上课过程轻松，让学生身上的负担减轻，由此可以让政府感到轻松。如果说只能用一个词来概括三学苑的商业模型，那就是“轻松”，它想出了一些办法，让相关需求方轻松，从而获得了需求的叠加，许多人都成为这个项目的支持者。

（3）整合资源，让更多的人参与利益分享。

三学苑有资源吗？成立之初的资源几乎为零，但企业的初创者有一套想法，特别是有一套能够相互启发的点子生产机制。如此庞杂的商业模型，不是一天两天，也不可能是一个人想出来的，它一定是众人反复头脑风暴形成的。有了一套有前景，也可以操作的想法，吸引投资并不是一件困难的事情。其他的合作者，甚至包括政府也是其资源的提供者。三学苑将自己包装成为信息化的推动者、教育的改革者和爱心事业的领先者，以此来获取社会资源；在商业上，是众多就业者的帮手，它的加盟体系也让许多人从中获得了利益。三学苑把几乎所有可能的、想从中得到利益的人都囊括在内，成为其事业的支持者。

（4）构造盈利，从多业态中挖掘商业机会。

三学苑的盈利构造是复杂的，主要表现为从事多种商业活动，即使说它是多元化创业也不为过。它这样做的原因，一是获得边际利益，因为复杂业务体系相互之间会形成支持，只要不会对其中的业务带来成本增加的负担，这样做的好处是在营销成本几乎为零的情况下能够更多地获得盈利；二是形成业务支持，每一项业务的开展都可以被看成其他业务的推销活动，从而更大程度地利于业务开展。显然，这需要一个好的管理团队，需要一个精力充沛的领导者，好在他们具备这个条件。

讨论题：

1. 复杂的商业模型有什么标志？
2. 如何评价“只有教育技术变革才能推动中国教育”及“用教育技术商业化实现教育变革、实现社会进步与企业盈利是双赢”？

顺势而为好“邦家”
——邦家商业模型

赵诚君　张耀辉

◇**案例导读**　你可能有多次出国的经历，回来也可能讨论过西方国家租赁业务如何发达，但是你没有行动。蒋洪伟行动了，他多次到国外考察参加各种类型的展会以后，发现所有参展商使用的都是租回来的办公设备和参展用具，既节省了高额的开支，又十分方便快捷。一个巨大的商机触动了他敏锐的商业头脑，造就了现在的邦家。你想知道他是怎么设计商业模型的吗……

一、邦家诞生及其战略

2003年到2005年，广东绿色世纪健康产业连锁有限公司董事长蒋洪伟先生多次到国外考察及参加各种类型的展会。他发现所有参展商使用的都是办公设备和参展用具，既节省了高额的开支，又十分方便快捷。这种新型的开源节流意识触动了他敏锐的商业头脑，回国后，他立即对国外的租赁产业作了一番详细的调查，结果发现这个市场潜力巨大。租赁业起源于“二战”后的美国，是发达国家商品流通的主渠道之一，对刺激投资需求、推动信用消费、拉动经济增长，发挥着独特而又巨大的作用。如今，美国约有4 200家租赁公司，从设备租赁到消费品租赁各不相同，每家公司的业务量平均为2 000万~4 000万美元，美国租赁产业在资本市场的占有率更高达30%以上。在美国，租赁产业早就是仅次于银行信贷的第二大金融工具。然而，这样一个现代综合性的服务产业才刚萌芽。

如此令人震惊的数据，引发了蒋洪伟对数据背后市场的深入思考，一个租赁产业的蓝海战略创意宏图越来越清晰地呈现在蒋洪伟脑海里。

问题1：为什么老总参加展会都能留意到这种容易被别人忽略的细节？

思考提示：“先知先觉者是成功者，后知后觉者是竞争者，不知不觉者是消费者。”面对同样的环境，每个人看到的不尽相同。很多企业之所以能够成功，就在于他比别人更善于抓住机会。而这种敏锐的洞察力往往是缔造一个商业帝国的最基本的素质。同样的市场，有人看到的是机会，有人看到的却是困难！

租赁这一新型业态受到了中央党校的关注，他们专门成立了租赁消费调研组。①

广东邦家租赁服务有限公司经过两年的市场调研，于2008年在广州正式注册成立，是全国最大的一家集家电、家具、灯饰、汽车、健身器材、医疗保健器械、儿童用品、数码电子、奢侈品九大类产品的专业连锁租赁服务公司。以“不是船靠岸，而是岸靠船”的逆向思维，以“资产消费化，消费资本化”的经营理念，突破传统“生产者”“霸权营销渠道”“消费者”的旧交易三元空间，打造“产”“销”“租”的“新营销三度空间”，构建“解放思想、解决内需、解困企业、解惑消费”超链接平台，为都市新型服务业探路导航，为“中国制造”走向“中国创造”，为全球生态环境保护和节约性循环经济的发展贡献力量，立志成为中国租赁服务业的第一品牌。

2007年以来，美国发生的次贷危机已经形成了波及全球的金融危机，面对全球经济衰退，扩大投资需求和消费需求成为世界各国应对危机的基本思路。中国作为世界经济增长的重要引擎之一，也于2008年11月推出了总额达4万亿人民币的经济刺激计划，该经济刺激计划主要是通过刺激投资需求和带动消费需求来拉动经济增长。

坐落于广州市海珠区南洲路156号的第一家邦家旗舰店经过紧锣密鼓的筹备，于2008年12月12日举行了隆重的开业庆典。邦家诞生之时正好赶上了千载难逢的大好时机，符合国家政策提出的“扩内需、保增长、调结构”九字方针，开创了蓝海大商机，可谓是顺势而为、应运而生，占尽“天时、地利、人和”。2008年，广东邦家租赁打造的租赁新模式荣获“中国租赁十大新闻”，邦家被城市论坛评为“拉动经济扩大内需的创新项目”，被中国首届城乡统筹发展与电子商务论坛评为“循环经济绿色环保优秀项目”。

---

① 该调研组由中央党校研究室副主任周天勇任项目负责人，针对国外和国内的租赁市场进行了为期两年的专项调研，并且于2008年12月7日在中央党校召开了“中央党校中国租赁消费业高层研讨会”，会议由中国城市发展研究会、中国电子商务协会主办，中央政策研究室经济局副局长白津夫主持召开，参会的有中央党校副校长李君如、民营经济研究会会长保育均、中国保健协会董事长张凤楼、广东省政府副秘书长谢鹏飞、科技部研究室处长欧阳进、国家发改委研究室局长费洪平、国务院研究室司长陈文玲、广东邦家租赁服务有限公司董事长蒋洪伟等领导和学者。会议展望了中国未来租赁市场的前景，分析了国外租赁市场的现状，与会领导和学者都认为邦家租赁打破了旧格局，开创了新业态。

问题 2：为什么租赁项目会受到中央党校的重视？

思考提示：思路决定出路，观念决定格局，邦家的领航人蒋洪伟在切入租赁这个新业态的时候，凭借敏锐的商业触觉和洞察力就意识到，国家对这一新业态的重视程度将对企业发展起到重要的推动作用。他的远见和布局决定了邦家的战略高度，更决定了邦家的未来市场定位，高瞻远瞩才能放眼未来。

二、租赁行业分析

租赁业是发达国家商品流通的主渠道之一，特别是在刺激投资需求、推动信用消费、促进企业理财、拉动整个国民经济尤其是 GDP 增长上，发挥着独特的、巨大的作用。尤其是在现代西方社会中，租赁业是规模庞大的第三产业之一。

1. 风靡全球的租赁业

根据伦敦金融集团《2008 年世界租赁年报》公布的数据，2008 年全球租赁业的总交易额突破了 5 820 亿美元，其中美国 2 386 亿美元，日本 868 亿美元，德国 580 亿美元，中国只有 225 亿美元。在市场渗透率上，美国为 31. 0%，加拿大为 21. 0%，德国为 18%，中国只有 4. 83%。2002—2007 年世界租赁发达国家设备租赁市场渗透率对比见下表。

表 1　世界租赁发达国家设备租赁市场渗透率对比（2002—2007 年）

单位：%

年度	美国	日本	德国	韩国	英国	法国	意大利	巴西	加拿大	澳大利亚	瑞典
2002	28. 7	8. 9	15. 8	26. 2	15. 8	13. 0	13. 1	20. 0	14. 0	21. 8	20. 0
2003	28. 1	9. 4	16. 9	30. 0	17. 9	15. 2	16. 8	20. 5	15. 9	22. 3	27. 0
2004	30. 9	9. 5	18. 0	26. 5	24. 0	15. 2	16. 8	18. 1	16. 1	20. 0	28. 0
2005	30. 9	8. 9	19. 3	28. 3	19. 2	12. 4	10. 9	20. 7	15. 7	25. 0	28. 0
2006	30. 9	9. 2	19. 7	13. 1	15. 0	17. 0	12. 3	20. 7	22. 0	25. 0	20. 0
2007	30. 0	9. 5	14. 8	12. 8	15. 9	15. 7	12. 4	12. 5	22. 0	25. 4	17. 5

（1）美国租赁市场。

美国租赁业始于 20 世纪 60 年代，从家居陈设、厨房用具到汽车、晚礼服，所有日用消费品无一不租。美国租赁业从业人员已逾 5 万，租赁公司逾 4 200家，平均业务量为 2 000 万 ~ 4 000 万美元，出租公司 2. 5 万家。① 美国

① 小资料：巴菲特旗下的 CORT 公司成立于 1934 年，以租代卖的商业模式赢得了世界 500 强公司的合作，贸易遍布 50 多个国家的客户，全美 3 000 家店铺，年营业额达 30 多亿美元。美国租赁巨头 RAC 达 70 年的历史，全美 3 000 多家分店，员工 8 000 多名，年营业额 29 亿美元。

《财富》杂志曾对600家企业调查：64%的企业在近两年内从事过租赁活动；74%的企业租用价值100亿美元以上的物资；80%以上的企业采用设备租赁以节省资金。

（2）德国租赁业。

德国人小到家电，大到汽车都可以通过租赁的方式获得。而今，德国每5位私家车主中有1位是用租赁的方式获得车子的。

（3）日本租赁业。

日本租赁业每年以20%的速度递增。租赁业已成为服务业的重要组成部分，是继银行信贷业后的第二大金融工具，占有社会固定资产投资的1/3。

2. 中国租赁消费市场

改革开放30多年来，中国租赁业市场渗透率基本经历了一个完整周期。1981年，我国租赁业的市场渗透率只有0.01%，租赁资产186万美元。1992年，租赁业的市场渗透率达到6.54%，租赁资产达到38.33亿美元。此后迅速下降，2001年跌至最低点0.14%。2002年以来稳步回升，2007年达到3.66%（如图1所示）。

从租赁业总交易额看，国内三种类型共100多家租赁公司2008年交易额可能超过1 400亿元，租赁业开始进入快速发展阶段。但是，整个租赁业的市场渗透率和总交易额只能从总体上反映租赁业在国民经济中的地位，而并不能说明我国租赁消费的市场规模。据统计，发达国家的租赁消费规模通常能够占整个租赁业市场规模的20%左右，我国租赁消费的市场规模很小，但租赁市场的潜力巨大。

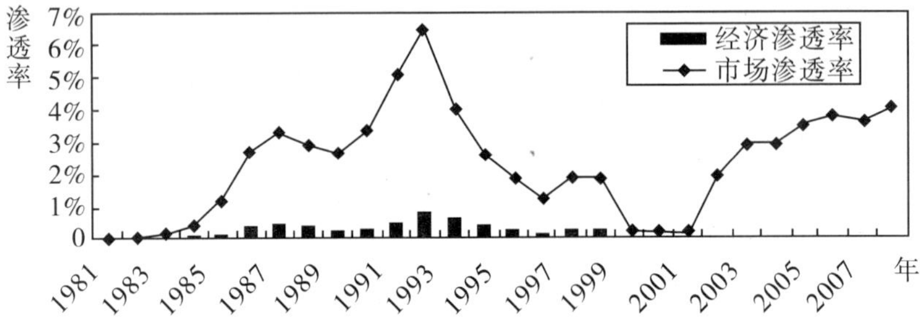

图1　中国租赁业市场渗透率（1981—2007年）

问题3：邦家的市场调研和其他公司有何不同？

思考提示：《孙子兵法》中说："知己知彼，百战不殆。"对行业清晰的认识，对市场状态的细致分析不仅是赢得胜利的关键，也是企业日后制定战略的依据和基石。邦家租赁从开始调研的格局就与其他企业不同，是中央党校的专项调研，这充分说明企业家的眼界十分重要。作为与民生息息相关的新业态，国外租赁行业能迅猛发展无不得益于国家政策方面的强有力支持，而邦家董事长蒋洪伟显然意识到了这一点。党校作为培养国家领导干部的重要基地，报告更具权威性。

三、邦家的优势

邦家所涉足的领域正好赶上国家提出“扩内需、保增长、调结构”的政策出台，经济危机使人们对租赁需求增加，而且房租、进货等成本大大降低，这种机会对于一个创业企业来说是一个绝好的机会，它可以强化中国需要租赁业的市场趋势。但是，政府对这一新型行业的有关法规尚不完善，而租赁市场主要是针对经营性租赁，商品多为易耗品，用户多为个人客户，还有就是物流成本较大。作为率先进入市场者，顺应国家政策，享有一定政策优惠，独特的商业模式，一个巨大的蓝海商机，很有可能成为行业的领先者，甚至行业标准制定者。

邦家可以借助先进的管理体系、成熟的信息平台、有执行力的营销团队，培育自己忠实的客户群，再用国际先进营销管理体系及定价策略巩固成果。面对各种可能的竞争压力，邦家进行了五力分析。

1. 现有竞争者

从租赁业总交易额看，中国国内三种类型共100多家租赁公司，2008年租赁营业额仅225亿美元，市场渗透率仅4%，空间巨大。国内现有租赁企业普遍规模小，租赁品类较为单一，如汽车租赁等，根本无法与邦家抗衡。

2. 潜在进入者

对于要进入的企业来说，邦家租赁独特的产品定位与定价策略都具有绝对优势，每家旗舰店面积都在近万平方米左右，这使得其他竞争对手难以效仿，难以形成可比性。

3. 替代品的威胁

租赁品的最大竞争者都在于家居、家电等大卖场，邦家从成立之初就提出“只租不卖”的口号，目前电器类较大的国内企业有“国美”“苏宁”等，而家居类的卖场有“宜家”“美居中心”等。但邦家具有其他卖场无可比拟的优势：①省时。它将生活所需的家居、家电、健身器材、儿童用品等集中在一个大展示场中，为客户节省了更多的时间，一次性搞定。②放心。邦家选用的都是具有绿色环保标志的产品，令客户用得放心。③贴心。为客户提供个性化的家居配套方案及家居风水指导。④省心。邦家与厂家、保险和银行强强联合，保证了售后服务质量。比如租车服务，客户不用担心保养、遗失的问题，由公司全权负责解决。⑤快捷方便。随着在全国网点的铺设，客户服务将不受地域限制，有邦家的城市就可以联网，享受同样服务。⑥高附加值。让客户以最低的投入享受更高品质的生活、后续服务、个性化方案等。

4. 供应商

供应商是受市场供求关系影响的，现在是买方市场，受经济危机的影响，企业倒闭、产品积压、大量库存，在这样的经济形势下，所有人都明白“现金为王”。而这对邦家和厂家来说都是利好消息，供应商找到了产品新的出路，盘活库存。邦家以低价和更多的优惠拿到高质量的商品，正是邦家的经营理念——互惠双赢！同时在各地选取地址中，邦家更多的和地产开发商以多种形式进行合作，以低廉租价拿到地段好的商铺，有些地方更获得政府诸多的支持。

5. 买方

买方大批量采购，加上后方强大的资源整合能力，这使得邦家本身也成为极具实力的买方。沃尔玛以量大压低厂商的价格，且令对方无还价能力，但邦家做到的是“双赢”。

邦家的战略方针确定为：密切加强政府关系，作为“扩内需”的新型行业争取更多的政策支持；加大媒体宣传，提升邦家租赁的知名度，成为大众新的消费方式；深度服务现有客户，带动家庭消费；尽快引进更多专业人才，完善机制；与国外成熟的租赁企业结成战略联盟，取长补短，借鉴学习；加强营销团队培训，尽快形成可复制、易操作的模式，在全国推广。这一战略体现了邦家的企业精神是“责任创造价值，执著成就理想”，经营宗旨是“永远为客户创造价值，引领租赁商业时代”，经营理念确定为“服务化、专业化、规模化、国际化”，核心价值观明确为四赢，即“与客户共赢——星级服务、便利划算；与员工共赢——关怀培育、共同发展；与资方共赢——价值洼地、商机无限；与社会共赢——循环经济、健康环保”，企业使命确定为“开创流通循环经济，打造实物租赁第一平台”。

四、邦家的商业模型

1. 顺势而为，开创“蓝海”

中国经济面临重大转型，发展租赁消费能够扩大第三产业比重，促进产业结构升级，一个不断走向完善的社会主义市场经济环境正在形成，为租赁业的发展提供了良好的宏观发展环境。在西方市场经济国家，包括租赁消费在内的租赁业是第三产业的重要组成部分。在美国，租赁业还是仅次于商业银行信贷的第二大融资渠道。同时全球经济衰退直接导致出口型制造企业的外部需求锐减，从而出现全面的产能过剩问题。据统计，城市家电、家居、设备、汽车、用具等行业积压库存价值达 33 276 亿元，农村乡镇企业产品积压达 36 000 亿元，合计约70 000 亿元。

广东邦家租赁公司的诞生，具有连通生产厂商和消费需求的得天独厚的优势。邦家作为供应商的“亲家”，以极低的价格与极其优惠的付款方式为生产厂商盘活库存；与供应商结盟，为供应商盘活资金提供了最佳途径，实现了互惠双赢。

邦家公司以租赁服务为主，整合异业结盟资源，将不同市场的买方价值元素筛选与重新排列，突破传统价格拼杀的“红海”恶性竞争市场机制，采用蓝海战略开启巨大的潜在市场需求，打造“产、销、租”的第三空间，实现了生产厂家、消费者、邦家三者之间“良性循环经济”的经营模式。

“蓝海”是尚未开发的新的市场空间，企业把视线从市场的供给一方移向需求一方，从向竞争对手的竞争转向向买方提供价值，通过跨越现有竞争边界市场以及将不同市场的买方价值元素重新排序，重建市场和产业边界，开启巨大的潜在需求。“红海”与“蓝海”的区别如表 2 所示。

表 2　“红海”与“蓝海”的区别

红　海		蓝　海
已存在的行业	⟶	未出现的行业
已知的市场空间	⟶	尚未开发的市场
游戏规则已确立	⟶	没有游戏规则
竞争激烈	⟶	没有竞争
千军万马过独木桥	⟶	海阔凭鱼跃
过去的、老化的战略	⟶	新时代、有活力的战略

价值创新是蓝海战略的基础，蓝海战略也就是一种要避开竞争，力图使客户和企业的价值都出现飞跃，从而开辟一个全新的、非竞争性的市场空间的思维方法。而邦家实施的正是蓝海战略，以“成本领先”和“产品差异化”占据绝对优势。邦家就是要成为解决内需的标志企业，并使之规模化，打造中国租赁产业的连锁航母。

问题 4：面对惨烈的“红海”，如何开辟一片“蓝海”？

思考提示：“世界上不缺少美，而是缺少发现美的眼睛。”其实对于商机也是同样的道理，面对竞争日益惨烈的“红海”，每家企业都想开创自己的“蓝海”，而邦家董事长因一个偶然的契机发现了这片“蓝海”，这就是商业嗅觉，也是商人的智慧所在。

2. 邦家战略目标

作为第一个敢吃螃蟹的人，邦家与国家政策方针保持高度的前瞻性与一致性，一马当先引领着这个新行业的发展步伐。它链接了制造、金融、保险、物流、商贸、服务等行业针对中国产、供、销多渠道的综合性发展，占尽了天时、地利、人和，成为激活经济的一把金钥匙。邦家的战略目标是要成为租赁服务业的世界级企业。

针对巨大的市场前景，邦家悉心制定了“135”战略规划：

第一年（2008 年），在广州建两家旗舰店，在经营中总结出具有邦家特色的经营理论和实战体系，为将来的渠道网络的快速扩张打下坚实的基础，抢滩珠三角，成为中国租赁行业的领跑者。

第三年（2010 年），加快直辖市、省会一线城市的市场拓展，开设 15 家直营连锁旗舰店，初步在全国一线城市形成品牌效应和连锁规模，打通京、穗、沪，成为中国租赁行业的领导品牌。2011 年 9 月 20 日前全国一线城市再开 20 家旗舰店和 100 个红宝石加盟店，农村开设 100 家折扣店。

第五年（2012 年），开设 50 家直营连锁旗舰店及 50 家中心店，完成全国布局。计划用 5 年时间挂牌上市，将邦家连锁网络铺设到海外市场。

3. 邦家的核心竞争力

（1）低成本优势。

公司自行研发，并借助专业公司经验上线 ERP 系统，将企业内部所有资源整合在一起，对采购、库存、财务、人力资源等各部门进行规划；同时自主开发办公 OA 系统，这些措施使企业经营成本大大降低，提高了企业利润，建立了一个具有竞争优势的价值链。

借助租赁政策、税收的优惠，节省开支。但相对于国外租赁市场而言，中国政府对租赁行业给予的政策支持仍显不足。整个行业尚需完善，这同时也是邦家的大好契机，邦家甚至可能成为行业标准的制定者。邦家建立了独特的三级经营管理体系和定价策略，采用总部集中采购方式，并且与供应商、保险公司及银行强强联手，共结同盟，整合资源，将风险与成本降至最低。

（2）服务质量优势。

邦家是以租赁服务为核心的企业，特别重视对新、老客户的服务，并创新性地提出尊贵的“六星（六心）”服务理念（即对顾客“诚心”、让用户“省心”、用起来“放心”、服务要“贴心”、做事要“细心”、处理问题要“热心”）；针对租赁服务的各个环节，力求最大限度地让客户满意，通过 ERP 系统，进一步提高对客户的服务质量和效率，使整个服务流程化、标准化，提高各部门的工作准备效率。

比如物流技术部门对投诉维修处理流程、产品退租管理流程、上门服务业务流程等作出详细规定，包括上门的礼貌用语、进门的具体要求、具体安装要求及客户意见反馈等，真正于细节处体现公司的服务理念。

问题 5：如何在激烈的市场竞争中立于不败之地？

思考提示：企业之所以能长盛不衰，一定有它自己专属的、独特的竞争力，我们称之为核心竞争力。这种核心竞争力是企业成败的关键，对于自身优劣的正确认识，也恰恰令企业不断地扬己之长，避己之短。而这也正是其他企业所无法模仿的，就如军队之魂，真实地存在，但无法效仿。

（3）交付优势。

通过 ERP 系统，营销部门经授权的任何工作人员可以随时为客户下单完成租赁业务，随时可以查询到商品库存状况，及时为客户提供商品信息，随时了解发货情况；而物流部门主管能够及时对已核实的订单作出物流配送计划，司机等相关人员通过此平台完成有关商品的凭单配送；财务人员随时刷新并查阅新的订单情况，并审核是否入账，再通过平台最后完成与物流、仓储等部门的对账核实工作；客户服务部门也通过此平台对投诉做记录，相关部门依此责任迅速作出处理，并与客户及时取得联系，这使得各方面工作得以顺畅而快速进行，令客户满意度保持较高水平，同时达到了“口耳相传”的广告功效。

4. 产品的差异化策略

（1）经营性租赁。

邦家公司是一家经营性租赁公司，主要租赁家具、家电、健身器材、数码电子、儿童用品、汽车等九大类与百姓生活息息相关的商品，贴近百姓最切实的需要。

（2）整合性租赁。

不同于各种经营单一产品的租赁企业，邦家公司针对不同阶层、不同场所的消费需求设计出多种产品组合，供消费者选择，具体如表3 所示：

表3　邦家公司整合性租赁业务模式

产品组合	特　点
家庭类套餐	根据家庭的户型和面积，设计出四种组合 根据客户的特点，设计出新婚家居、新居家居等四种组合 根据装修风格，设计出中式、欧式、时尚、田园四种组合 根据消费水平的高低，设计出高、中、低档三个类别的组合
酒店类套餐	针对集团客户，以功能类别分商务、公寓和度假三类 以不同档次分经济类、二星、三星、四星和五星 根据酒店需要进行个性化设计，满足客户不同需求
办公类套餐	主要针对学校、政府、公共场所和各类写字楼

问题 6：企业盈利的核心在哪里？

思考提示：如果我们将企业的战略看作“道”的话，那么企业的运营管理、营销策略等都可以称为“术”，它是决定企业的“道”最终落到实处不可或缺的部分。蓝海战略如果被看作是一种稀缺资源的话，产品就是将这种资源转化为价值的桥梁。

（3）连锁性租赁。

不同于经营单一店铺的租赁企业，邦家公司将自己定位为大型连锁性租赁企业，其市场策略是，在全国若干一线城市和人均 GDP 达到中等发达国家水平的沿海城市开设旗舰店和配套的多家社区店。

连锁店开设将遵循自营为主、加盟为辅的原则。所谓自营，就是股权百分百属于邦家公司；所谓加盟就是吸收当地的一些投资者参股到当地的连锁经营里面去，但邦家公司要保证 51% 以上的绝对控股，并对连锁店进行统一管理。

5. 柔性管理

ERP 系统的不断完善和上线，使各部门所获得的收益不断增加，采购、仓储、物流迅速对于库存商品的变化作出处理，及时地发现库存量较多的商品，并给予营销部门相关数据，以便营销部门快速作出反应，并可以有针对性地进行促销等活动；对目前非常紧俏的销量较大的产品及时、快速地制订补货计划，进行提前订货；而针对客户的投诉作出快速反应，令客户满意度提高，提升品牌形象。对变化的快速反应能力是赢得市场的金钥匙，而这种变化同时也成为公司战略规划的重要指导和参考依据。

邦家作为一家以租赁服务为核心的公司，具有广泛的客户基础，遍布全国几十家分公司的营销团队，邦家的成立得益于它的另一家以健康产业为核心，从事健康管理、销售绿色有机产品和保健品、提供个性化服务的公司，而它已成功运作了八年之久，拥有一批市场经验丰富、年轻而富有活力、运作成熟的营销团队，而且它拥有一大批忠实可靠的客户群体，这一切都得益于它优质的服务。

租赁，作为一种全新的消费方式，正在被中国越来越多的消费者所接受，并日益成为现代消费时尚。在服务创造价值的租赁行业，速度更是体现服务质量的重要标准，准确、及时地送达是客户对服务最直观的评价。

2010 年 5 月，邦家成为亚运会的供应商。这不仅说明了邦家的实力，更说明这种模式已形成它独特的竞争优势，并且得到社会和政府部门的认可。

6. 邦家租赁服务的模式

邦家租赁服务的模式如图 2 所示，该图表示邦家租赁的业务循环，上游做促销、下游做服务、中游做租赁。

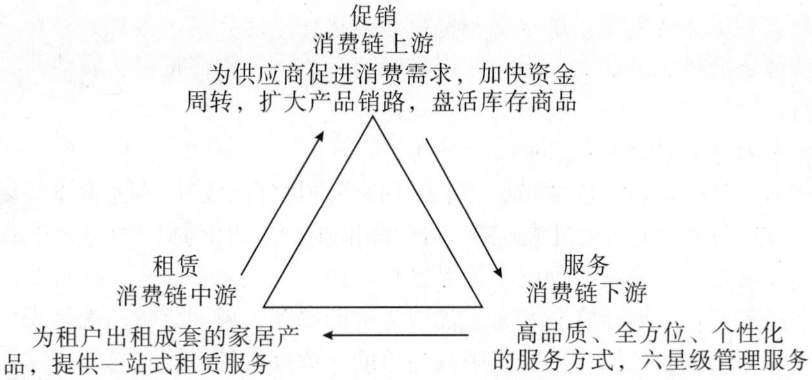

图 2　邦家租赁服务的模式

问题 7：资源整合如何让价值最大化？

思考提示：作为租赁企业，服务是非常重要的一环，在企业相关利益者中客户排在重要战略地位之首，同时邦家巧妙地将各个利益关系人的利益有机地达到统一，实现了出色的关系营销。与供应商、保险公司、银行强强联合，解决企业的库存，盘活资金；将优质的产品提供给客户，同时提供六星级管理服务，可以说达成了和谐、共赢甚至多赢的伙伴关系，是有机的整合资源。

7. 独特的市场运营

邦家设立了独特的三级营销管理体系，由总公司连锁运营中心管理全国各地自营或加盟子公司，子公司管理在全国一、二线城市的地方性旗舰店，而旗舰店则管理下属多个分布在城市不同区域的社区店。三级体系职能分工不同，相互补充，相互配合。

省市级城市实现一手租赁，再通过市县级市场实现二手租赁，甚至销售，在这个过程中，邦家将从每件商品中获得最大价值，而不像一般的销售企业那样只有一次性的销售利润。

五、邦家商业模型的总结与评估

1. 邦家商业模型的总结

（1）借势发挥的需求搜集。

邦家在几乎空白的中国租赁市场获得了一个巨大的商机。这个市场在国外是成熟的，因此，需求者的知识结构是容易构造的，为满足需求的业务流程也比较容易构造。然而，租赁业在中国却一直没有得到发展，其中的一个原因是大家都没有做，所以大家不敢做。但是，中国市场中已经开始萌动租赁需求了，尽管市场有一定的诚信问题，可是需求强度正在超过诚信管理的成本，邦家正是看到了这个机会，进入了租赁市场。

在需求搜集大势明确、需求知识确定的情况下，能够将需求启动并吸引需求向自己靠拢便成为需求搜集的主要目标。

1）“全方位的个性化服务”服务理念。

针对租赁市场中互信的阻碍，邦家提出“六星（六心）”服务理念，以自己的主动行动，赢得市场对租赁业的认可，既提高了客户忠诚度，也带动了人们对租赁业务的依赖。在很大程度上，上述的“六星（六心）”是一种投入，一方面，它需要支付成本，另一方面，它也是一个“攻心为上”策略的体现，是拉拢顾客人心的方法。邦家已经意识到，启动这个巨大的市场，必须让顾客品尝到依靠这个市场的甜头，让顾客体会到他们是被商业信任的，而这种投入不仅可以启动市场，更可以在未来的竞争中让顾客为自己说话，维护企业的利益。

2）整合的业务设计。

邦家不同于其他经营性租赁公司，它是全国最大的一家集家电、家具、灯饰、汽车、健身器材、医疗保健器械、儿童用品、数码电子、奢侈品九大类产品的专业连锁租赁服务公司。而且针对不同阶层、不同场所的消费需求设计出多种产品组合，使客户在邦家可以一次性将家庭所需用品配置完毕，而不必跑几个地方；不同的组合更能满足客户个性化需求。避免竞争一直是邦家的竞争策略，为了实现这个目的，邦家采取了将多种业务同时捆绑，让顾客自主选择的策略。显然，它的顾客对象确定为整体租赁者，这对公司业务很有促进作用，可以为顾客节约时间成本，也可以增加自己的盈利。

3）独特的营销体系和市场定位。

邦家建立了一支由专家和专业租赁人士组成的渠道营销队伍，建立以自营和加盟相结合的三级营销管理体系。邦家公司建立了独特的三级营销管理体系，包括总公司连锁营运中心管理全国各地的自营或加盟子公司，子公司管理设在全国一、二线城市的地方性旗舰店，而旗舰店则管理下属多个分布在城市不同区域的社区店。强力推销与快速推销，迅速抢占国内市场，是邦家的第一个目的，这是因为租赁市场一旦启动，将会出现井喷式的业务增长，如果不将市场铺满，竞争对手就有可能乘虚而入。商业模型十分强调自我复制，邦家在这方面做得很优秀；同时，租赁业务越来越借助于网络化，顾客端的移动租赁需要网络化，而二手货租赁更需要供给一方的网络化，邦家为自己的未来铺设了道路。

（2）资源整合，多赢的运作模式。

邦家选择了有多种租赁需求的顾客作为自己的目标顾客，将多种租赁业务整合在自己的业务中，与多种行业建立起供应关系，类似于百货商店的业务整合关系，业务之间的招徕为租赁企业带来了基础性的利润。

邦家打破了传统的二元空间，打造“产、销、租”的第三空间，改变了传统的消费模式。它与银行、厂商、保险公司联手，实现有效的资源整合，使之形成了一个产业大平台，为扩大内需、降低成本、减少流通环节起到了巨大推动作用。利用低成本战略迅速扩张，成为激活经济的金钥匙。

（3）巧妙构造成长资源。

邦家与美国租赁巨头 CORT 公司和 RAC 公司合作，国际化的合作，不仅能够使邦家吸收先进的顶级租赁公司的管理运作经验，而且能加强双方业务领域的合作，可谓强强联合。这为邦家赢得了巨大的资源，不仅仅是经验和管理体系，还有声望以及由声望产生的融资机会。

在内部，邦家用 ERP 系统使采购、仓储、物流迅速地对于库存商品的变化作出反应，可提高配送安排效率，并可提高对市场作出快速反应的能力，客户满意度不断提高。

总体来说，邦家的成长资源是它的管理体系，它借助于与国际知名企业联合，种下了行业先进管理的种子，这就让自身有了一个非常高的台阶，同时，这颗种子又不断要求它增加养分，细化管理，以壮大成长资源。以此为代表的管理工具的引入，让企业在服务上和内部控制上进一步优化，显然，邦家已经进入了一个良性循环。

2. 对邦家商业模型评估

对社会来说，邦家租赁有着重要意义。其一，租赁是一种实物融资，它为大量没有资金能力的企业和个人提供了初始的起步条件，为临时需要物资的企业和个人提供了物质条件，使不同主体在时间上形成了实物的融通。这意味着，社会的物质资源整体效率被提升，社会资源闲置程度被降低。其二，租赁业是一种促进生产的方法，因为当需求不足时，会产生对供给的限制，而租赁将人们分散的需求整合起来，相当于扩大了需求，产生拉动生产的作用，这对处于经济低迷阶段的中国来说，不仅仅为企业提供了低成本的生存方法，也为生产扩张提供了便利。其三，邦家租赁还将其他融资方法结合起来，更加促进了资源的整合，特别是它的经营理念，方便客户的渠道与服务，使人们会改变生活行为，这对促进经济发展方式转变有着重要意义。其四，如果邦家本身有环保意识和愿意承担低碳责任，也可以相对集中地促进环保，推进低碳社会的尽快到来。

当然，在有利于社会和有利于供求双方的同时，也为一个全新的行业提供了发展背景，邦家就是这个行业的领跑者。

讨论题：

1. 为什么说邦家诞生于历史最佳契机？
2. 邦家商业模型对社会发展的意义何在？
3. 为什么说管理是邦家的成长资源？

参考文献：

1. 中共中央党校租赁消费调研组．中国租赁消费市场发展思路和前景展望［R］. 2008-12-07.

2. 黄秀清．现代租赁经纪理论与实务［M］. 北京：中华工商联合出版社，2000.

3. 2008 年世界租赁年报．

4. 冯志去．21 世纪消费新时尚——租赁消费［J］. 中国对外贸易，2000（5）.

5. 邦家公司网站：http：//www. oursjia. com/html/oursjia/GuanYuBangJia/.

华帝商业模型与社会责任

张耀辉　彭红兰

◇**案例导读**　一个企业用不到20年的时间，在市场上已经有300多个同类企业的情况下冲出重围，成为中国同类企业的第一名，需要多少启动资金？华帝燃具的故事会告诉你，将很少的资金用于推动事业，需要有全新的商业理念。你可能经常会在公益事业的场合看到华帝，但是华帝绝非是一个仅仅捐钱的企业，他们在用自己的技术为社会服务，用企业的社会责任推动企业的事业发展。他们究竟是如何做的呢？

一、华帝初生

1992年，中山小榄有七个年轻人，他们拿出自己的积蓄注册了一家生产燃具的公司，七人持有均等的股份，这家公司就是华帝。在企业最初的组织架构中，他们各自兼任企业一个部门的经理，七个热血青年从此变身为同一个企业的股东和老板，华帝也开始了它的创业史。创业伊始，七个人就显示出他们的魄力和品牌意识——用6万元为企业取了名字。为了打出自己的知名度，他们先是盯上广珠公路沿线这条家电企业云集的"家电走廊"，在离燃具巨头万家乐和神州厂门不远的地方各树起一块硕大的"华帝燃具"广告牌。那时，他们还不敢说要跟这些行业巨头"叫板"，但那醒目的广告牌的确让前来提货的经销商们过目难忘。接着，他们又拿出几十万元，沿京广、陇海铁路线这两条贯穿南北、东西的经济大动脉，做沿线的民墙广告，从广州一路刷到沈阳，从上海一路刷到兰州。这些花小钱办大事的土办法，竟起到出乎意料的作用，各地经销商开始纷纷要求代理华帝的产品。"华帝燃具，中国精品"——"初生牛犊不怕虎"的华帝老板们从一开始便打出了如此响亮的口号。

问题1：华帝因何敢于在创业之初投入广告打造品牌？

思考提示：巨大的广告牌面给经销商们过目不忘的印象，通过大力打广告、做宣传先打响自己的名气，结合过硬的产品质量，自然能快速发展，这是一种先树名再获利的商业模型的精髓。

从 1994 年 11 月广东华帝集团有限公司正式成立，到 1996 年 11 月，短短的两年时间，华帝就实现了从一个小企业到专业制造、销售厨房电器、燃气用具的实力雄厚的大型企业集团的过渡。同月，按照国家标准设计，占地 10 万平方米，投资 6 000 万元的现代化新厂诞生。集团成立的第二年，华帝产值达到 2.8 亿元，销售燃气灶具 80 万台，首次荣登中国销量第一的宝座，华帝的发展史从此翻开了新的一页。此后连续 6 年，华帝蝉联燃气灶具销量第一，到 1999 年，已把竞争对手远远地抛在了后面，抽油烟机和燃气热水器销量也分别达到了 18 万台和 20 万台，均挤进同行业前十名，成为华帝新的经济增长点。从 1992 年到 1998 年，公司资产总额从 3 000 万元增长到 1.8 亿元，年销售额增长率为 50% 以上。

目前，华帝产品具有燃气灶具、热水器、抽油烟机三大系列 100 多个品种，畅销全国各地，并远销东南亚、非洲各国，深受用户青睐，燃气灶具以年产销超过 200 万台（其中 1995 年销售 80 万台，1996 年销售 100 万台，1997 年销售 120 万台，1998 年销售 150 万台，1999 年销售 200 万台）成为享誉中华大地的燃气灶具第一品牌。"华帝"商标被认定为广东省著名商标。1999 年销售总额比上年同期增长 15% 以上，并连续 5 年居中国灶具产销量第一；2000 年 5 月，华帝集团在中山建成亚洲最大的灶具生产线，年生产能力达 350 万台，2001 年增加到 600 万台。

1994 年，中国热水器市场风起云涌，正是热水器行业发展的高峰时期。当年，全国大大小小的热水器生产企业多达四五百家，一些国内知名品牌也分头割据，甚至还有为数不少的国际品牌相继进入，市场竞争无异于一场肉搏战。在竞争如此激烈的市场环境下，华帝在其核心产品灶具国内第一品牌的带动下，自 1994 年开始，华帝热水器每年以 30% 的速度递增。到 1999 年，华帝热水器已进入中国热水器行业的十大主导品牌之列。在广东、北京等部分地区，华帝热水器以明显的优势位居同行的前三名甚至前两名。2000 年 7 月 1 日，国家轻工业局和国内贸易局禁止直排式热水器的生产和销售后，在万家乐的倡议下，华帝迅速与万家乐结成强排推广联盟，引导整个行业向安全、健康的方向发展。两家企业均达到了双赢的局面，华帝热水器的销售增长率也高达 40%。

问题 2：2000 年华帝采取了什么发展策略？华帝为何会这样做？

思考提示： 国家轻工业局和国内贸易局禁止直排式热水器的生产和销售，华帝与万家乐结成强排推广联盟，引导整个行业向安全、健康的方向发展。这样做符合政策的要求，与万家乐的合作，做到强强联合，共同引领整个市场。事实证明，合作的结果往往是双赢的。

2000年，华帝热水器被评为“中国名牌”，华帝灶具成为“广东省名牌”，华帝抽油烟机成为国家免检产品，企业从20多人的小厂成长为年销售额7亿元的行业龙头。至此，华帝已经完成了商业模型的初步构造。

二、简单的业务与执著的品牌意识

华帝的创始人在创立华帝之初就具有超前的品牌意识，他们发现当时所有的燃气灶具都不注重品牌形象，产品缺乏差异性，于是说服董事会从仅有的120万元启动资金中抽出30%，聘请广州天朗广告公司为企业导入“CI策划”，以绿色为主色调，以Vantage（优势）的第一个字母V加以叠合，作为企业和品牌的标志，公司销售、宣传等事务用品全部按规范“CIS”化，华帝气派、典雅的高品位形象很快得到了消费者认同，虽然比同类产品贵20%，但仍经常脱销。多年来，为了铸造“华帝”这一品牌，华帝公司在行业中最早导入CI战略，建立了具有强烈视觉冲击力的VI系统，确定了“创造精品，服务社会”的经营理念，使具有华帝特色的“精品一族”赢得了相对稳定的市场份额，从而树立起中国灶具优良品牌的市场形象。

1. 服务体系

华帝的服务宗旨是“华帝服务，舒适健康，安全保障”。华帝从1999年开始，在全国各大、中型城市和地区成立了绿色服务队，配置工具和专用车，从当地招聘专业技术人员进行培训，考核合格后成为队员，统一着企业标准色工作服，整体规范一系列行为标准和语言，确保绿色服务队高水平的服务质量。华帝提供1年免费保修、24小时免费技术咨询、终身维护、及时（限时反应）服务。服务队开设24小时服务咨询热线，24小时上门免费服务，365天不间断服务，提供预约上门服务，等等。华帝向顾客提供的优质服务带来了极好的口碑，提高了顾客的满意度和忠诚度。

问题3：华帝为何如此重视自己的服务水平，而不是将精力集中于产品的创新？这种服务模式能被其他企业效仿吗？

思考提示：华帝所在的行业是一个技术含量较低、较为混乱的市场，大家只要有点资金就可以投资做灶具类产品，在激烈的竞争中要凸显出自己的特色与优势，就必须从售后服务上下手，给用户提供一种前所未有的高品质购物体验，以赢得市场。这种模式不一定能被其他企业所效仿，要看具体的行业。

2. 渠道控制

1994 年前后，大多数燃气具企业采取的是区域多家代理制，部分厂家甚至明里暗里支持窜货，以追求短期的旺销局面，这是一种营销短视的行为。窜货控制又被称为倒货、冲货，是由于经销网络中的各级经销商、分公司等受利益驱动，使所经销的产品跨区域销售的一种营销现象。为获取非正常利润，蓄意向自己辖区之外的市场倾销产品的恶意窜货给企业造成的危害是巨大的，主要表现在它扰乱了整个经销网络的价格体系，易引发“价格战”，使得经销商对产品失去信心、丧失积极性并最终放弃经销企业的产品，而混乱的价格将导致企业的产品、品牌失去消费者的信任与支持。为防止经销商之间的窜货，保护经销商的利益，华帝自成立之日起就坚决实施总代理制，即坚持在一个区域只设一个销售总代理，建立了一个具有较高忠诚度的营销网络。

问题 4：华帝的渠道控制手段对现在大部分企业有什么样的启示？

思考提示：为了实现渠道控制，避免在华帝内部展开价格战，华帝采取了防止倒货、窜货的独家代理制或总代理制，这成为华帝保护自身产品品牌形象的重要经验，也可以对其他企业起到启示性作用。

3. 市场保护

为防止假冒伪劣产品对华帝的侵扰，华帝首创性地使用了产品“身份证”制度，为每一台华帝灶具配备一张特殊的“身份证”，这种身份证带有防伪标志，在生产企业的电脑中留有记忆贮存，消费者若要辨别产品的真伪，只要将“身份证”寄到华帝公司即可，若是假冒产品，厂方会即刻通知消费者。华帝每年还拨出 100 万元设立消费者保护基金，如果查明是假货，华帝将从资金和人力上协助消费者和有关管理部门打假。为防止窜货引发的恶性价格竞争，华帝每年与经销商签订合同之前，先签订《防倾销市场保护协议》，并从每批货款中扣出 3% 作为市场保护基金。在产品的包装上贴上“发往某地”的标签；采用产品代码制，为每件产品编上 4 个不同的编码。所有的编码都录入电脑存档。任何地方的任何一件产品，只要输入其中的一个编码就可以立即查出货源、出厂日期、发往地以及负责人。

4. 与顾客共同成长

华帝注重关系营销，使分销机构能够对自己的理念深刻地认同，实现与顾客共同增长。华帝的价格体系分为总代理价、二级经销价和零售终端价。三级价位设置明确，全国统一，保证经销商有 10% 的毛利，经销商的利益得到了保证。注重培养与经销商的感情，经销商到华帝总部会得到贵宾式的接待，吃住费用全免，对于经销商的要求华帝也尽可能满足，高满意度、强烈的团体归属感使得华帝的经销商把华帝的事业当成了自己的事业。

5. **广告明义**

华帝在创业之初就非常注重广告的投放。每年投入的广告费用在4 000万元左右，为了迅速创出品牌，华帝在家电云集的“家电走廊”——广珠高速公路线离万家乐与神州不远的地方都树起了“华帝燃具”的大广告牌，而且在京广线铁路沿线以每平方米1.8元的价格大做民墙广告，从广州一路刷到沈阳，这种成本极低的土办法起到了极大的宣传效果。1999年底，华帝实施了“与巨人同行”计划，斥资200多万元与著名的跨国广告公司麦肯·光明公司签订2000年策划代理合同，重新调整华帝品牌的发展思路。麦肯·光明公司将华帝的定位由最初的“华帝燃具，中国精品”提升到“中国燃具领导品牌”，明确表达了其领先地位，核心广告词由原来的“好产品自然受到欢迎”更新为“好火好生活”，更显其高尚品位，进一步突出了华帝的品牌差异。

6. **事件行销**

华帝擅长利用事件行销来提高企业自身的知名度，塑造企业的良好形象。至2000年10月底为止，华帝的公关代理先后执行和成功运作了下列事件行销：①两权分离，在媒体上高调宣传两权改革经验，配合当时的企业制度变革讨论，提高行业知名度；②宣传华帝企业创业史——白手起家发展成最大的灶具生产基地，将其渲染成一个传奇故事；③与万家乐联盟，借助与知名企业联合，获得更大知名度；④鼎力相助中国奥运健儿夺金；⑤提升自己科技创新形象与强化自己创新的定位；⑥华帝服务品牌。

其中，作为企业形象公关宣传的“两权分离”（即企业所有权与管理权分离，老板退居二线，职业经理人上台）事件运作得非常成功。自2000年2月底至3月中旬，华帝的公关代理以强大的媒介策划运作能力，借助传统媒体、互联网等多种途径，成功地运作了“两权分离”新闻报道，华帝成为此阶段媒体关注的焦点，而媒体报道的核心问题是民营企业要不要两权分离。其实到目前，这仍然是一个值得思考的问题，在当时引发了社会的广泛关注。华帝用自己的实践倡导了两权分离，其形象和知名度都获得大幅度提升。根据国务院发展研究中心2000年12月公布的调查结果，华帝集团2000年的国内企业知名度由年初的20%上升了20个百分点，达到40.8%强，第一阶段媒介公关后，华帝企业知名度有效提高了，华帝企业及其产品受到经销商和消费者的关注，甚至受到了中山市政府、中央电视台等重要部门的重视。“华帝现象”引起了全国经济学界和相关学者的重视和关注，引发了媒体关于民营企业及职业经理人的炒作热潮。一系列事件行销之后，华帝的知名度得到很大程度的提高。

问题5：事件营销对华帝产生了怎样的影响？给了我们什么样的启示？

思考提示：置身于大的新闻事件中能极大地提升自己的知名度，引起社会众多人的关注。华帝的一系列不寻常的事件常常使华帝出现在新闻媒体上，于是，更多的人了解到了华帝，了解到了该企业非凡的战略意图。现代企业也可以效仿华帝，采取一些正面的但又很少为人所用的方式来发展，以引起行业的关注，提升自己的地位。

7. 与万家乐结盟，身价倍增

民营企业之间的兼并是中国人最为头痛的问题之一。2000 年 5 月初，传出华帝将与中国热水器行业的知名品牌之一的万家乐结成战略联盟，当各路记者前往打探消息时，华帝却守口如瓶。“欲擒故纵”的结果反倒极大地刺激了新闻媒体的探寻欲。在将记者们的胃口吊足后，华帝与万家乐于 2000 年 6 月初正式宣告缔结“战略联盟”。较早的一篇报道来自 2000 年 5 月 21 日的《粤港信息日报》，这篇题为“潘姚结盟共打强排江山”的文章完全将华帝看成与万和、万家乐齐名的燃气热水器巨头，点燃了媒体的热情。接着，《南方都市报》对“万华联盟”作了一个整版的报道，题为“热水器市场提前进入强排时代　万家乐华帝携手共谋大局”的文章高度赞扬了“万华联盟”，将华帝视为“燃气热水器行业的巨头”。《中华工商时报》在一篇题为“热水器掀起洗牌浪潮”的文章中谈到：“燃气热水器行业出现大洗牌格局已经只是时间问题，而‘万华联盟’正是行动的最初征兆。”6 月 20 日的《中国经营报》发表了一篇题为“直排出局强排造势”的文章，文章在引题中将华帝当成与万家乐齐名的强势企业：“继科龙与小天鹅跨行业结盟以后，热水器两大强势企业万家乐、华帝又实现了业内联合。代表着国际竞争趋势的强强联合，是否会在国内演变为继价格大战之后的又一种流行?”华帝成功地搭上了“万华联盟”的快车。

8. 敢为人先：网络营销

华帝在充分利用传统的营销工具的同时，还利用先进的互联网从事电子商务，向世界宣传华帝的产品与服务，使“华帝”品牌进一步增值。随着网络信息技术的迅速发展，华帝公司早在 1996 年就注册了华帝集团国内外域名，并制作了早期华帝网页。为促进企业改革与发展，改造传统业务，提高竞争优势，2000 年 10 月底，华帝决策层宣布进军电子商务，构建具有权威性的行业专业门户网站。2001 年 1 月 15 日，由华帝集团与全球著名的电子商务服务商美商网合作开发的“华帝集团电子商务网站”正式开通。华帝网站运用了业界最流行的 Flash 动态制作技术，在页面形象设计、色彩应用、页面内容、层次结构上体现了技术的前瞻性和应用的便捷性，做到简洁大方。在交互性方面，网站使用 Java、Asp、Com 等动态技术，实现基于三层结构的网络订货功能。网站共设置五大主要模块，20 多个栏目，分别以集团概况、特许经营、华帝理念、购物系统、客户服务等模块全面展示华帝集团的现代企业风貌，使用户可以快捷、详细地在网上了解企业的最新动态、产品的最新信息。华帝网站通过建立信息搜索、客户关系、产品报价、特许经营、网上购物、要货计划、库存、配件计划及售后服务等内容，更加快捷地与经销商进行商务交流与线上沟通，从而在网络经济时代掌握市场的主动权。

9. **进军国际市场**

立足于生产技术的优势，目标市场定位于欧洲和北美，这些发达国家的市场依托技术创新，希望可以让中国的产品在国外获得一个新的认识。通过一种循序渐进的方式，包括 OEM 的方式、自我品牌输出的方式、建立工厂基地的方式，立足于本土生产，进入发达国家的市场。

10. **借奥运展示实力**

获得奥运会赞助商资格后，华帝开始着手有关奥运营销方面的工作。除了宣传“奥运赞助商”这一荣誉外，还打造专门的奥运产品，整个产品的工业和功能设计，以及产品和家庭使用的环境设计，这些产品设计的过程也是一个创新的过程。华帝在奥运期间出尽了风头，火把登上世界屋脊，李宁给华帝特别制造的巨型火炬点火，将环保、爱国等主题整合起来，得到了许多人的关注，一个乐于创新和愿意为民族振兴努力的企业的形象树立在国人面前。

三、华帝商业模型分析

1. **需求搜集**

1992 年是经济发展速度较快的一年，人民的生活水平也大大改善，煤气进入家庭，做饭不仅要省事，还要干净，于是人们对于厨房灶具的总需求快速上升。燃气灶具是一种技术含量不高的产品，关键部件是阀门。只要打火的阀门能经受多次打火，而且不漏气，燃气灶具就基本可以使用。漏气会使消费者对煤气产生恐惧，这就是产品质量差别的核心，其他零配件没有太大的分别，而且都可以购买到。因此，有人戏称燃气灶具厂是“螺丝刀工厂”，因为只要一把螺丝刀，就可以把零部件组装成一台燃气灶具。

1992 年的中国燃具市场处于无序竞争的“乱世”状态，由于技术含量不高，大量“螺丝刀工厂”的简单组装产品充斥着市场，万家乐、迅达、百得三大品牌的市场占有率合起来还不到 15%（万家乐占 6%，迅达占 5%，百得占 3.6%），而其他多如牛毛的杂牌则占了市场份额的 85%。一方面是杂牌众多，另一方面是无秩序的竞争。没有品牌形象和产品形象都突出的公司，就产品而言，多数灶具灰头土脸、外观偏暗，不是黑色、灰色，就是咖啡色，谈不上什么外观设计，更谈不上什么美感，缺乏明确的市场定位，仅仅把它当作一件工具，这与逐渐追求高生活品质的消费者的需要很不协调。这就为燃气灶具市场的品牌建立提供了需求。

一方面，有着不断增长的巨大需求；另一方面，却有着几乎不需要技术的技术壁垒。这意味着，走进去容易，也有机会，只要有吸引消费者的独特之处，就可能成为行业中的老大，如何进行需求搜集便成为华帝的战略突破方向。他们采取快速切入市场、集中资源、突出特色和利益共同体战略，让快速成长中的需求成了自己的需求，并形成了顾客认知。

2. **盈利构造**

（1）先名而后实的盈利模式。

华帝创始之初，先是给广珠公路这100千米的沿线作了一个定义，叫“家电走廊”，他们的理解是采购商可以不必事先知道谁在供货，来了就可以采购到想要的商品，华帝的办法是既要出名，又要省钱，他们在离燃具巨头万家乐和神州厂门不远的地方各树起一块硕大的“华帝燃具”广告牌，以抢夺采购商的眼球，再用60元的成本，刷了100多千米的墙体户外广告，从仅有的120万元启动资金中抽出30%，聘请专业形象设计公司，以绿色为主色调，以Vantage（优势）的第一个字母V加以叠合，作为企业和品牌的标志，公司销售、宣传等事务用品全部按规范“CIS”化。多年来，华帝特别珍视这个系统。华帝公司在行业中最早导入CI战略，建立了具有强烈视觉冲击力的VI系统，确定了“创造精品，服务社会”的经营理念，使产品具有华帝特色的“精品一族”的市场形象。华帝的高品位形象得到了消费者认同，其价格比同类产品高20%，但仍经常脱销。先花大力气打响自己的知名度，赢得广大消费者的一致认可后，再推销出自己的产品就相对比较容易了，盈利成为一个非常自然的回报，赢得了非常稳定的市场份额。

（2）从公共关系找盈利。

作为企业形象公关宣传的“两权分离”，北京、广州两地实力强大的报媒对事件的核心人物进行了特别专访——华帝被认为是“开民营企业经营权和所有权分离先河”的企业。按道理，这种理论性非常强的讨论是不能对企业效益产生影响的，但是，华帝却有效地引导媒体，树立了自己是正面的企业，是一个注重改革的企业的形象。第一阶段媒介公关后，华帝成功获得中山市政府、中央电视台及经济学界的关注，在这一系列事件行销之后，华帝的知名度在几乎没有花任何钱的情况下获得极大提高。华帝获得的不仅仅是不菲的盈利，还有公关销售的经验，以及极高的知名度和社会改革推动者的形象。

（3）从渠道控制获得盈利。

营销策略的正确与否决定着企业的兴衰成败。为防止经销商之间的窜货，保护经销商的利益，华帝从成立之日起就坚决实施总代理制，建立了一个基于高忠诚度的营销网络。华帝为每一台华帝灶具配备一张特殊的“身份证”，帮助消费者辨别产品真伪并共同抵制假货。长期坚持质量的维护，使华帝在消费者心中一直保持着质优信得过的产品形象，大大降低了营销成本，这种渠道维护也为华帝创造了大量利润。

（4）不打价格战，走大众化路线。

不打价格战就要有自己获利的方法，华帝倡导的是大众化路线，希望消费者买到的燃气灶都是性价比比较高的，其定价策略是价格适中，以稳定的价格优势吸引中、低消费者购买，使更多消费者体验华帝燃气灶的技术。为此，华帝加强了体验营销，许多体验店出现在街头，成为华帝中档品牌和适中价格的代言人。其实价格战不仅损人，还会害己，利益消失的同时，品牌价值也在消失。华帝人懂得并很好地实践了这个道理。

（5）多元化获益。

华帝的品牌定位由最初的“华帝燃具，中国精品”提升到“中国燃具领导品牌”，明确表达了其领先地位，核心广告词也由原来的“好产品自然受到欢迎”更新为“好火好生活”“幸福生活原来是真”，强化了品牌差异性。华帝现在已经不再仅仅经营一种产品，而是一个种群，一个以燃气技术为基础，将灶具、厨房用具、太阳能、空气能等联合一起出售的企业，其获得方法是品牌经营节约，用少量的市场推广费用获得最为广泛的市场，用多元利润点获利。

3. 成长资源

（1）创新。

在市场竞争中日益挖掘产品创新，这是行业持续发展最根本的原因，假如没有产品创新，企业就只能是简单的加工，无法形成品牌，无法持续华帝品牌的发展，也无法在接下来的市场竞争中继续发展。在2005年之前，华帝是比较早引入工业设计的，比较规范的工业设计的做法是从2005年底开始，真正很规范、高水平的设计，仅仅有专业工艺设计公司为华帝设计还是不够的，品牌不是某一两个工业设计公司的品牌，也不是华帝公司某一两个人的品牌，华帝品牌是整个社会团体的共同行为，品牌需要创新，工业设计是创新的行为，为了使企业内外、品牌内外所有涉及的人都有共同的文化行为，华帝就派生了一个想法：除了雇用工业设计公司为每个周期生产产品之外，还倡导创新的思维，在整个社会和华帝利益共同体圈子之内，整个相关行业内倡导一种创新。华帝作为一个厨卫行业领先的品牌，倡导坚持做这件事情本身就起到了一个模范作用，令整个行业都会注重创新，从这个角度来看，华帝是尽了社会责任，华帝并不是单纯希望工业设计大赛为企业直接带来用于产品开发的成果的，而是期望成为一种真正行为的特征或者实际的影响。华帝的行为跟创新有关，不仅仅是公司里面一两个机构设计产品，还倡导产品跟华帝有关，认同华帝的人都会感受到华帝的行为效果。

（2）市场的认可。

华帝是中国厨卫电器的龙头企业，凭借在燃烧系统上的技术实力、制造实力一举成为火炬制造商，让中国的制造水平不输国际标准。华帝灶具更是蝉联13年全国销量冠军，烟机、热水器产品市场占有率也在行业前五名，具有相当的影响力。华帝注重产品创新，“华帝”杯工业设计大赛迄今为止已经举办四届，2006年与丹麦著名设计公司CBD开展合作，先后推出绅品热水器、奥运系列厨电等产品，受到消费者欢迎。早在2001年，华帝就开始了体育营销，通过整合销售渠道，开拓三、四级市场，产品销售保持着较快的增长速度，品牌也从行业中脱颖而出，成为行业龙头。2007年承接奥运会火炬制造任务，更是让华帝品牌一飞冲天。2009年，厨电行业消费低迷，很多中、小品牌纷纷倒闭，华帝却逆市前行，连续在全国范围内掀起“信心中国·暖春行动”，以促销拉动消费，扩大了品牌的市场占有率；通过赞助第十一届全国运动会（以下简称“十一运会”），制造十一运会火炬、制造东亚运动会火炬提高品牌知名度，拓展海外市场。华帝的产品、品牌在世界范围内均得到了消费者的青睐，获得了极高的市场认可度。

（3）社会责任与正面形象。

华帝股份凭借多年的研发、制造实力，获得了大运会执行局的认可，成为中国燃气具领域唯一加入深圳2011世界大运会赞助计划的企业，并成为燃气具及火炬类供应商。这不仅标志着华帝将承接大运会2 300多支火炬的制造任务，而且为本次大运会的火炬传递提供全面的技术保障工作。“火炬作为大运会的象征之一，肩负着传承运动精神的重任，所以对火炬制造商的选择非常严格。本届大运会的火炬制造交给华帝这样一家专业技术高、精、尖的企业，必将保证大运会火炬的传递顺利，使开幕式更加精彩。”

华帝成为大运会燃气具及火炬类供应商并非偶然，而是华帝公司多年来沉淀的技术实力和品牌影响力的结果。经过奥运会、亚运会等众多国际性体育赛事的锻造，华帝成功跻身国际舞台，其火炬制造工艺已经遥遥领先于世界，这些使华帝具备了良好的社会形象和商业信誉。华帝并没有止步，秉承创新与共赢的理念，加大新技术与新产品的研发力度，自主研发的“聚能燃烧技术”颠覆了传统的燃烧方式，加速了厨卫行业更新换代的步伐。

不论是2008年对奥运会的赞助，还是2011年对大运会的赞助，华帝已经具备了良好的社会形象和正面的品牌效应。

四、对华帝商业模型的评估

1. 民族品牌责任

从大的背景来看，华帝的整个品牌发展战略背景是基于奥林匹克，如果说前四年是华帝和奥林匹克的结缘，将来华帝也会继续沿着奥林匹克这条路走下去。另外一点是华帝整个品牌定位，第一是专业，第二是中、高端的市场定位。华帝希望成为在厨卫产业里面具有中国式文化引领能力的品牌，希望能够把中国的厨房文化，不仅仅融入中国文化里面，而且希望把厨房文化带到国外去，这就是华帝的梦。

2. 国家大局

中国加入WTO，这是一个很好的契机，华帝因为赞助了奥运会，得到很多外国客户的认可，再加上整个国际市场产业的转移和转赢，也给他们提供了很多机会。从华帝赞助奥运会以后，华帝整个市场表现跟预期有一定的出入，预期2008年整个中国宏观经济会到达一个高峰或者在高位上运行，但实际上从2007年下半年中国的经济都往下调，一方面是受经济周期的影响，另一方面也和原材料成本上涨有关，华帝的增长也是超过两位数的。总的来讲，华帝品牌知名度、美誉度以及在专业里面的影响力提高是很快的，从这个角度来讲，除了当下有所收益以外，影响也是波及未来的，华帝整个品牌又加上了一个很好的基石。

3. 创新利润

面对品牌全能化的行业流行趋势，华帝在保证灶具、抽油烟机、热水器等主要产品处于行业领先地位的同时，拓展新领域，开发运用太阳能和沼气的厨卫产品，2005年公司率先推出独特的光、气、电三合一的智能转换热水器，融合三项专利成果的分体承压式太阳能热水器。华帝的新型沼气灶也受农村消费群体的青睐。随着厨卫产品出现套装化的销售趋势，华帝基于灶具、抽油烟机、消毒柜、热水器等单件产品的生产优势，以控股子公司中山市华帝集成厨房有限公司橱柜、台面产品为依托，打造“整体厨房”，满足现代化家庭厨卫理念的变革。今后华帝仍将依据管理层的整体战略规划，重点加大科技研发力度，加强对产品和市场需求的综合分析，增强新产品的开发力度。以技术创新来抢占市场，引领市场，形成新的利润点。

讨论题：

1. 华帝挤入已经成熟的市场，商业模型起了什么作用？
2. 华帝是如何借势实现需求搜集的？其社会责任的承担起了什么作用？
3. 如何归纳华帝的盈利模式？

参考文献：

1. 华帝之道：华帝是怎样炼成的：http：//www. maigoo. com/maigoocms/2010/0528/34717. html.

2. 中山华帝燃具股份有限公司年度报告：http：//www. cfi. net. cn/newspage. aspx？id = 20060410001107.

蒙牛的案例及商业模型分析

张耀辉　陈立生

◆**案例导读**　中国人几乎都知道它，因为每天都要和它的产品打交道。可是这家企业从产生到现在，只有短短十几年，在这十几年内，它成为家喻户晓的品牌。如果没有一套好的商业模型，它不会成长得这么迅速。它叫蒙牛，一个经受了乳业风波，维持着自己品牌的私营企业。在这些成功的背后，是确立了什么样的商业策略、构造了什么样的商业逻辑让企业保持着持续的活力？

一、蒙牛的创业故事

牛根生于1999年创办蒙牛乳业，在“一无工厂，二无奶源，三无市场”的困境下开拓进取，使现在的蒙牛“一有全球样板工厂，二有国际示范牧场，三有液态奶销量全国第一”。目前，蒙牛已在全国16个省级行政区建起生产基地20多个，拥有液态奶、酸奶、冰淇淋、奶品、奶酪五大系列400多个品项，产品以其优良的品质荣获“中国名牌”“民族品牌”“中国驰名商标”“国家免检”和“消费者综合满意度第一”等荣誉称号。1999年的蒙牛销售额是4 000多万元，到2005年销售额就超过百亿元，达到108亿元；2009年蒙牛销售额达到257.105亿元，较2008年的238.65亿元增长了7.7%；2010年蒙牛销售额达到302.65亿元，比上一年大涨17.7%，成为国内首家销售额突破300亿元的乳品企业。

“蒙牛速度”在中国企业界引人注目。中央电视台评选的“2003中国经济年度人物”对牛根生的颁奖词写道：“他是一头牛，却跑出了火箭的速度！”

蒙牛创造了多项全国纪录，例如，荣获中国成长企业“百强之冠”，位列“中国乳品行业竞争力第一名”，拥有中国规模最大的“国际示范牧场”，并首次引进挤奶机器人，是中国乳界收奶量最大的农业产业化龙头；液态奶销量居全国第一，“消费者综合满意度”列同类产品第一名；蒙牛还是中国首家在海外上市的乳制品企业，并一举摘得“2004年最佳IPO”桂冠。

2004年末，作为蒙牛最大的自然股东，牛根生将自己拥有的接近10%的蒙牛股份全部捐出，并以此来创立保障蒙牛百年发展的“老牛专项基金”。具体操作分两步走：第一步，在牛根生有生之年，将股份红利的51%赠予老牛专项基金，49%留作个人支配，股份话语权不变，但当牛根生卸任董事长后，表决权将授予继任者；第二步，在牛根生百年之后，股份全部捐给老牛专项基金，家人不能继承，妻子和孩子每人只可领取不低于北京、上海、广州三地平均工资的月生活费。

老牛专项基金主要用于褒奖对蒙牛集团作出突出贡献的人士或机构，但在员工个人遭遇不幸或生活窘困时，也可向老牛专项基金申请帮助，共涉及九类人，即从事经营、管理、市场、销售、研发、技术、生产、采购的人员，最后一类是陷入特殊困境的员工。如果这些员工遭遇天灾人祸或者其他难以克服的困难，企业的分配制度涉及不到、上市公司的有关规则照顾不到、社会保障系统也覆盖不到，也可以向老牛基金申请帮助。

问题1：如何评价企业家的“裸捐”行为？

思考提示：牛根生这样的行为对中国企业家来说有着重要的榜样作用，其产生的背景与牛根生个人成长历程有关。

1. 老牛的职业生涯

牛根生于1958年出生，1978年，20岁的牛根生进入养牛场工作，5年后牛根生进入了伊利，从一名洗碗工干起，随后逐步升任车间主任。就这样，他凭借自己追求卓越的精神与坚持不懈的努力，在职业生涯中开始了平步青云的上升之路，最后成为伊利集团主管生产经营的副总裁。经过了8年的副总裁生涯，牛根生把伊利的冰淇淋做成其支柱产业，到1998年的时候，冰淇淋在伊利的主要业务收入中所占份额已经达到了80%，为成就伊利的行业巨头地位立下了汗马功劳。1998年，牛根生离开伊利。

2. 创业的初始

不甘落寞的牛根生选择了自主创业。1999年1月，蒙牛正式注册成立，注册资金100万元，基本上都是牛根生和他妻子卖伊利股票的钱。当时，他在呼和浩特的一个居民区里租了一间小平房作为办公室，一共只有53平方米，月租金200多元。蒙牛成立的时候，仅仅在内蒙古，以伊利为首的乳品企业就有数百家，和蒙牛同在呼和浩特市的伊利集团那个时候已经上市多年，有完整的冰品、液态奶和奶粉生产销售体系，当年的纯利润达到8 000多万元；而1999年蒙牛刚成立的时候，没有奶源，没有厂房，没有市场，可以说是一无所有。

但是，牛根生有人。牛根生的蒙牛大旗一举，天下英雄归心，得知此消息后老部下纷纷投奔而来，最初有11人，此后不断加盟，总计有几百人，但是在乳业江湖的利益格局基本形成的时候，蒙牛要想在市场上站稳脚跟并不是一件容易的事情。

问题2：为什么说牛根生有人就不怕了？

思考提示：人是第一位的，这里所说的有人，是有可依赖之人和可用之人。牛根生最大的优势就是有这种对人的吸引力。

蒙牛在成立之初，在路牌广告上打出的口号是：向伊利学习，为民族工业争气。当时蒙牛对外宣传是内蒙古第二乳业品牌，第一是伊利。牛根生在不同的场合提及伊利，言辞中总是充满对伊利的眷恋和对老领导的敬意。牛根生的做法逐步赢得了更多的同情、理解和支持。

面对对手的竞争，蒙牛并没有采取企业惯用的“同城相争”策略，而是采用了“同城相生”策略，想方设法避免与伊利竞争。正是这种面对竞争的忍耐的策略，为蒙牛赢取了发展的时机。

3. 先建市场，后建工厂

蒙牛在注册5个月后，共集资1 000多万元，这些钱对于打造一个乳业品牌来说，显然无异于杯水车薪。那么，这些钱该如何去用，才能发挥它们最大的效应呢？

传统的生产经营往往从投资办厂开始，企业要拥有集研究设计、生产、财务、技术、营销、人事等于一体的完整职能机构，才能完成一整套经营管理活动，而这一切对于初生的蒙牛来说，简直是不可能的。无奈之下的牛根生大胆地采用了富有自身特色的“虚拟经营”模式，即采用“先建市场，后建工厂”的逆向经营模式。

蒙牛通过把有限的资金集中用于市场的营销推广中，先建品牌，打市场，使得品牌迅速深入人心，待有了一定的张力后，蒙牛又与中国营养学会联合开发了一系列新产品，然后通过合作的方式把全国的工厂变成自己的加工车间。而蒙牛自己只投入品牌、技术、配方，采用托管、承包、租赁、委托生产等形式，将所有产品都打出“蒙牛”的品牌。这样投资少、见效快，又可创造出自己的品牌，这种策略对蒙牛来说可谓一举两得。

如果按照常规的办企业思路，先建工厂，再引进设备，这1 000多万元的资金根本不够用。而等一切都建起来后，有没有后续资金来保持继续生产又是一个问题。蒙牛以“虚拟经营”的方式，在全国都可以发现和利用资源，通过有效分工合作，把蒙牛变成了一个虚拟公司，有品牌、有技术、有人才，就是没厂房，没固定设备。这种虚拟公司最大的优势在于能够在动态中整合社会资源为我所用，通过无形资产的衍化使之快速发挥潜力，形成强劲的市场竞争力。

“先建市场，后建工厂”，通过这种新型合作方式，牛根生把别人的工厂和自己的管理、品牌相结合，实现了双方的共存共赢。通过这种方式，蒙牛先后收编了国内8个乳品企业，盘活了7.8亿元资产，使挂着蒙牛商标的产品迅速辐射全国，当年就实现销售收入4 365万元。仅仅在半年之后，在中国乳制品企业销售收入排行榜中，蒙牛就由千名之末蹿升至第119位，其成长速度令人称奇。

如果说市场是“海”，那么资本、人才、渠道、奶源、工厂、设备、传播乃至外在环境、机遇、资源等则是“船”。然而，对于蒙牛来说，构成“船”的所有“原材料”几乎都不是自己的，而是牛根生借来的。也许正因为借，才省去了亲力亲为的时间，进而才有了蒙牛“火箭般的成长速度”。

问题3：蒙牛的“借”运用了什么原理？

思考提示：创业企业是否可以运用虚拟企业原理，蒙牛给出了一个明确答案。通常虚拟企业都是先实体企业，再转移掉实体企业，剩余壳企业，而蒙牛开始就采取了以无形资产造出壳以后再将其他企业的资产组合其中的方式。

4. 借助资本力量，成就火箭速度

弱小总是容易受人欺，为了谋求快速壮大的机会，牛根生想到了借力资本高手。2002年6月，摩根士丹利、鼎晖投资、英联投资三家国际机构入股蒙牛。但是打着“锄强扶弱”口号的摩根士丹利等三家机构除了带给蒙牛总计6 000万美元的风险投资以外，还给牛根生套上枷锁：未来三年，如果蒙牛每年每股盈利复合增长率低于50%，以牛根生为首的蒙牛管理层要向以摩根士丹利为首的三家外资股东赔上7 800万股蒙牛股票，或者以等值现金代价支付；如果管理层可以完成上述指标，三家外资股东会将7 800万股蒙牛股票赠予以牛根生为首的蒙牛管理团队。

在强敌环伺的乳业里每年获得50%的盈利，这在很多业内人士的眼中是一个天方夜谭，这是高风险的赌博，在外人看来，牛氏军团打下来的江山只能让别人去享用了。但牛根生同意了国际投资银行的条件，决定破釜沉舟，背水一战。

有了资金支持和强大激励的蒙牛就像插上了翅膀，在竞争对手的“枪林弹雨”中迅速成长起来，从2001年到2004年，蒙牛销售收入分别为7.24亿元、16.68亿元、40.715亿元和72.138亿元。“蒙牛速度”在中国企业界引人注目。蒙牛的速度，让外资股东无话可说，按照协议的要求，蒙牛乳业2004年的净利润是以3亿元为界限，而蒙牛公布的2004年业绩为3.19亿元，超出了外资股东的期望值。2005年4月7日，摩根士丹利等外资股东提前终止了与管理层之间的对赌，代价是将其持有的本金额近5 000万元的可转股票据给蒙牛管理层控股的金牛公司，这接近机构投资者所持票据的1/4。这些票据一旦行使，相当于6 260万余股蒙牛乳业股票。以当年8月18日收盘价每股5.850港元计算，3.662 1亿港元的财富又进了蒙牛管理层的口袋。

5. 危机引发的变革

2008年中国奶制品三聚氰胺污染事件，堪称“中国奶业的大地震”，给中国奶业带来巨大的破坏，甚至波及消费、市场、加工、奶源管理、奶牛养殖、饲料各个环节。随着行业内的各大知名企业纷纷被查出产品含三聚氰胺，乳制品行业面临着信任危机。

从这一事件我们可以看到，消费者并不是为了喝奶而喝奶，如果把消费者的需求进行分解，似乎比口感、口味、生理等表面需求更为重要、更为深层次的需求点是，随着人们收入和生活水平的日益改善，对健康的日益重视和诉求。而市场上乳品企业的产品同质化严重，全国性品牌和地区性品牌参差不齐，鱼龙混杂，三聚氰胺事件大大加剧了消费者对乳品企业的信任危机。在整个乳业陷入信任危机之后，蒙牛却业绩连上新台阶。2009年蒙牛销售额达到257.105亿元，较2008年的238.65亿元增长7.7%；2010年蒙牛销售额达到302.65亿元，比上一年大涨17.7%，成为国内首家销售额突破300亿元的乳品企业。

二、蒙牛的商业模型分析

1. 需求搜集

蒙牛的需求搜集来自于两个方面：第一，中国人的人均液态奶消费量远远低于世界发达国家，国家提倡全民喝奶，中国的乳品市场潜力巨大，全国人均牛奶需求量直线上升。近年来，中国乳业市场以年均增长40%的发展速度，成为全球乳业的焦点。总之，中国市场有着巨大的乳品消费需求。第二，内蒙古大草原有着充足的奶源，由于得天独厚的资源优势以及地区经济发展需要，内蒙古有着强烈的生产供应需求。蒙牛就是这样跟内蒙古大部分的本土乳品企业一样，通过研发、生产、销售等环节，把内蒙古的生产供应需求和中国巨大的消费需求连接起来，完成基础性的需求搜集。

蒙牛主要通过以下几个方面来完成乳制品消费者的深层次需求搜集：

（1）奶源优势。

从根本上说，蒙牛牛奶的奶源是决定其牛奶质量的关键因素。2005年，占地面积8 848亩的世界最大单体牧场——蒙牛澳亚国际牧场，在“中国乳都核心区”和林格尔建成。这样一来，蒙牛的奶源都集中了在以内蒙古草原为中心的北温带暖湿性季风气候草原带内，这是国际公认的“黄金奶道”。

内蒙古草原是世界五大草原之一，位于北纬40度左右，是世界公认的高品质牛奶产地。这一纬度的草原，日照时间长，昼夜温差大，牧草品种丰富，如此天然的环境，再加上良种奶牛，决定了牛奶的先天品质。在这里，冬季的气温甚至低于零下20℃，但尽管如此，这里即使是刚出生的小牛犊，离开母胎也能自己站起来，显示出极强的生命力。因此，在这一纬度生长的奶牛，有着与众不同的先天基因。而且内蒙古草原有着良好的自然环境和空气，保证了蒙牛奶源的天然品质，也是生产高品质牛奶的基础。

“纯天然—无污染—高品质”，是蒙牛对消费者的承诺，也是其始终如一的追求。一说到蒙牛，人们都会联想到绿色草原、无污染、纯天然、健康、奶多、奶浓，是一种非常天然并且时尚的品牌形象。这一形象的确立，抓住了消费者的深层次需求——天然和健康，这成为这一层次需求搜集的基础。

（2）品质优势。

在牛奶品质管理方面，蒙牛强调“产品等于人品”与“产品质量的好坏就是人格品行的好坏”。公司设有专门的品控中心，全过程、全方位对产品质量进行“源头控制”“过程控制”和“终端控制”。而且企业先后通过了多项质量认证：绿色食品认证和ISO9001、ISO14001、GMP、OHSAS18001与HACCP认证。

为了保障牛奶质量，蒙牛还建立了原料奶生产的QACP体系，确立了自牛体挤下牛奶到牛奶拉运到公司的全程质量保障控制体系，实施了标准化奶站的基本建设和收奶流程的规范操作，实行统一管理，严格执行标准5316操作流程。与此同时，依托先进编码技术在全国率先建立“产品追溯体系”，这使得任何一包牛奶的每一个环节都有据可查，为品质管理提供了可靠的技术保障。

（3）善于借势，打造品牌。

有了奶源、品质优势，蒙牛如何才能在竞争激烈的奶制品行业中脱颖而出，把产品与消费者对健康的深层次需求对接起来，完成这一层次的需求搜集呢？蒙牛想到了借助媒体的力量。2003年10月，蒙牛出大手笔，成为航天员专用牛奶，为“神舟”五号呐喊助威。随着“神舟”五号的成功着陆，蒙牛也借助“神五”之势，大大提升了品牌知名度和品牌美誉度。2005年的“蒙牛酸酸乳超级女声”是蒙牛借势的巅峰之作，这个活动似乎在一夜之间红遍了大江南北，从10岁到70岁一竿子打尽。一时间，“凉粉”“盒饭”“笔迷”“玉米”充斥全国，甚至还演变成了一场全民运动。作为超级女声冠名赞助商的蒙牛也因此名利双收，2005年蒙牛酸酸乳销售额从2004年的7亿元一举蹿升到了25亿元，而到了2006年，这一数字就已经突破了30亿元，要知道当时整个蒙牛的销售额才不过百亿元，而这一个产品就作出了1/3的贡献。

（4）教育与培训消费者。

培育一个新的市场往往需要改变消费者的观念和习惯，而这些是要靠培训和教育来完成的。对消费者进行培训意味着要打动消费者，并让他们明白为什么要买你的产品、以何种方式来购买你的产品。培训消费者是营销的最高境界，因为经过这种培训，即使消费者没有需求，也可以创造出需求。蒙牛提出培训消费者的理念正是基于这些因素。但是蒙牛的消费者培训并不只是为了自身发展，在一定程度上也是为了中国整个乳制品行业的发展。

为了扩大全行业的市场容量，蒙牛人客观地提出："提倡全民喝奶。你不一定喝蒙牛奶，只要喝奶就行。"为了引导消费者喝奶，蒙牛在奶箱里赠送草原歌碟，歌碟中包括几分钟的牛奶生产线及牛奶知识的介绍。提倡全民喝奶对消费者是有利的，而这个观点对蒙牛乃至整个牛奶行业都是有利的，最终形成的可以说是一种"双赢"甚至"三赢"的局面。

（5）先做强再做大的品牌战略。

蒙牛从诞生开始就非常注重企业品牌竞争力的运作。在2000年前后，蒙牛打着"创内蒙古乳业第二品牌"的旗号站在了伊利的肩上，以300万元的价格买下了当时在呼和浩特还很少有人重视的户外广告牌，并在市区道路两旁悬挂了一排排的红色路牌广告，上面写着这样的广告语："蒙牛乳业，创内蒙古乳业第二品牌。""向伊利学习，为民族工业争气，争创内蒙古乳业第二品牌！"蒙牛把竞争对手放在广告语的首位，而且所有包装上都印有"向伊利学习"的话语，这种谦虚的态度既减轻了企业在外部所面临的打压，同时又非常巧妙地将当时还是无名之辈的蒙牛与著名草原名牌相提并论，无形中提升了蒙牛在内蒙古人民心目中的知名度。

蒙牛人认为，要做高端品牌，就得依靠高端媒体。总结蒙牛的广告策略，可以看出与主流媒体保持紧密合作，是蒙牛打造品牌过程中一条重要的成功经验。蒙牛善于利用一系列的事件营销，如伊拉克战争、"非典"、"神舟"五号载人飞船、"超级女声"等，确保蒙牛广告能在第一时间赢得商机。

2. 盈利模式设计

一般人创业，首先考虑的往往是如何让企业在激烈的市场竞争中生存下去，而牛根生首要考虑的却是如何打造一个百年老店，如何建立一个世界品牌，这往往与短期财务计划存在冲突。蒙牛能够以火箭般的速度奔跑，这种看似偶然的现象，其实包含着许多必然的因素，其中就有蒙牛在成立之初制定的"三步走"战略目标（内蒙古牛→中国牛→世界牛）以及其成功实施，每一步都渗透着具有战略意识的盈利模式设计（见下图）。

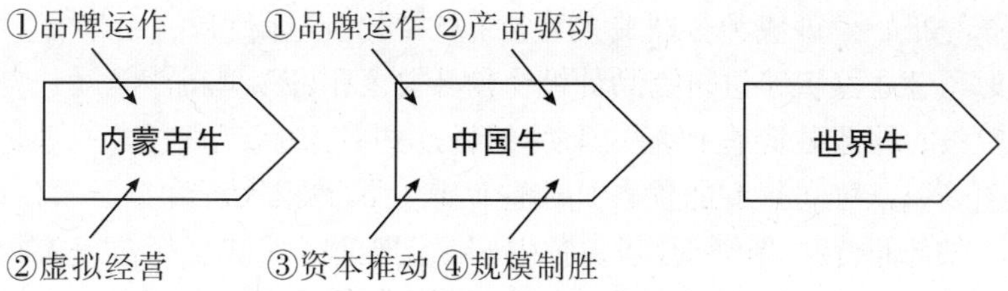

蒙牛的“三步走”战略目标

（1）不为一时利润而失名。

纵览国内外知名企业，都是通过品牌驱动利润，通过强势的品牌影响力来提升产品销售和利润，这是大部分世界知名企业惯有的盈利模式，像可口可乐现在已经不是在卖产品，而是在卖品牌。蒙牛从一开始就注定成为品牌运作的高手。

蒙牛在成立之初只有 1 000 万元资金，而且处于“一无工厂，二无奶源，三无市场”的“三无”状态，现实的困境导致蒙牛不可能走“先做大再做强”的盈利模式，牛根生很快就认识到蒙牛只能走“先做强再做大”的盈利模式，先把企业的品牌影响力做强，再通过品牌影响力的拉动把企业的产品销量做大。而且牛根生意识到一个企业如果没有品牌影响力或品牌对产品销售的支撑力很小，产品价格往往很低，利润空间小，当产品销量达到一定的阶段，再想提升就非常困难，最终的结果就是企业难以做大。蒙牛走了一条先品牌再利润的道路，它成了蒙牛盈利设计的底层原则。

（2）虚拟经营。

在经营模式上，蒙牛采用了“虚拟经营”，即“先建市场，再建工厂”的模式，通过整合外部资源，把传统的“体内循环”变作“体外循环”。蒙牛集中自身优势资源，专攻盈利模式设计中附加值最高的品牌设计和营销及营销网络规划等模块，快速创造了自主品牌，通过协议、委托租赁等方式将产品生产外包给那些人工成本比较低的企业进行，这样不仅解决了蒙牛刚成立时资金不足的问题，还为蒙牛节省了大量的制造费用，减少了固定资产投资，又能充分利用他人的资源投入，降低自身的经营风险，这可谓是初创时期的蒙牛在盈利模式设计上的一大特色。然而，“虚拟经营”这种模式有其阶段适应性：初创时期的蒙牛资金有限，并且当时国内有许多乳品企业不景气，但在这种模式下，企业的生产受制于其他企业，甚至有部分企业是竞争对手。因此，随着企业的不断发展壮大，必须淘汰“虚拟经营”模式，建立自己的奶制品生产体系。

（3）产品驱动。

对于企业来说，选择生产什么样的产品才是首先要解决的问题。1999 年蒙牛刚诞生时，就选择中价位鲜奶这一市场空白点，第一个开发利乐枕牛奶，占取市场先机，发展成为全球最大的利乐枕牛奶制造商。

同时，蒙牛又善于进行产品的模仿创新。蒙牛酸酸乳的市场运作与业内同行横向比较，很难找到任何形式上的创新，并且这个产品也谈不上是产品创新，而更像是从模仿伊利的优酸乳改造而来。虽然很大程度上是模仿的产品，但是蒙牛却能借助“超级女声”进行营销，把蒙牛酸酸乳打造成汇集了众多时尚元素的产品，让一个边缘产品成为一个年销售额几十亿元的重点单品。

虽然模仿创新有时也会出现具有优势产品的诞生，但通常存在着明显的时差。在激烈的市场竞争中，只有自主创新，生产出独一无二的领先于其他企业的产品，才是提升企业核心竞争力之本。蒙牛于2006年正式推出的蒙牛特仑苏牛奶，是全球第一个“吸收钙、留住钙”的牛奶产品，是中国乳业自主创新的高科技产品。

可以看出，在产品盈利模式设计方面，蒙牛在其发展的不同阶段采取了不同的设计方案：在发展初期进行快速的模仿创新，并寻求市场空白点，抢占市场先机；在成长为行业领先的时候，以自主创新为主，引领乳品行业发展方向。目前，蒙牛的产品线已覆盖了五大类400多个品项，以创新带动了中国乳业整条产品线的不断升级，同时也让消费者对国内乳业更加充满期待。

（4）资本推动。

2002年末开始，牛根生开始频频出招，接连以弱势之躯与强者合作，为自己的盈利模式设计注入资本力量。2002年12月，蒙牛从摩根士丹利、鼎辉、英联三大国际财团总共获得了2.16亿元的风险投资，次年底，蒙牛再次获得三财团3亿元融资；2004年，成立5年之久的蒙牛在香港上市，成功募集到13.74亿港元。自此，由伊利、光明、三元在资本市场上所构架的中国乳业“金三角”被打破；2005年蒙牛与全球乳业第二巨头阿拉·福兹合作；2006年与全球最大的酸奶制品企业法国达能集团合作；2009年与中国最大的粮油食品企业中粮集团实现强强联合。通过借势而起，借势而发，蒙牛以他人之力来催化、完善了自己的盈利模式。

（5）规模制胜。

在牛奶行业里有这样一句话：“得奶源者得天下。”奶源占有的多少也决定了市场的大小。从这个意义上讲，奶源争夺战的背后是企业规模和实力的竞争，规模的大小也决定着企业市场的大小。中国乳制品工业协会的资料显示，乳制品大企业的平均盈利能力约为中小企业的8倍。因此，规模经济是所有乳制品企业盈利模式设计的重要组成部分，不断扩大规模、走集团化的扩张发展之路是各乳品厂商的不二选择。

到目前为止，蒙牛乳业已经在全国16个省区市建立生产基地20多个。作为农业产业化国家重点龙头企业，蒙牛在生产基地的周边地区建立奶站3 700多个，至今已累计收购鲜奶650多万吨，日均收奶量达到近9 000吨，位居行业第一。

3. 成长资源

成长资源是独特的对企业成长有重要意义的资源。对于蒙牛而言，其主要的成长资源由如下四部分组成：

（1）创业团队。

在蒙牛的创业初期，最重要的资源是人力资源，即创业团队。牛根生自己从事乳品业多年，有着丰富的生产经营和营销经验，在当时的乳品行业内已经算得上是一位重量级的人物，素有“乳业怪才”之称，多年来也积累了相当丰富的人脉资源。牛根生说要创业的时候，伊利集团旗下大将，包括液态奶的老总、冰淇淋的老总，纷纷弃大就小，投牛根生而去。这样的创业团队可谓黄金创业团队，从内部资源的层面上保证了创业成功的可能性。另外，内蒙古大草原有着充足的奶源，这是内蒙古本土乳业得天独厚的资源优势。再加上当时的中国乳品市场方兴未艾，全国人均牛奶需求量直线上升，天时、地利、人和全部具备，创业何惧不成！

（2）奶源。

奶源是乳制品行业必需的原材料，合格奶源的数量和分布是否满足市场需求，也是决定我国乳业供给是否充足甚至乳业成长与否的关键。如今奶源短缺、原奶成本高等均成为牛奶加工业面临的最大问题。专家认为，近年来我国的乳品加工业发展很快，而在发展初期，奶牛养殖业相对落后，奶源供应紧张普遍成为加工企业的“瓶颈”。中国乳业几乎所有矛盾的焦点最终都指向奶源，奶源问题成为中国乳业发展的掣肘。

对于乳产品生产企业来讲，既要协调与收入不高、组织能力不强的奶农之间的关系，又要协调与要求奶产品质量高、价格低的市民之间的关系，而解决这种矛盾的最基本的方法就是乳品企业控制奶源。由于奶牛饲养所需的自然条件及历史原因，我国奶源分布很不平衡，主要集中在东北、华北、西北等地区。由于我国奶源分布与主要需求市场分布脱节，出现奶源与市场发展不同步的现象，这对乳制品企业的市场竞争产生了深远影响。再加上目前我国奶源的发展跟不上市场的发展，出现了乳品企业间一定程度的奶源大战，大规模乳品企业的成本收益率要比小规模企业高得多，深谙此道的各大企业在将国内主要奶源基地瓜分完毕之后，纷纷动用资本利器，实施收购、合资、租赁等扩张战略，以扩大对奶源资源的控制，开始借助强大的资本实力走上通过并购重组扩大生产规模的道路。

（3）品牌资产。

20 世纪 80 年代以来，“品牌资产”因其被广泛认知为一个企业最有价值的资产而响彻全球。它虽然是一种无形资产，但对企业经营却发挥着巨大的作用，因为在成熟的市场环境中，品牌能够带来高附加值。

蒙牛品牌运作的成功诠释了这样一个道理：策划是提升品牌竞争力的一个重要手段，事件营销是高效提升品牌传播的最佳时机。同时，注意力经济也揭示出这样一个道理：低成本扩张与其说是以资本为纽带，实行资本扩张，还不如说是以品牌延伸为标志，实行品牌扩张。而蒙牛在向全国性品牌进军时，则瞄准了中央电视台这个宣传平台，采取高投入、高密度的媒介投放战略，这在很大程度上节约了蒙牛追赶竞争对手的时间成本。

（4）资本资源。

从白手起家到如今的奶业巨头，可以说蒙牛的发展史就是一部整合资源的成功史，尤其是对资本资源的整合，让蒙牛在国内奶业扬名立万的不仅仅是其火箭般的发展速度，还有为其添加燃料的各种不同资本的整合能力。特别是在2008年下半年，国内奶业遇到巨大冲击，蒙牛这头原本在一路狂奔的牛，同样受到了行业不景气的波及，发展速度受到限制。在市场风云变幻的前提下，如何避免外资控股蒙牛，成为所有蒙牛人共同面对的难题。在蒙牛面临困境的时刻，中国最大的粮油食品企业——中粮集团伸出了援助之手。对牛根生和蒙牛而言，这样既找到了一个树大根深、拥有“国资”背景的大靠山，为其度过奶业行业危机增添了足够分量的砝码，又避免了外资的乘虚而入，消除了民族品牌流失的危机。

三、蒙牛的商业逻辑与模型条件

1. 蒙牛的商业逻辑

仅有伊利一家著名的奶制品企业，远远不能满足中国人喝奶的需求，这是蒙牛产生和发展的重要背景。乳业的包装革命带来了中国人喝牛奶的热潮，牛奶生产从第一产业跨入第二产业，让中国人可以随时随地从家里拿到牛奶喝，一个中国人需要补钙的学术结论和流行语，使中国乳业市场需求快速膨胀，蒙牛的创业者们充分地意识到这个机会，借助伊利的成功将自己推上了历史舞台的中心。没有伊利便可能没有蒙牛，伊利为蒙牛提供了剩余市场、人才储备和技术。但是，只有这些并不能成就蒙牛，蒙牛的商业逻辑决定了它起步虽然晚，但奔跑的速度却非常快。

（1）后来者出奇兵，以捕获剩余需求。

蒙牛的商业策略与其他企业几乎完全相反。这不完全是因为高层有先见之明，也是因为蒙牛落后，他们知道只有出奇兵方能真正成为乳业第二。他们在战略上先做市场、后做企业，先求品牌、后求盈利，先做第二、再做第一，这是什么逻辑呢？从需求搜集看，抓住了市场才能控制顾客，蒙牛借助于中央电视台、大学课堂、户外广告、业务交叉、航天器上天事件等，用最省钱的方法获得最大的传播效率，再以商业诚信、社会责任和谦虚谨慎的形象感染市场，形成了独特的蒙牛式市场影响力；有品牌影响力，再想实际运作别人的实际资产反而成为一件十分容易的事。

（2）借力发挥，少花钱多办事。

蒙牛非常善于"借力"。第一次借力是打着"向伊利学习"的旗帜，攀上了高枝，让消费者以为蒙牛一定是一个和伊利差不多的企业，而伊利也只能吃哑巴亏，这有点像篮球中的贴身防御，你奈何不了他，却往往为他所用。第二次借力是借与三家金融企业共同融资，本来，这也是一个没有什么了不得的事情，但在中国人看来，有三家联合支持，还有对赌协议，蒙牛更是了不起。第三次借力是借助于"赢在中国"的创业大赛以及"超级女声"等吸引眼球的大型媒体活动，将牛根生与蒙牛一同推向了中国人民。此后的蒙牛借载人航天器在内蒙古升空，提出了"航天员专用牛奶"，借中国乳业危机打造工业旅游，让到蒙牛参观的人，感受蒙牛的现代化工厂与安全可靠的生产流程，还借助于世界流行的企业家捐赠将自己的股份捐出。借力可以节约成本，保证持续盈利。

（3）积累资源，让"诚"成为企业之魂。

业界对牛根生和蒙牛经常以佩服的语气加以赞赏，这与老牛诚恳为人有关。牛根生能够从伊利拉出上百人，几乎瞬间组织起了一个成熟的高管团队，与蒙牛起初就注意积累资源储备的能力有关。这种能力为其顺利获得融资、快速低成本扩张、迅速成为中国乳业第一奠定了基础。因为诚恳，所以内部有人才、外部有人气、市场有人脉、资金有支持，诚恳成了蒙牛积累资源的核心。

牛根生退出了蒙牛，但蒙牛的商业模型仍然沿着原来的逻辑运行，资源在不断积累并投入到需求搜集之中，搜集的需求在不断转化为企业的盈利，盈利又通过无形资产——品牌在不断聚积。尽管中间遇到了危机，但似乎危机并没有影响到商业模型，只是引起了企业对品牌资源的保护意识，甚至在引发组织变革，而商业逻辑并没有太大的变化。

2. 蒙牛商业模型的实施条件

乳业中的蒙牛创造商业神话的运动已经成为历史，可能会有人认为，不会有第二个这样的企业。但是，网络业、新兴科技产业，也许还有其他的行业，那些可能还没有毕业几年的年轻人，正在悄悄地创造新的商业奇迹，即使在食品、饮食业也仍然有如蒙牛一样的企业在悄悄出现。蒙牛商业模型完全有推广的价值。

讨论题：

1. 为什么蒙牛能够获得如此快的发展，商业模型起了什么作用？
2. 牛根生退出蒙牛，商业模型还在发挥作用，说明了什么？

参考文献：

1. 张治国．蒙牛内幕［M］．北京：北京大学出版社，2007.

2. 梅晓鹏．蒙牛管理模式全集［M］．武汉：武汉大学出版社，2007.
3. 倪德玲．蒙牛的营销策略与品牌攻略［M］．深圳：海天出版社，2007.
4. 刘钢．蒙牛的管理模式与企业战略［M］．深圳：海天出版社，2007.
5. 张治国．蒙牛方法论［M］．北京：北京大学出版社，2008.
6. 张海．牛根生如是说［M］．北京：中国经济出版社，2008.
7. 于反．蒙牛局［M］．北京：中国致公出版社，2009.

一个商业模型的构造
——脑白金案例分析

张耀辉　谢旭阳

◆**案例导读**　脑白金何以凭借一个恶俗的广告和并不怎么高明的营销手段成就一个商业奇迹？本文通过对脑白金案例的描述和分析，从商业模型的角度对脑白金的商业成功进行了解释：我们认为脑白金的成功在很大程度上归功于商业模式的创新，它建立了一个满足中国社会亲情关系需求的商业模型，并指出商业逻辑障碍化解、国情利用、低成本进入市场是该商业模型的主要内容……

一、脑白金案例

人们普遍认为，营销可以为企业带来巨额的商业回报，因此，人们习惯从营销角度来判断商业活动成功与否。然而，脑白金却让人们大惑不解，一个“恶俗”的广告，普遍都认为不怎么高明的营销，却成就了一番商业奇迹。也就是说，商业的成功可能还有其他原因，近年出现了用商业模型解决商业活动的文献，但现有文献并没有使用商业模型理论对脑白金现象加以解释。本文试图将脑白金作为一个案例，从商业逻辑角度分析脑白金的成功，对脑白金商业模型加以概括。

从2001年开始，一句“俗不可耐”的广告语——“今年过节不收礼，收礼只收脑白金”开始频繁地在中国消费者的耳边响起。史玉柱新创的品牌“脑白金”随着这一广告变得家喻户晓，成名的背后是脑白金销售量的疯狂增长：2003年，销量突破1亿瓶，之后几年销售一直十分火爆，平均下来，中国每个老年人都喝过脑白金。虽然脑白金从产品到广告到营销策划都有着广泛的争议，但这些都不能阻碍脑白金的成功。脑白金在中央电视台等强势媒体连续多年投放全国范围的电视广告，尤其在中国的各种节日之时，其坚持不变的广告语“今年过节不收礼，收礼只收脑白金”，这一句土得掉渣的大白话，传遍了大江南北。

1. 脑白金产品

脑白金的主要成分是一种英文名字为 melatonin，中文翻译成“褪黑素”的安眠食品，这种食品早在 1995 年就开始在美国流行。由于其具有改善睡眠的功效，因而受到人们的广泛关注。事实上，在史玉柱投身这种产品之前，国内已经有多家保健品公司开始开展这项业务。但那些保健品公司只是单纯为美国公司做产品销售代理，并没有自己的产品。因而，产品本质的同质化所带来的激烈竞争使得那些企业迅速夭折。但史玉柱发现，在中国的保健品市场上，一部分产品主要解决睡眠问题，还有一部分产品比如三株口服液，主要解决消化问题，但没有一种知名产品，能同时解决人的失眠和消化问题。他敏锐地意识到，如果能够推出一种产品，既让人睡得好，又让人排泄顺畅，那么会带给消费者更多的满意和健康，这种同时具有改善失眠和调整消化功能的保健品会具有较大需求。于是，史玉柱在引进美国 melatonin 产品的同时，在产品层面上进行了组合创新，生产了一种由促进消化的山楂与利尿除湿的茯苓等天然植物药物成分组成的中药口服液。由“口服液 + melatonin”构成了一种新产品，并具有一个好听、好记、通俗又高贵的名字，这就是“脑白金”。同时，史玉柱还为脑白金注册了商标，并宣称那些只有 melatonin 而没有口服液的产品都不是“脑白金”。商标权专属使史玉柱一旦发现竞争对手在宣传中提到脑白金，就立马诉诸法律。史玉柱不仅通过对产品的组合创新开创了一片新市场，而且通过商标注册和对新产品的独特解释，为脑白金设置了竞争壁垒。

问题 1：脑白金的产品品质是针对什么人群的?

思考提示：一个产品可能会有多种品质，但商业企业必须明确一个重点人群。在众多对象中，有一些是需求最为强烈的，它就应该成为商业模型的重点。

中国市场上从来就不缺保健品，大街小巷的平面广告、药店里的各种促销活动、电视里的广告大战，无时无刻不在提醒消费者保健品就在他们身边。这些保健品大多愿意给自己穿上一件正式的、专业的外衣，那就是“药品”。但是，脑白金的产品定位则明显不同。脑白金一直突出自己是一种礼品，是一种能带给人健康的礼品，并极力宣传一种送礼更要送健康的消费理念。这种在保健品身上增加礼品概念的战略做法，是其他竞争者所不具备的，其关于礼品的定位与诉求准确地击中了中国人的面子情结，而礼品消费正是面子情结在消费领域的表现。脑白金作为一种保健品，迎合了过上小康生活后中国老百姓心底对健康的深切关注，因此在国人的礼品清单里，脑白金还成为烟、酒、钱等其他礼品的竞争品，已远远超出保健品的圈子。因此，脑白金紧紧抓住礼品概念作为促销宣传的核心定位，并贯彻始终，从而为脑白金的品牌运作管理提供了不竭的动力。

2. **脑白金的促销**

脑白金不仅创造出了一种作为礼品来消费的保健品的概念和与之相对应的新兴市场，而且还通过同样新颖独特的广告战略作为支撑，将这种新概念大力推广，从而彻底抢占了这一新市场，将竞争者远远地甩在后面。

在很多人看来，脑白金的广告一无是处，更有业界人士骂其毫无创意。然而有趣的是，就是靠着这个在网上被人评为“第一恶俗”的广告，脑白金创下了几十亿元的销售额，以及中国保健品市场上少有的市场认同率。脑白金的个性广告战略体现在软硬结合和差异化的广告制作战略两个方面。

首先，纵观脑白金的广告战略，其关注焦点不仅仅在单一的媒体广告上，而且实施了一种软硬结合的新型广告战略，即软文广告与硬性的电视广告相结合。增加软文广告，也可以看作脑白金的一项创新。脑白金在一个地区开展广告宣传之时，总会通过药店、商场等渠道向当地老百姓派送一些文字资料，甚至几万字的书籍来向目标消费者做科普知识宣传，让人们不仅知晓有脑白金这么一种产品，而且知道这种产品的制造与使用原理，使人们从心底认同和授受脑白金。比如，脑白金经常向人们派送一本叫《席卷全球》的书。在这本书中，脑白金不仅向人们传递了世界上存在脑白金这种产品的信息，而且让人们知道这种产品在国外已经风靡，所以人们完全可以信赖这种产品。以专业书籍为代表的软文广告实施一段时期之后，脑白金就会通过电视、电台、平面媒体等多种硬性广告渠道展开宣传。可以说脑白金将新闻广告发展到了登峰造极的程度。广告投放后，市场反应也确实非常理想。脑白金在很多地方启动时，往往广告投放的头一个月就能达到1:1的投入产出比例，第二个月就能盈利。这种促销手段成本低、效果好，令人叹为观止。

其次，脑白金在进行具体的广告制作时与竞争者也有很大差别。一方面，脑白金的广告中很少请明星，这一点与当时哈药六厂大打明星广告的做法不同。脑白金的广告中以两个电脑制作的卡通人物为主角，这样，既节省了聘请明星的高额费用，也使自己的广告形象新颖独特，让人印象深刻。另一方面，脑白金的广告与它的礼品定位相呼应，努力向人们表示这是一种礼品，而且是一种时尚、健康、值得送的礼品的概念，这与一般大力宣传其功效的保健品广告有很大的不同。

3. **脑白金策略组合**

脑白金以构造自己的独特的价值曲线（如图1所示）作为战略，形成由价值提升、功能降低、广告剔除和分销能力提升四个环节构成的策略组合。

价值提升：与竞争对手相比，脑白金开发了口服液产品以后，将产品概念进行了扩充，形成了功能产品+礼品的定位。这是一种产品概念上的提升，市场对此产品的反应不仅仅是产品，而是产品与礼品的综合，从而提高了产品的价值。

功能降低：在宣传上，降低了对自身产品保健品性质的宣传，以此提高礼品的产品价值比例，形成优化的产品价值结构，即顾客价值最大化的产品价值结构。

广告剔除：剔除了一般保健品在广告中聘请明星的做法，以此来降低广告成本，减少市场的渲染和噪声，也增加了企业利润。

分销能力提升：脑白金从同类的药店扩展到商场、超市、礼品店等更加多元化的分销渠道，市场覆盖范围更广，大大提升了产品的分销能力。

问题 2：脑白金是如何启动消费者知识结构的？

思考提示：经过了上述四步行动之后，脑白金的价值曲线已经摆脱了与竞争者的胶着状态，开始突显出自己的特点。它不仅是摆脱竞争的策略，更是教育顾客，形成自己独特成长轨道的策略。

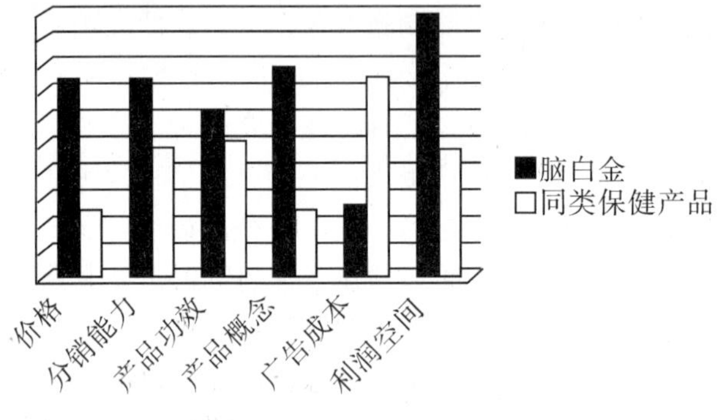

图 1　脑白金与同类保健产品价值曲线对比图

由于摆脱了保健药品形象定位的局限，不仅与其他竞争产品形成区别，也给顾客带来了价值。脑白金以这种价值取向确定其产品价格，采取了参考礼品价格的定价策略，使其最大限度地减少保健品形象，突出礼品定位。

4. 构建独特的营销网络

脑白金所在的上海黄金搭档生物科技有限公司当时拥有 36 个省级分支机构，在国家统计局公布的社会商品零售总额排名前 128 位的城市建立了办事处，并在 1 800 个县设立了二级销售代表处。如推出新产品，一周之内便能铺上东、西、南、北的 5 万个终端。

脑白金采用了一种非常独特的渠道策略，在省级区域内不设总经销商，而在一个城市只设一家经销商，并只对终端覆盖率提出要求。因为不设总经销商，使渠道最大限度地实现了“扁平化”。尽管公司内部办事处分为省级、地级，但各地方经销商相互间却没有等级之分。同时，将一个经销商的控制范围限制在一个地区、一个城市，防止了经销商势力过大对企业的掣肘。这种一个城市只设一家经销商的渠道策略，也保证了流通环节的利润，厂家与经销商的合作关系因此变得更加紧密。

脑白金渠道管理的一个重要特点是让经销商成为配货中心。在功能分配上，经销商只负责铺货、配货，其他的终端包装、终端促销、广告投放等均由脑白金设在各地的办事处负责。在这种模式下，经销商的作用已经非常有限，实际上仅起到一个配货中心的作用。然而，脑白金经销商的待遇为同行的150%以上，高福利使经销商严格执行“脑白金”的各种策略，保证了渠道的畅通稳定。

此外，在29万个销售终端中对5万个样板终端建立了销售档案，其作用是对重点顾客进行长期跟踪，使老顾客经营变成企业的一种制度。

建立有效的销售网络已经成为企业重要的竞争力，在保健品行业，营销网络更是具有黄金量，这是保健品行业普遍的共识。脑白金的销售渠道策略以拉式营销为基础，为营销网络提供了便利，并建立起跟随自己的销售网络体系。其拉式战略是以其独特的顾客价值创造为核心，以重新认识渠道功能、促进渠道与自己战略相配合为手段的渠道管理。这样的营销网络能够比较有效地控制渠道，形成统一定价，也容易形成有效的市场维护。

5. 财务扁平化控制与价格保护体系

为建立国内统一市场，避免内部竞争，脑白金确定了统一定价策略和相应的财务监督体系，主要以纯粹提成制方法来控制费用——根据分公司业务，以销量、完成任务情况为依据提取一定比例作为其行政费用，分公司或办事处独立核算、自负盈亏。在营销费用控制上，总公司统一为各分公司或办事处规定较低的当地媒体折扣率，要求办事处经理必须按照总部规定的折扣率和媒体达成协议，不足部分要由办事处的提成来支付。这些财务控制手段，实现了通过总部直接和经销商、媒体对接现金来往，减少了销售分支机构作为现金流转中间站的作用，从根本上避免销售分支可能带来的“携款潜逃”“挪用公款”等财务问题；同时，这种现款现货的财务控制方式也加快了现金流转速度。

脑白金在各种漏洞暴露之前就建立了一套监督和处罚机制。公司设有长期在外监控市场的督察队伍。该督察队伍起到多方面的监督作用：他们能及时掌握终端产品情况，控制零售价和经销商的结算价，并反馈到总部；经过严格的计算和确认之后，总部会根据公司规定对违规的分支机构进行相应的处罚。

扁平化的财务监督不仅使总公司战略意图得以贯彻，也在一定程度上降低了公司的财务成本，还使这种以市场快速形成为特征的商业模型的财务风险得到了有效控制，避免了过度分销造成的失控和商业腐败。

6. 低成本快速扩张策略

脑白金的启动资金不多，但在两年的时间内，竟然基本上启动了全国市场，实现了12亿元的年销售额，不能不说是一个商业奇迹。以少量资金迅速建立自己的市场认同，唯有“低成本快速扩张”策略才有可能实现，其主要的工作原则是：

（1）试销探路。

为了确保商业的成功，史玉柱带领部下进行了长达一年多的试销工作。试销工作先后在武汉、江阴、常州等地进行，其间尝试过种种办法。这是史玉柱商业成功的重要一步，因为成功的试销可以大幅度降低营销成本、降低市场风险、加快市场开发进程，试销是实现“低成本快速扩张”的必由之路。对顾客而言，试销也是一种教育和渗透；对企业而言，则是建立商业理念和构建商业模型初期阶段性的重要策略选择。

（2）建立财务的内在约束机制。

为了控制销售分支的费用，史玉柱的对策是采用完全的销售大区“分封制”——销售分支机构的费用除了部分来自终端费用，其他的费用全部来自固定比例的销售提成，销售办事处独立核算、自负盈亏。这种机制将费用压缩在渠道之中，形成渠道成本的自我控制，从而带来了系统成本的有效控制。

（3）以点带面地启动市场。

遵循“集中优势兵力，各个突破”的原则，脑白金在通过试销找到成功营销模式以后，市场进入快速扩张阶段。以福建省为例，当时总部只派了一个销售经理到福建，该省的办事处经理接到任命后，先到漳州开拓市场，开拓漳州成功后，利用漳州赚来的钱启动厦门市场，然后逐渐启动福建各个城市的市场。这种启动市场的方法，先集中全部资金于一个典型城市，然后再逐步扩张，虽然启动速度比较慢，却最大限度地保证了资金的节约化使用，无须一次性投入很多资金。

二、脑白金商业模型分析

商业模型是商业活动的逻辑，脑白金比较成功地构建了这个商业逻辑。

1. 破解市场需求障碍

需求是需要与购买力的结合，可写成 $F=F$(需要，购买力)。脑白金定位于老年人，但老年人是一个没有钱，或者是有钱也不肯花在保健品上的群体。至少在脑白金推出的年代，中国保健品市场的特征即是如此，何况脑白金还是以较高的价格进入市场的。所以形成了一个有需要的主体，却没有购买力的现实，即 $F=F$(需要，0)$=0$，如图2（a）；另一个群体是年轻人，他们通过工作成为有钱一族，却没有对保健品的需要。他们也很难认可保健品对他们自身的作用，因此，对脑白金来说，他们是有购买力却没有需要的一族，即 $F=F$(0，购买力)$=0$，如图2（b）。如此，保健品市场就成了一个难以实现市场需求的市场，正因为如此，保健品市场存在一个巨大的市场障碍，我们称其为市场需求逻辑障碍。

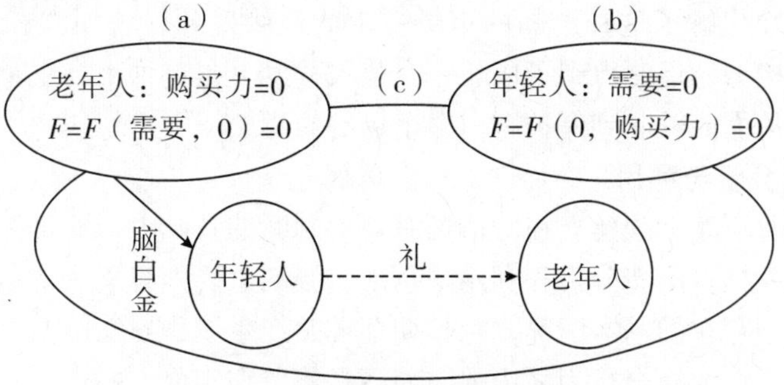

图 2　市场需求的逻辑构造

然而，中国是一个礼仪之邦，礼品是不可或缺的购买对象，脑白金用一条辅助线将两个人群连结起来，形成了一个人群，在其内部是以送礼进行的社会活动，外部则是购买脑白金的商业活动，如图 2（c）。

送礼的特征是：收礼之人，只有需要，不必有财务上的支出，因此不需要购买力条件，老年人的需求函数满足这一要求；送礼的人只要财务支出，不必有自己的需要，对脑白金来说，年轻人的需求函数满足条件。脑白金商业模型第一步完成的就是将脑白金强化为年轻人必须送的礼品，其办法是将老人的需要强化，以动漫的老人形象来表达这种意图，并通过所谓的恶俗广告轰炸，让老年人接受并形成一种老年人之间的攀比——看子孙是否有过赠送行为，同时广告的信号也通过媒体传达给年轻人，助长这种攀比——形成社会的群体效应来强化这种将脑白金作为礼品的概念和老年人对脑白金的需要。

市场逻辑障碍的存在使厂商无法完成需求构造的因素，它可能不存在统一的消费主体，脑白金面对的就是这样的市场；也可能是消费主体能够接受的价格低于厂商成本，这时，需要通过扩张规模，用大量的产量来摊薄成本，完成价格大于成本的商业条件构造；也有可能是物流成本过高，以至于无法送达到某些顾客手中，此时需要建立新的物流体系，使包装与物流成本下降到一定程度，总成本低于该市场生产的同类产品，等等。市场逻辑障碍是商业活动本身的客观障碍，也是商业模型需要克服的对象。它不同于技术障碍——无法构造出的产品或工艺流程导致人们无法通过现实的产品来实现某些产品功能，而是有了既定的技术并可以实现产品功能，却无法完成商业活动的情况。

在市场逻辑障碍中，这些由需求一方形成的障碍被称为市场需求障碍，这种障碍在很多时候并不为厂商所意识到，工业发展历程中也没有多少这样的案例表明厂商是如何发现并化解这些障碍从而启动市场的，事实上这些障碍都是在厂商自然的商业过程中被消解的。因此，这种客观存在的障碍便成了很多企业无法逾越的鸿沟，阻碍了很多企业进入某些市场，甚至厂商以为那不是一个市场，即使是产品已经生产出来，也不能实现其商业活动。从本案例看，脑白金首先识破并化解了这种产品的市场需求的逻辑障碍，使用“礼”这个概念完成了需求构造，迅速得到了成长，在很大程度上是这种市场逻辑障碍阻止了其他企业，从而能够起到保护脑白金市场的作用。

2. 国情分析与利用

一个商业模型必须建立在对市场有基本判断的基础上，这是保证市场需求稳定的重要前提。国情分析和利用是判断市场的重要内容。所谓国情是指规划的目标市场中存在的基本情况，它长期存在并产生了积累性影响，这些影响很多是深化在人们的社会行为之中的，而不是停留在表面上的。

脑白金面对的是中国市场，中国市场的独特国情是“游子”社会。中国改革开放以来，流动人口大量出现，使长辈与子女在空间上处于分离状态；高考扩招以后，这种状况进一步加强，很多年轻人都离开家庭成为外地的劳动力；即使是国有企业职工、知识分子也多以离开家乡的方式生存。这种分离为中国社会带来了一些重要特征，长辈对子女的惦念、思念，子女对长辈的孝敬、亲近都成了奢侈品。而中国传统文化中又极其重视家庭，这些重视一般表现在对家庭成员尤其是对长辈的孝敬上，有时也表现在让外人感受到自己家庭的和睦上。这样就形成了三个因素的相互叠加，即快速增长的游子群体、中国的家庭文化基础与面子社会，使中国大量的游子愿意为家庭提供一种有一定实用价值，同时具有礼仪表征性的、对外也有高显示度的礼物。

利用国情及其影响，厂商可以事半功倍地实现商业目标。更为重要的是，企业的商业活动具有持续性、稳定性，企业以此可以扩大规模、重复商业活动、分摊成本，从而持久地影响市场。对国情认识程度上的差异，也是企业能否获得成功的重要影响因素，不善于利用国情的企业，既不能解决人们面临的问题，也不能成就自己的企业业绩增长。脑白金在很大程度上就是借助于中国出现的上述市场特征，构造了一种产品并以通俗、高强度的广告对市场进行强化，基于国情打造了自己的目标市场，并且实现了在保健品市场的快速扩张。

3. 需求搜集体系构建

（1）较宽的销售渠道设计。

基于脑白金产品是满足国情需要的，且将产品定位于保健礼品，这样不仅可以利用传统的药店分销渠道，还可以利用商场、超市等其他保健品无法涉足的分销渠道，从而与消费者接触的机会就更多，被购买的可能性也就越大。

（2）强化群体消费意识。

高密度的广告使脑白金变成了人们不得不接受的产品，进而推动了社会性的消费浪潮，而一旦某产品为社会所接受，其消费行为会演变成为一种伦理，似乎人们不消费它就是一种错误，它的消费成为一种时尚。这样，脑白金就省去了大量的市场推广费用。

（3）借助文化创造商机。

中国是一个节日和庆典比较多的国家，自古以来，中国民间就有互相送礼表示祝贺的风俗习惯，这样一个背景也使得脑白金的礼品定位更容易获得市场的认同。

（4）排除竞争的广告暗示。

"今年过节不收礼，收礼只收脑白金"字里行间的霸气，其表现出来的果断与舍我其谁的气势，使老百姓对脑白金产生了很强的信任感，因此"脑白金就是送礼的"这种观念慢慢深植人心，很多人提到礼品就想起脑白金，也产生了排除竞争者的作用。

4. 盈利构造

脑白金的利润来源并不复杂，脑白金产品本身主要是通过高定价和低成本两个方面获得利润的。

将脑白金定位为礼品之后，与传统的保健品定位相比较，脑白金的定价空间更大、更自由，能够带来丰厚的利润。这是因为礼品一般都是成本低、定价高的，因此，脑白金就可以在和保健品的竞争者成本差不多的情况下，将产品价格定为竞争者的几倍甚至十几倍，从而获得更大的利润空间。同时，将脑白金定位为礼品之后，就摆脱了药品的传统认识，在广告促销上，就不必像其他保健品那样受到工商、药监等部门的审查和控制。这样一来，脑白金的营销形式就更加灵活，而且成本也大大降低。

脑白金的生产成本并不高，脑白金也巧妙地回避了保健品行业普遍有的较高的营销成本，包括通过渠道约束营销成本、运用手册介绍产品、运用动漫造型节约代言和广告费用等，这些都是脑白金低成本营销的重要方法。

5. 成长资源

脑白金的成功主要是从产品和广告促销两个角度展开的，通过这两个领域的协调，不仅为自己开创了蓝海，而且比较有效地阻止了竞争者的模仿。有人分析，脑白金的品牌策划和营销活动，遵循了"721 原则"：花 70% 的精力服务于消费者，把消费者的需求放在第一位；花 20% 的精力，做好终端建设与管理；只花 10% 的精力来处理经销商关系，在战略上实行卖方市场向买方市场转移，建立拉式市场营销关系。

史玉柱是中国商界知名人物，1989 年，史玉柱借款 4 000 元，创业运作"巨人汉卡"，赚下第一桶金；1997 年，珠海巨人大厦为其带来数亿元债务，商业经历遭遇巨大挫折；2000 年，史玉柱开始运作"脑白金"；2005 年，史玉柱进军网游，推出《征途》免费网游的新规则；2007 年，巨人网络在美国纽约股票市场成功挂牌上市，发行价为 15. 5 美元，融资 8. 87 亿美元，当日开盘价 18. 25 美元，超过发行价 17. 7%。

从史玉柱的商业经历看，脑白金只是他再次崛起的一个环节，而不是他持久经营的目标产品。但是，脑白金为他提供了一个非常重要的市场评价——商业奇才以及由脑白金创造的市场声望。对史玉柱来说，不断寻找新的业务并为其上市创造条件，形成稳定的资金支持后再谋求新的领域，是其成长资源建立的主要线索，脑白金为史玉柱实现这一目标提供了一个坚实的平台。

三、有关脑白金商业模型的争论与评价

1. 有关争议与转型

中国保健品业是20世纪90年代初发展起来的新产业，因其准入门槛低和初期的暴利收益，成为众多公司竞争的战场。据不完全统计，自1990年以来，共有数百家大小公司涉足过保健品业，而品牌产品更是不计其数：飞龙、巨人、三株、红桃K、太阳神……但过度频繁的诞生与死亡，使整个保健品业成为一片沾满血腥的红海，也成为一个难以建立持久信任的市场。

虽然脑白金取得了商业模型运营的成功，但随着企业的发展，社会各界对其品牌广告宣传的方式给予了许多批评甚至处罚。国家批准颁发的脑白金证书显示脑白金“可以调整人体生物节律”“改善睡眠”“调整肠道”“减少有害物质的吸收”，但是在实际的广告宣传中，脑白金广告存在着严重的虚假宣传问题。脑白金早期宣传声称其在美国引起5 000万人疯狂抢购，一粒含量3毫克的脑白金在加州被炒到50美元，是白金的1 026倍；服用“脑白金”的老人，在110岁左右去世，去世前仍动作灵活、外表美丽等，这些说法事后都被证明是捏造的，属于虚假宣传。2002年3月14日，《南方周末》头版刊登了《脑白金真相调查》一文，该文称迄今找不到任何严谨的学术文献支持“脑白金”与“脑白金体”，这一说法引起了轩然大波。河南、浙江、宁夏药监部门相继开出罚单：脑白金的产品广告被判定违法。此时的脑白金广告效应已经显示出衰减的势头，国内市场已经饱和，公司在全国建立了200多处办事处，有的甚至铺到了乡镇一级，单一产品的扩张受到了市场限制。于是史玉柱将脑白金的商标以1.46亿元价格转让给了无锡健特。

史玉柱依托脑白金完成了从几十万元销售额到几十亿元销售额的市场奇迹创造过程，也成功地实现了从“脑白金”到“史玉柱”的品牌放大和转移。接下来的问题是史玉柱如何寻找新的业务方向。

史玉柱把经营重点转移到另一个同样号称具有“高成长、高利润”价值的保健产品：黄金搭档。从此，央视黄金广告时段中，脑白金之后紧跟着的就是黄金搭档的广告。在黄金搭档推出的初期，稍加留意就会发现黄金搭档在营销传播策略上与脑白金有着很多的相似之处，这一点甚至从黄金搭档的包装和价格上就可以看出来，脑白金零售价五六十元，黄金搭档同样是每盒五六十

元，都定位于礼品，定价都属于典型的心理定价，而不是采用通常的成本定价法。后来黄金搭档与脑白金出于同一个企业、同一个策划团队的身份得到证实。史玉柱吸收了脑白金缺少权威支持的教训，争取了中国营养学会的支持，称黄金搭档是唯一由中国营养学会研制并推荐的维生素产品，且其配方被称为是由中国营养学会7 300多位专家联合技术攻关的最科学的配方，通过由权威的学术机构召开营养学方面的权威性学术会议，呼吁中国消费者高度重视不合理的膳食结构和维生素不足导致的多种严重疾病，并加强对维生素的摄入，由此来加强黄金搭档的市场教育渗透。

然而，试销一年半以来，黄金搭档却并没有出现脑白金那样的热销场面。首先，黄金搭档的产品主要原料是维生素，是一种曝光式销售，在消费者中就少了一种神秘感；其次，黄金搭档套用脑白金启动市场的软文策略，但由于消费者对软文的识别能力越来越强，使其宣传效果大打折扣；再次，黄金搭档跟脑白金一样用电视广告拓展全国市场，但由于电视广告投放的狂轰滥炸，使消费者已经产生厌烦的心理；另外，随着时间的发展，消费者对化学合成的所谓保健品越来越理性，不再轻易地被新概念打动，消费者在礼品的选择上随着其文化水平、知识结构和收入水平的提高而越来越趋向于选择其他品类的产品，而不再只是保健品类别的产品。

黄金搭档并没有让史玉柱实现业务转型，好在他迅速将自己的业务调整到了网络游戏领域，并快速获得了市场的认可，其本质是金融市场对史玉柱商业才能的认可，这位跌宕起伏的商业奇才终于在资本市场的支持下获得相对稳定的环境。

2. 关于脑白金商业模型的评价

人们普遍认为，脑白金是凭借广告获得了商业成功，这种评价并不完全正确。脑白金是商业模型构建与运行的成功，广告轰炸只是一种表面现象。

（1）深度发现客户价值。

无论对购买者，还是对需要者，脑白金都不只是保健品，或者不完全是保健品，而是一种复合商品，即兼有保健作用的礼品，对购买者来说，其特征更接近礼品。相同的购买支出，却获得了双重价值，对客户来说，其购买动力就会大大增强。客户价值不仅仅是其物质效用，人们所追求的越来越多的是它的社会效用，脑白金在很大程度上在为顾客提供类似的价值。

（2）构造需求。

一种产品能否获得商业成功并不完全取决于产品功能本身，还在于其能否建立起商业逻辑，商业模型起着克服人们购买障碍的作用。脑白金通过广告强化自己产品的特殊定位，将本来难以实现的商业目标以新的逻辑加以实现，这本身具有极强的创新特征，也是对商业理念的一种新的探索。

（3）控制成本。

用动漫做代言是脑白金的一大发明。劝诱性广告被认为是一种过度的资源消耗，使用名人代言虽然能产生较好的市场反响，却有着更强的劝诱广告之嫌。而脑白金反其道而行之，以新颖的老年人动漫形象来推动市场，成为成本节约创造的典范。其余的成本节约手段也极尽创新之能事。成本节约为企业提供了重要的利润来源。

（4）社会收益。

脑白金的重要贡献是将游子社会的亲情需要以商业方式给予了满足。“常回家看看”导致了年节之间的交通拥挤，而解决交通拥挤并非一日之功，况且满足平时的亲情需要也需要时间与财务支出。以礼品寄送亲人，这种行为可以在一定程度上满足人们的亲情需要，也为中国社会的传统文化继承与家庭和睦提供了一种新的选择。以此评价该商业模型，其贡献远比商业结果对国家的贡献要大。

讨论题：

1. 为什么说脑白金商业模型对社会有利？
2. 你能够再总结一下脑白金低成本扩张的方法吗？

参考文献：

1. 张耀辉，左小德．新商业模型评析（第一辑）［M］．广州：暨南大学出版社，2009.

2. 张耀辉，朱峰，左小德．新商业模型评析（第二辑）［M］．广州：暨南大学出版社，2010.

3. 严正，严生，吴晓波．中国企业蓝海战略［M］．杭州：浙江人民出版社，2006.

4. 潘成云．脑白金：品牌运营管理实证分析［J］．市场周刊，2004（5）．

5. 汪建波，康枫．营销成功的因素分析——脑白金营销策略分析及其借鉴意义［J］．商场现代化，2006（5）．

6. 晁钢令．市场营销学［M］．上海：上海财经大学出版社，2003.

7. 向骏，汪建波，康枫．脑白金的营销策略［J］．企业管理，2006（6）．

8. 许瑞，张海光．黄金搭档不是脑白金［J］．智囊，2002（12）．

民营医院营销的智慧
——台湾地区医疗商业模型总结①

李　维

◇**案例导读**　作为台湾医疗体系的保障，台湾医院在全民健康保险实施后面临着前所未有的冲击，如何在激烈竞争中求胜，成了台湾医院研究的重要课题。本案例描述了台湾医院从打造“用爱管理医院”的理念入手，强调人文关怀，树立从医疗照顾到心理抚慰的“全人服务”观念，采取以志工组织为基础的医疗营销和强调社团、服务、教育等全方位的营销策略，并依托先进的管理手段，深刻剖析了台湾医院如何构筑“服务、贴心、便捷”的商业模型。并通过台湾医院商业模型的几个实例展示了不同医院的商业模式差异化经营，深刻展示了台湾医院的营销智慧……

一、台湾医疗环境

1. 全民健康保险制度

台湾全民健康保险是一种“自助—自缴保费、部分负担”“互助—全体民众共同分担患者之医疗费用”以及“他助—高风险族群与低所得者负担较其应缴保费为低”的强制性社会保险制度，强调风险连带的社会安全机制。

1988 年，台湾“行政院经济建设委员会”首先成立专责规划小组，1990 年 7 月由行政院卫生署接手规划，于 1993 年 12 月 29 日成立中央健康保险局筹备处，积极进行全民健康保险的前置作业。1994 年 7 月 19 日立法院三读通过《全民健康保险法》，并于 1994 年 8 月 9 日公布；同年 10 月 3 日公布增订强制参加全民健康保险条文；12 月 30 日《中央健康保险局组织条例》正式公布，并于 1995 年 1 月 1 日成立“中央健康保险局”，负责筹办全民健康保险业务，1995 年 3 月 1 日全民健康保险正式开办。全民健康保险系统强调：健康

① 本文由张耀辉主编作大幅度修改，修改中较大篇幅补充了参考文献中的内容。

为基本人权，政府及社会有肩负国民健康的共同责任，然而个人也必须为自己的健康尽力，对个人不论贫富保障其基本医疗服务；以大数法则及危险共同分担精神，以“自助”及“互助”为原则，避免重大疾病为个人所带来的危害；财务由政府、被保险人及雇主三方共同负担，并力求财务平衡，目前全民健保之保险费来源为：被保险人占 40%、投保单位占 33%、政府补助占 27%。

台湾于 1995 年开办全民健康保险，于健保开办短短数年间，即已达到全民纳保、满意度高、保障范围广、就医方便、保费低廉、行政成本低，以及医疗费用控制佳的成效。回顾台湾开办全民健保以来主要成功点，可以概括为“降低民众就医经济障碍，整体社会共同分摊风险，实现全民保健”。

健保开办前，存在不同形态的社会保险，而这些保险只保障少部分民众医疗照护的需求，例如，1948 年开办劳工保险、1958 年开办公务人员保险、1989 年开办农民健康保险及 1990 年开办低收入户保险，不过整体纳保人口仅占全国民众的六成，且纳保的族群多为比较健康、疾病风险低的壮年劳动人口，14 岁以下儿童、家庭主妇、65 岁以上老人、偏远地区及没有固定收入的人多为非纳保的群众，多达 800 万人。除此之外，公保、劳保与农保各类保险之医疗给付不尽相同且宽严不一，造成民众之间的不公平，久为人所诟病，而且各类保险的办理机关不同，也增加了无谓的行政成本。

全民健保开办以全民纳保为目标，社会共同分担风险，纳保率由 1995 年的 57.48% 上升至 2003 年的 98%，几乎民众皆可接受健康保险社会保障，大大降低了民众就医的经济障碍，特别是老、弱、妇、孺等医疗照护需求高的民众，不需花费昂贵的医疗费用就可接受医疗照护；此外，针对重大伤病的民众免除部分负担，确实造福贫困及重症的家庭免于因病而经济困顿之窘。根据健保局报告指出，健保开办当年，各所得家庭门诊率上升至八成，高、低收入家庭住院就诊率差距缩小。

与美国对比，台湾地区医疗制度更加优越。其实美国并没有全民健保，其医疗支出占 GDP 比例为全世界最高，但其国民之健康状况与其他国家相较，并没有显著差异。两大政府体系办理的医疗保障系统为“老人健康保险（Medicare）”及“贫民医疗补助（Medicaid）”。前者由联邦政府负责，对象为 65 岁以上老人、末期洗肾者及残障者；后者由联邦政府补助州政府办理，对象是低收入户。享有“老人健康保险”或“贫民医疗补助”的人口各占全国人口的约 11%，但有 2% 的人口同时具备两种保障。一般受薪阶级是透过雇主集体购买民营健康保险，此部分人口约占全国人口的 61%，此外，美国还有约 15% 的人没有任何健康保险或补助，因此美国在 2003 年仍有 4 300 万人口尚未纳入健保范围，因没有保险造成美国人过早死亡或健康不佳，让社会一年损失 650 亿至 1 300 亿美元。相较而言，英国的国民健保制度为具有社会福利性质的公医制度，其医疗照护为全体民众。

2. “用爱管理医院”

“用爱管理医院”，台湾花莲慈济医院用这样一句话总结医院的管理理念。接触过该医院的业内人士表示，无论是在管理方面，还是行医过程中，人文关怀是在该医院最常被提及的内容，人文关怀理念的具体含义见图 1。用“爱心”打造的商业营运模式，在很大程度上成为实现台湾全民医疗体系执行的基础，如果医疗制度只能医病，而缺少对人的关怀，也难以称其为好的医疗制度。

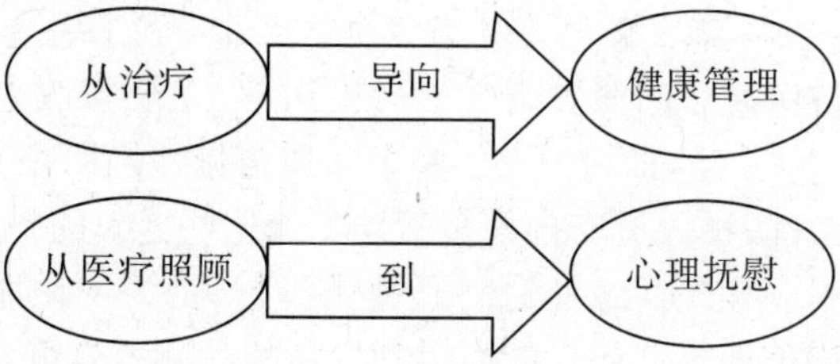

图 1　人文关怀理念

二、台湾医院的商业理念与策略

1. 台湾医院商业理念

台湾医院是台湾医疗体系的保障，台湾优越的医疗与台湾整体上“服务、贴心、便捷”的理念有着根本联系。

（1）“病人权益至上”。

1995 年台湾地区开始实施全民健康保险，一个地区总的医疗费用是固定的，服务量多的医疗机构得到的支付额不一定多，甚至会出现业务量越多亏损越多的现象。台湾彰化基督教医院（以下简称“彰基医院”）在台湾地区最先引进全面质量管理，以提高医疗安全，节约成本，“始终站在患者立场来经营”的思想一直植根于医院文化之中。院史文物馆墙上，记载着创办人兰戴维医生的话——高贵的仪器固然重要，但身为一名医生，以一颗怜悯、温柔、谦卑的心对待病人更为重要！

为了防止医院担心亏损而拒收健保患者，台湾健保部门规定，像彰基医院这样的医学中心，健保病人的住院比例必须高于五成。

以彰基医院为例，其 2 400 张病床中，健保病床比例高达 77%，一天就少收入 100 万元新台币。而他们“始终站在患者立场”的态度，使医院的患者络绎不绝。台湾彰基医院有员工 5 000 人，每天门诊量超过 7 000 人次，到 2005 年底业务收入超过 100 亿元新台币（折合人民币约为 25 亿元）。该院的第13任院长魏志涛说，从国际上看，拥有超过百年岁月的机构存活率差不多只有一成，百年医院不好经营，彰基医院之所以能够发展，重要的是始终把病人放在第一位。

（2）“全人服务”。

在人文关怀理念影响下，台湾地区的医院服务理念已经从治疗导向健康管理，树立了从医疗照顾到心理抚慰的“全人服务”观念。

彰基医院最引以为傲的是成立13年的糖尿病防治中心，社区服务部门为病人提供完整的护理及营养追踪照顾，已有1.1万名患者进入服务网络。在接受全方位服务的患者中，一年后有55%的患者血糖浓度降到了7毫摩尔/升以下。

在花莲市慈济医院日间照护病区“轻安居”，主要接收老年痴呆或心脑血管疾病等“失智老人”的日间护理，晚上家属再接他们回家。“轻安居”每天有30～40位老人，医护人员安排很多活动，让这些老人的生活更有质量。

慈济医院照料癌症晚期患者的“心莲病房”，是为了让那些将要走到生命尽头的患者不再痛苦地等待死亡，而得到生命的品质和尊重。一位来该病区工作3个月的年轻女医生告诉笔者，到这个定位为家庭病床的病区，虽然收入少些，但她对这里的工作更有兴趣，因为自己的成就感在于能让晚期癌症病人更舒服一些。

慈济医院成立10年的“儿童发展复健中心”更是一个全方位服务的模板，这里每天有70多个孩子接受治疗训练，由遗传咨询中心、康复科、小儿神经科等“整合团队”出具综合报告书，免去家长各科跑的辛苦，让孩子得到个性化的专业治疗与康复服务。医生不仅诊治患儿，还要到处宣传，推动家长更早发现孩子的智力发育问题。通过他们的努力，花莲地区发育缺陷孩子的发现时间提前了3年。在该中心接受7年康复训练的小祺祺出生时因为缺氧、左脑出血导致脑性麻痹后遗症，当时医生认为其可能终生躺在床上。从6个月大开始，妈妈就带着小祺祺做康复训练，因为进行得早，小祺祺遵循着正常孩子“七坐八爬”的进度，一岁就能走路，跟同龄小朋友一起成长。尽管她走路还有些歪斜，不太会说话，口水随时会流下，但孩子的生长进度跟上了，智力也在进步。7岁的小祺祺，已经能走着上学了。该中心刘医生说，对偏远农村患儿，他们也提供下乡服务，2～3个治疗师提着评估工具和玩具到孩子家中进行评估，指导家长给孩子做康复训练。每次治疗训练时间只有半小时，所以鼓励家长参加。家长接受孩子的问题，积极投身到康复治疗中，持续努力，孩子才有希望。

2. 台湾医院的营销渠道与策略

（1）以志工组织为基础的医疗营销。

在台湾，每所医院都可以看见志工（即义工，下同），他们协助医院做各种辅助工作，帮助指路、挂号、守护在术前病人身旁，尽其所能地为患者提供方便，而这一切都是义务的。

1）以志工团队方式进行民间健康管理。

社区志工用“组织社团”的方式管理，主要从事志工妈妈、卫生教育准备工作、志工队伍服务训练。这相当于将个人健康活动转移到了社区，而不只是有病看病的医疗阶段。这种方式可以为社会节约医疗资源，更为重要的是可以增加人们的爱心和改善社区邻里关系。这里的团队既包括了社区中的志工专家，也包括了社区内部其他成员，相当于健康知识共享型的社团。

2）志工参与的医疗营销活动。

结合小区妈妈、幼儿园做小区的经营卫生教育、讲座活动，营造医院口碑。换言之，是医院进入社区，用教育的方式对自己进行推广。其内容则依据不同族群及顾客层进行主题卫生教育、医疗成果推广等，营造自己的专业医疗定位，以信息传播为营业推广的主要目标，让人们用专业的判断决定如何参与健康维护和医疗。这不只是维护专业医护与医院形象，也是严肃医疗卫生法律，形成健康管理的有效社会分工。

3）志工团队活动流程与活动的实施过程。

志工活动往往会流于形式，如何保证其效果，取决于执行到位的程度。台湾医疗健康志工体系中的社区卫教活动，专业医生与护士一定到场，志工只是组织者和服务者，也是医生与护士不在的情况下的应急性解释与医疗对策参与者，专业问题一定要交给医护人员。

4）有效的推广。

医疗推广的内容不只是医疗的结果或医疗概念，针对医疗的服务流程系统推广是台湾医院营销的重点，推广的主要内容包括设备先进、医生专业性强，也包括医护病患关系，这种营销引导医疗竞争走向了真正的服务，而不仅仅是看病。医院水平、发展阶段不同，对疾病的医治能力亦不同，因此，形成了一般卫教、疾病卫教的区分，使营销更有针对性。专业性医院则重点推广医院的正面形象，定期召开记者会公布成功案例、新的技术和手术、医疗设备。

（2）营销渠道。

1）直接与潜在病人接触，彰显志工队伍的优良服务。

志工是最直接与潜在病人接触的队伍，他们对医院的推广与宣传是没有功利性的，他们对医院的赞扬有较强的权威性，他们说某医院某专科好，病人就应声就医。这样就形成了一个医院与志工的良好的社会生态关系，医院依据志工的表现表扬志工，彰显志工的优良服务并让大家知道，在电视或媒体上表扬志工，并广泛宣传志工的服务与专业能力；志工则以其工作内容向社区人员建议医院，而不是推销医院。

2）发掘民间社团资源的潜力。

还有一个渠道是其他民间社团，如宗教、民间公益社团、教会、妇女会等都是医院的推广者。医疗社区的营造需要有带头组织的人，他要负责召集一些小区民众参加聚会，如村长或小区发展协会理事长等干部（类似于大陆的居委会或是妇联），有时赞助单位，如药商或医疗器材厂商参与支持公益医疗活动，往往会使活动更加丰富多彩。

3）媒体参与。

在台湾医疗推广体系中，媒体起了重要的作用，它成为监督医疗质量、推广志工服务精神、发布医院医疗能力进步信息、限制商业过度参与医院的重要保障。媒体参与倡导医疗“服务、贴心、便捷”“病人权益至上”成为台湾医疗领域的主流文化。此外，定期召开名医记者会，提高知名度，发布新技术、新手术、引进新医疗设备；运用网络宣传和社区志工服务，依据季节不同做不同专题的卫生教育，如生活中应注意事项的主题、流行性传染病等；运用公益广告宣传片，运行一切由爱出发的营运模式。台湾医院这种商业模式的一个重要背景是台湾对医学广告是有着严格管制的。

（3）营销策略。

1）基本策略。

第一，配合政府医疗政策，落实医学中心角色及全人医疗照护并以提升病人安全为目标。

第二，提升急重难症照护能力、质量及容量。

第三，强化与社区、基层的关系，带动社区健康体系形成与发展。

第四，积极引进新医疗科技，提升医疗国际地位，并参与国际医疗活动。

2）社团策略。

第一，优先建构各院宣教体制。

第二，医院与所在地中区会传道事工合作。

第三，组建志工社团，集区域力量共同为医疗宣教而努力。

第四，结合社区资源。

第五，成立基金会。

3）服务策略。

第一，将“提供以病人为中心的服务”列为最高指导原则。

第二，将“尊重病人权利及尊严”纳入各项服务理念及服务规划。

第三，配合医疗环境及相关政策之改变，持续了解病人需要并提供必要之服务。

第四，医院之服务扩及小区或弱势族群。

4）教育策略。

第一，将教育作为提升医疗质量、服务、研究之后盾。

第二，将病人需求及服务缺失检讨纳入教育题材。

第三，将与病人安全相关之议题设定为必要之教育项目。

第四，与学校合作建立建教合作机制。

第五，推动社区健康教育，开展社区医疗公益宣传，加强医院与医生和患者的信息交流，推动医疗服务创新。

三、台湾医院管理与内部保障

1. 台湾医院的主要特点

台湾的中小型医院一般都是民营医院。主要特点是：

（1）数量多，密度高。台湾的医院约有 800 多家，其中中小型医院约有 600 多家，遍布于全台湾的社区中，数量之多可以与国内中小城市中的便利商店或连锁药局的数量相比。

（2）规模偏小。多数中小医院的规模在 100 个床位以下，约有 80% 是集中在 50 ~ 80 个床位，这样的营运规模在全民健保强调成本控制的要求下，不具有竞争力。

（3）专业化程度高、科室分工细致。一般中小型医院为了抢占门诊市场，都会为方便社区民众开设许多门诊服务，特别是夜间门诊，都市型的中小型医院的夜间门诊服务量与早上的门诊服务量几乎一样多。

（4）医生待遇高、素质强。由于各家医疗机构都面临生存竞争，所以纷纷以高薪聘请医学中心的主任医生到基层服务，甚至少数医院还打出医生均来自于某些特定大型医学中心的标语，以期在患者心中树立起“医学中心的服务，社区医院的方便”的新形象。

（5）医院法人性质特殊。根据台湾“医疗法”，医疗机构根据其设立者不同，可分为公立医疗机构、私立医疗机构和财团法人医疗机构三类，其中公立医疗机构是指由政府机关、公营事业机构或公立学校所设立的医疗机构。私立医疗机构是指由医生或依有关法律规定办理医疗业务的公益法人及事业单位所设立的医疗机构。财团法人医疗机构是指以从事医疗业务为目的，由捐助人捐助一定财产，经许可设立为财团法人的医疗机构。财团法人不以营利为目的，其设立基于捐助行为或者遗赠行为，捐助人或者遗赠人须在捐助章程或者遗嘱中确定财团法人的目的、财产、组织和管理方法等。财团法人依法设立后，捐助人或者遗嘱执行人须将捐助或者遗赠财产转移给财团法人，然后财团法人即依照章程而独立运作，不受捐助人或者遗嘱执行人的干涉。财团法人制度的主要目的就是使得民众可以超越个人的生存界限，以组织体的形式来完成一些长期或者永续存在的、有意义的社会目的，促进公益事业，带动社会发展。

（6）台湾医院之间既相互合作又相互竞争。医院组成了竞争的医院集团，一方面，集团内部各医院资源共享，实现大范围的合作；另一方面，两大集团展开竞争，引入竞争机制，使医院的医疗和服务更加完善。合作可以节约社会资源，降低医疗成本，竞争可以促进医院的发展，又为医疗事业的发展引入了竞争这一原动力。

（7）全民健康保险的总额预算支付制度。总额预算支付制度是指对部分医疗服务的费用实施上限控制，医疗保险机构与医疗提供者就特定范围的医疗服务、牙医门诊、中医门诊或住院服务等，预先以协商方式，确定未来一段时间（通常为一年）内健康保险医疗服务总支出（预算总额），以预付该服务部门在该期间内所提供的医疗服务费用，以确保健康保险维持财务收支平衡。我们在与台湾同行交流时发现，虽然医院对总额预算制度的实施有诸多不满，但是其促使医院注重医疗服务质量和效率的机制应该是可取的。由于总额预算，自主管理机制的作用，医院面临经营管理财务上的巨大压力，医院只有不断提升技术水平和服务质量，注重人性化服务，才能吸引更多的患者；只有努力缩短平均住院日数，严格管控医院感染，才能提升医疗工作效率；只有时时处处精打细算，千方百计降低成本，才能获得更大的效益。医院为了尽可能地提升经营绩效，70%的科室独立经营，科主任对本科室的经营盈亏负责，科室绩效与其酬劳挂钩。为了避免由于科室特点导致人为的分配不公，该院规定，对于本身效益不可能高的科室（如精神科）和收益较高的科室（如检验科）则实行医院根据总体经营效益确定薪酬的做法。

2. 医院管理阶层具备的良好素质

这些素质包括自信、勇气、远见、正直、成就的事业心。自信来源于具有较熟练的专业技能；勇气来源于生活、工作的磨炼；远见来源于对信息的储备量；正直是管理者最基本的道德水准；成就的事业心是对医院工作发展的长期目标的希望。要不断培养提升科室成员的业务和思想素质，使他们更成熟、更进步、更成功，才能不断进步、发展、壮大。要注重人性化管理，只有做到人性化管理，领导才具有凝聚力，员工才能自发、自觉、自律、有积极性、敢于负责任地完成任务，这是作为管理者的一个较高的境界。总体上，台湾医疗比较进取，与医院管理层素质高有关。

3. 先进的管理理念

台湾已从单纯的终末质量管理向同时重视环节质量管理过渡，一些医院实行预警质量控制，表现出很高的管理水准和预防为主的管理境界。预警质量控制从不良事件的调查或报告中寻找产生不良医疗事件的原因和表现形式，有针对性地提出对策，预防差错事故的发生。这是意义重大而难度也很大的工作，将高昂的代价换来的教训变成经验，形成制度，预防再次发生。

台湾着力把提高服务质量作为品质管理的重要内容，并已基本形成医院的自觉行为。服务质量的管理，要持之以恒、下大力气才能做出成效。要不断拓展和丰富服务的内涵，改进服务方式，建立医疗安全的模式与机制。要优化临床路径，改革医疗流程，为病人提供便捷的服务。要关注环境建设，为病人提供舒适的就医环境，让病人满意。

医院在发展医疗技术的同时，重视以人为本的服务特色。要求医务人员首先必须具有立志保持最高水准的医疗道德，同情遭受疾病折磨的患者，竭尽全力为其解除疾苦，以诚待人，公正廉洁。医院在护理操作的整个过程中，始终贯穿以仁爱之心对待患者，对待每位病人的一言一行的服务态度都是考核的内容。医院在招聘工作人员时，要求其首先应具备的条件是：关怀他人，善于与患者打交道，并激发他们战胜病魔的信心。一些医院每天有 4 000 个门诊量，但我们没有看到大量病人排队等候的现象，原因在于他们开展了电话预约的服务，让患者感受到更多的人与人之间的关怀、亲情，体会到温暖，对他们树立战胜病魔的信心，起到很重要的作用。

4. 高度重视医院品质管理在医院管理中的作用

由于台湾“全民健保”实行的是一卡制，而病患又可以自由选择就医，不强制转诊，“全民健保”特约医疗服务机构占全台湾医疗机构的 92.25%，因此各医院为了吸引更多的病人，都发挥各自的优势，最关键的是医疗品质的管理。大医院都设立由院长直管的品质管理中心，作为领导本院品质方面的职能部门，主要功能是统合全院品质与病人安全活动、协调单位进行品质与病人安全活动、监测执行的成效、负责品管教育与维护。全面品质管理主要包括：①临床品质；②作业品质：主要内容为病患等候时间、病床利用率、成本分析、内部预审满意度等；③服务品质：主要内容为预审满意度的调查、病患投诉管理、目标管理、标杆学习等。

临床路径是台湾医院品质保证的重要方法，它是由医院各种背景的专家，依据某种疾病或某种手术方法，确定一种大家统一认可的治疗模式。临床路径的目的主要在于：发展一套最适当、最具成本效益的治疗模式；加强医疗品质的维护与改善；减少医疗照护上不必要的差异；促进医疗团队内成员的合作无间，强调持续性医疗照护；控制医疗成本；预防医疗纠纷；提升病人的满意度。

台湾还借鉴国际先进的医院品质管理指标体系，建立了适合台湾地区的医疗品质监测体系、医疗监护品质指标系列和严谨的评鉴标准，使其在台湾的医院运行中发挥了重要的导向作用。

医院品质管理的标准化是品质管理的前提，标准化的关键是科学的指标体系。这是一项复杂而难度较大的系统工程。建立医院品质的衡量标准，使医院品质管理有章可循、推动医疗品质的提升，是医院管理的一项重要的基础工作。标准的指标体系既要充分吸收传统品质管理的实践成果，又要积极借鉴先进的品质管理理念和指标体系，并与时俱进地修订和完善，才能不断提升品质管理的标准化水平。

医院品质管理的保障机制。台湾医院的实践认为卓越领导是关键（大力推行），顾客导向是目标（满意的服务），持续改进是手段（质控、评鉴），全员参与是动力（对员工、病人的教育培训和积极参与，如图2所示）。台湾各医院普遍建立人才的引进、培养、选拔、使用、激励、流动和绩效评价体系，按照优选、优育、优待的原则选拔和聘用人才，同时建立薪酬与岗位业绩挂钩的激励机制。十分注重管理人才的职业化培训，护士配备充裕，医护比大于1∶2，床护比大于1∶1，建立了一套完善的“人力保障”机制。

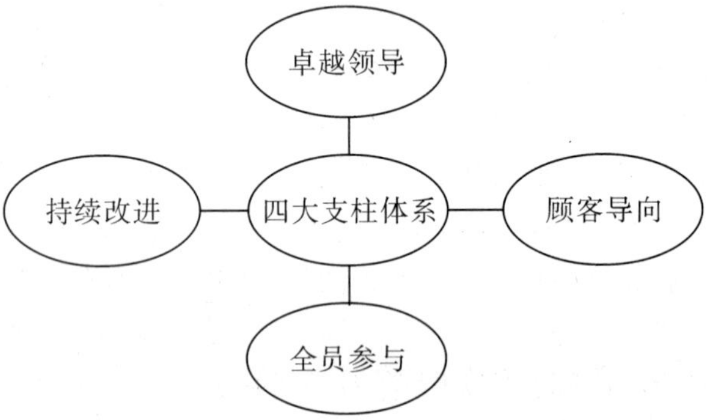

图2　对员工、病人的教育培训和积极参与品质管理

5. **创新管理**

品质管理工具的广泛应用。台湾将不同的品质管理工具应用于不同专业部门的管理，既有针对性的加强质控，又可以找出差距开展竞赛，确立杠杆，掀起比“学、赶、帮”的良好氛围。20世纪80年代品管工具的应用已在世界各国兴起，全面质量管理等一系列品管工具也应运而生。品管工具的广泛应用，大大提高了品质管理的效率、效能和效果，也改变着我们的思维方式和运作程序。在这方面我们虽已有一定的基础，但不够广泛和普及，要掀起进一步学习和运用品管工具的热潮。

医院评鉴。台湾医策会受卫生署委托对医院开展评鉴，这对医院管理尤其是其医疗品质的提升起了很大的促进作用。评鉴结果与“健保”付费挂钩，实行定时评鉴（三年一次）和不定时追踪辅导（每年一次）的动态管理机制。

台湾以“健保”对医院付费的考核为杠杆，促进医院加强成本核算、降低消耗、提高效率（台湾静滴给药只占门诊人次的3%～4%）。“费用控制”是医院的一项重要任务，也是公立医院体现其公益性的重要职能。首先要切实加强管理，同时在改革医院经济补偿机制中探索出相互制约又保持平衡的办法，使医院的医疗费用控制在合理的范围内。

6. **比较全面的医院后勤服务社会化管理**

在台湾，“社会化”一词称为“外包”，在台湾大多数医院，越来越多的员工虽然在同一医院工作，却不再是这个医院的雇员，而是替外包公司工作。台湾医院外包的业务，可分为临床医疗专科、医疗辅助部门（如检验、血液透析等）以及后勤保障服务三类。绝大多数医院后勤完全实行了社会化。

台湾医院后勤保障外包的主要管理程序：第一是进行医院内部分析和评估，主要是确定外包项目以及与员工的沟通来达成共识，第二是遴选适合的承包公司，第三就是外包业务的实施与管理。第三阶段主要是保持对外包业务绩效的随时监测和评估，并及时与承包公司交换意见。而监督考核的权限交由相关使用单位，医院相关管理部门则负责经常收集承包公司之经济、技术、同业动向及消费者反映，透过异常管理、辅导，调整医院对承包公司之要求事项，共同关心并致力维护医院形象，以降低外包所承担的风险。

台湾医院后勤外包是医院经营的一种策略性模式，对医院主要有三个优点：一是减少自身运营成本的负担与财务风险，二是利用有限的资源集中发展核心医疗业务，三是不必为非主流业务花费大量的人力和物力。对整个社会而言，则可以避免重复开发和重复劳动，节约人力资源、设备仪器及社会财力。

四、台湾医院商业模型的几个实例

1. 台湾新营医院举办卫教知识——“甜蜜健康联谊会”案例

通过健康讲座、活动剧的方式，提升病友生活质量，增进团队的互动，减轻疾病造成的压力，并延缓并发症的发生。此外，对民众宣扬健保的好处，建立珍惜健保资源的观念。

病友们则以活动剧的方式，在护理卫教团队的带领下与病友互动，倡导糖尿病卫教知识，期望糖尿病病友的血糖可以得到良好的控制，提升病友的生活质量及减少医疗费用的支出。另外，利用上联对下联的方式宣扬政府的健保政策，如“全民有健保，看病无障碍”，病友对的下联是“人人皆支持，健康有保障”，获得全场的掌声，也为整个活动增添了更多的乐趣。

新营医院院长表示，期望借甜蜜健康联谊会增进团队的互动，提升糖尿病病友学习日常护理的能力及对疾病的认知，减轻疾病造成的压力，并延缓糖尿病并发症的发生。

同时，借此机会，对民众宣扬健保的好处，建立民众珍惜健保资源的观念。

2. 长庚儿童医院变成卡通世界

孩子看完病不想回家，听起来是一件令人难以置信的事，长庚儿童医院竟然做到了。

（1）以“以儿童为中心”的观点来设计医院和医疗流程。

长庚医院的理念是营造一个优质的儿童就医环境，用游戏空间的概念，规划可供游戏、休憩的多功能空间，身旁有色彩缤纷的卡通人物，让小朋友们仿佛来到了迪斯尼童话国度，感受到一个新奇的环境。

（2）经营内容儿童化。

在卫教咨询室、呼吸治疗室、母乳哺喂室、超音波及过敏检查室完成所有看诊及检查、嘉年华会之后，有带动唱、“大风吹”等趣味活动以最优质化的看诊环境及医疗水平来创造国家未来主人翁最大的健康福祉。

（3）标志性的卡通形象无处不在。

从新生儿毛毯到凯蒂猫造型的产房护士，以及医院门口、墙壁、电梯间，卡通形象的装饰几乎无处不在。当“新妈妈”以及她们的新生婴儿感到焦虑，“凯蒂猫”可以使他们更加轻松，减少他们的不适感。穿着凯蒂猫粉红色制服的医生在大堂迎接，而在恢复室、托儿所和电梯门多彩的壁画上也都能发现凯蒂猫的卡通形象。

3. 中国医药大学附设医院“器官捐赠感恩追思音乐会”案例

中国医药大学附设医院依照惯例于清明节前夕举办器官捐赠感恩追思音乐会，并邀请受赠者及器官捐赠者的家属，一起悼念历年来的器官捐赠者，整个场面令人动容。

今年音乐会由播放《因为你，因为我》影片揭开序幕，伴随着音乐声，器官捐赠者的家属想起已故亲人，忍不住低头啜泣。

受赠者代表说，她于 2001 年检查发现罹患 B 型肝炎，原本不以为意，直至 2007 年 5 月底，肝脏情况突然恶化，并陆续出现肺炎、腹膜炎及肝昏迷等症状，虽然接受了住院治疗，但病情已非常严重；由于当时两名孩子年龄分别为 13 岁、15 岁，导致她的家庭陷入愁云惨雾，脑海里更是经常浮现自己可能没有明天的念头，因而饱受煎熬与痛苦。

某受赠者说，2007 她开始到中国医药大学附设医院接受追踪治疗，同时等候器官移植；2008 年接到医院通知获得肝脏移植的机会，但她的心里仍是百感交集，因为这代表着有一个生命正在消逝。肝脏移植后，在医护团队的照护下，她的恢复情况良好，家庭生活也随之获得很大的改善。她期勉所有受赠者应懂得饮水思源，珍惜得来不易的再生机缘，也要更尊重生命，回馈人群，以延续捐赠者的大爱。

4. 柳营奇美医院“奇艺角落”艺文空间案例

柳营奇美医院自 2004 年 7 月开院以来，除不断提升医疗服务水平之外，还致力于朝环保、艺文、小区医院的目标迈进。院方安排街头艺人进行“春之飨宴——绘出生命的色彩”关怀弱势活动，受到民众热烈响应，掌声雷动，并现场广发问卷作为日后举办活动的参考，全力朝贴近当地民众的就医需求迈进。另外，还邀请视障歌手前来医院献艺，欢迎民众踊跃前往聆赏。

柳营奇美医院院区内窗明几净，风光明媚，且没有药水味，不只是医疗水平精湛，而且为了打造艺术品味，院区走道有精美画作，并免费开放二楼“奇艺角落”的艺文空间给社会人士、社团参展使用。另外，也曾安排生命之旅《黑昼记》纪录片映演，并邀请知名人士进行艺文讲座，推出一系列关怀弱势群体活动，惟妙惟肖的表演受到民众喜爱，顺应当地民情，受到极大的好评。

讨论题：

1. 为什么台湾医院会形成几乎统一的商业模式?
2. 如何理解台湾医院商业模式与管理是台湾健康医院体系的基础?
3. 从这几个案例中，你能否体会到不同医院商业模式的差异化?

参考文献：

台湾医院经营管理方式窥探：http：//www. hxyjw. com/guanli/lirun/51507.

环球天下的江湖传奇

——雅思英语的商业模型点评

朱 锋

◆案例导读 在新东方成为霸主的英语培训市场还有进入的机会吗？环球雅思给了我们肯定的回答。本案例点评和分析了环球天下的创始人张永琪如何从雅思考试中发现商机，办培训班、建教学点、分校、加盟连锁，他步步为营。实力雄厚之时渗透到利润高且稳定的小语种、少儿英语和科学教育等细分市场，最终使得环球雅思成为一个年收入超过 4 亿元的教育集团。让我们一起探寻其中成功的商业秘密吧……

环球雅思作为环球天下教育集团的核心品牌，是目前国内占据雅思培训市场份额最高的一家教育培训机构，2010 年教学中心共 292 家分校遍布全国。据环球天下教育向 SEC 提交的 F－1 文件显示，目前，环球天下已经拥有 292 家教学中心，覆盖 104 个城市，其中环球天下公司的品牌“环球雅思学校”目前拥有 118 家连锁分校，开设雅思、托福、外教口语等课程；144 所环球灵童少儿英语连锁学校；17 所倍趣科学儿童学苑；9 所非英语培训学校；4 所环球国际封闭寄宿学院。此外还拥有从事图书教材出版的环球卓尔英才公司、从事教学研发的环球教学研究中心 GTRC 等数十家教育机构。到现在，环球已拥有 1 900 多名员工，近 300 所连锁学校，2009 年收入超过 4 亿元。

他们是如何在短短 12 年之内取得如此巨大的成就的呢？

一、从移民梦开始

张永琪在从事雅思培训之前，曾在广东省珠海市劳动局工作过 7 年，之后在美国霍尼韦尔代理公司担任北京经理。在做雅思培训之前，从来没有接触过雅思考试，只是由于一个出国的想法，让他与雅思结缘。

雅思是 1994 年进入中国的，当时的参与者仅是零星的公派留学生和移民考生，一年总共也只有几十个人。

1997年，新婚燕尔的张永琪和妻子张晓东商量，准备一起申请加拿大技术移民，如果早一年的话，他们可以很顺利地办下手续。“不幸”的是，这一年的申请者大幅增加，加拿大使馆决定公平选拔，所有申请人都要参加IELTS考试。

IELTS是什么？不但张永琪不懂，身边所有的朋友都不懂，甚至国内都没有相应的中文译名。作为最早参加雅思考试的那批人，张永琪握在手里的仅仅只有一份大使馆提供的考试提纲，跑遍了北京大大小小的书店，都没有找到任何辅导材料。

张永琪和他的妻子就像热锅上的蚂蚁，四处打听，终于联系到他的一位老师，史美洲老师从深圳寄来了一份难得的材料：泛黄的油印纸上都是密密麻麻的英文，一些晦涩的题目与详细的讲解，张永琪仔细地翻看着每一页，细心地准备着每道题目。“要是我能出一本雅思辅导材料就好了”，这一念头在当时转瞬即逝。

由于材料非常的不易得，他觉得只是自己使用未免太浪费了，一些想要出国的朋友也毫无例外地遇到了同样的问题，张永琪便把材料借给了他们。而朋友开玩笑似的一句话倒是提醒了他：为什么不把这些册子装订起来，卖给那些需要的人呢？说干就干。张永琪拿着装订好的试题以及自己备考时的笔记，在加拿大使馆附近做起了生意，10元钱一本，卖得不错。

虽然买的人接踵而至，不过比较起张永琪以前的工资待遇来，这卖书所赚还是差了一大截。但是，他凭着执著的个性，坚持在使馆门前“叫卖”，坚持了整整一个冬天，那一年，北京的冬天寒冷异常，“露天作业”的滋味可想而知，这份事业的微小不言而喻，任何一条理由都足以让人放弃这样一个“叫卖”的事情。“当时的雅思考试说真的并不难，难的是绝大多数人见不到相关的考试指导资料。”张永琪回忆说。

工夫不负有心人，凭着这些资料，张永琪于1998年3月顺利通过了雅思考试并取得了移民资格。1999年1月，张永琪移民加拿大。呆了半年之后，却发现并不如想象中顺利，就又回到了中国，继续售卖复印的雅思资料，并走上了“游击式”办班的“不归路”。

问题1：张永琪是如何发现商机的，这一市场为什么没有人进入？

思考提示：就事件来说，这一商机的发现十分简单，就是张永琪移民时遇到从未曾听说过的雅思考试。因找材料十分不易，发现这一小群体的需求十分难满足，从而发现了一个利基市场。

从这个事情引出我们进一步的思考，为什么做英语教育和培训的人没有进入这一市场，而是从来不知雅思为何物的人来做了呢？一般来说，创业成功者大多都是对于这一行业有较多了解，有一定的经验之后做起来才会容易发现商机，并且创业成功的比率才会比较大，经验是规避风险的方法之一。而从这个案例却得出了一个相反的结论。

其实，就这个案例说明除大多数人不知道这一点外，还有三点：一是当时这个市场太小。在当时全国的雅思考试参加者不过几十人，这对于像新东方托福考试和其他英语培训机构一个班都有可能上几百人规模的学校来说，不值得去做。二是资料获得并不容易。对于一般的英语培训者来说，雅思不像托福一样有很多的资料可以利用，这也决定了很多人即使知道雅思也做不了。三是对这个市场的前景没有信心。一个市场如果太小，它能不能生存下去有时都很难说。现在雅思一直是小众市场，张永琪也很难才做到今天这样的规模。张永琪却认为这个市场的成长性很好，所以选定这个行业，由于是政府选定的一种考试方式，当时相较于其他考试更容易，所以会有更多的人参加，这就是他对于市场前景信心的依据。而恰恰是这几点，降低了这一市场的竞争性，因而起步阶段很容易做。

所以，如果发现的机会具有潜在的成长性，那可能是一个大的机会。

问题2：张永琪的创业路径是怎样的？给我们带来什么启示？

思考提示：张永琪的创业路径是，取得雅思资料—借给别人资料—卖资料—办培训班—办学校—集团化发展。

他的创业路径带给我们的启示：创业不是从创立公司开始，而是从捕捉机会开始。他在创业行动之前的行为是在对机会进行测试和积累经验，这一部分是很多人会忽略的。

从张永琪的创业路径看，他对于其创业领域开始是不熟悉的，他由自己的需要推及别人的需要，所以，对于这个推论需要不断地测试。所以从他开始取得资料（自己需要），到他出借资料（他人需要，利基市场），对于这一市场的需求会有更深的体会。

接下来是卖资料。由于对于这个利基市场有了较多的了解，虽然市场很小，但资料不易获得，刚性需求使他可以进行产品出售。有了这样的经验，虽是利基市场但他能准确抓住（大使馆门口），一个进入市场的简单商业模式开始形成。

由于卖资料的市场太过狭小，不足以支撑今后的发展，所以他在介入之后需要进入利润大的业务中去，这就是培训班。这是他的商业模型建构中必然的选择。卖资料不可能规模经营，其中也有法律等风险。也由于利基市场中的个人进入成本非常之低，而规模进入成本要高很多，所以真正创业的点在培训。这是卖资料的业务延伸。

二、培训班的生意

“雅思考试可能影响人的一生，却没有引起商家们足够的重视”，这就是整个寒冬中张永琪一直在思考的问题。作为移民的门槛，如果考不过，多年移民的梦想和努力将会全部付之东流。张永琪每天回家后，总是在不停地思考，既然资料有人需要，那么，能不能通过别的方式让这些考雅思的人有更深的领悟呢？很自然地，张永琪想到了找老师给大家详细讲解，这样还能节省他们的时间。创办雅思培训的想法，就这样在张永琪的脑海里建立起了最初的轮廓。

拿定主意后，1997 年，张永琪创立了雅思培训学校，开始了他们的雅思培训之路。创业之初，他们要做培训，同时，还得要花大量的时间做学生推广。每当有学生来咨询时，他们都会用至少 10 分钟的时间给同学们解释雅思是什么及考雅思有什么作用。

“当看到学生通过我们了解了雅思，然后再报名学习时，我内心就会涌起一丝热流，那时候其实没想过今后会怎么样，就觉得这样做自己很感兴趣，喜欢做，有意义！”

这时，在环球天下的前台，经常可以看见很多拖着行李箱的学生，那是全国各地闻声而来的学员。看着这些从全国各地涌来的学生，张永琪并没有顾得及欣赏眼前的“美景”，他的大脑仍然没有停歇，又一点子在他脑海浮现：“我要是把环球天下在全国各地进行推广，那么大家就更方便了，在家门口就可以上环球雅思学校，既方便又节约成本。”

当时社会办学仍需要找正规学校挂靠，张永琪通过朋友借用了人民大学电教馆做教室，到首都师范大学外语组请了老师来讲课，开始以“雅思咨询服务中心”的名义招生。第一个班 18 人很快开课了，这是当时全国唯一的雅思培训班，吸引了来自全国各地的学生。

忆苦思甜，有一些事情令张永琪耿耿于怀。由于借用的人民大学的教室不固定，上课时经常会被赶来赶去。张永琪说，在 2001 年之前基本上都是打游击战。

问题 3：环球天下的商业模型是如何形成的？

思考提示：张永琪从卖资料开始到办培训班，是从利基市场的机会到商业模式的探索。由于卖资料不足以建立企业的商业模型，这个市场太小，市场规模不足以让他进行规模化经营，因而他便延伸到办培训班。这样使他的规模扩大，由此他的商业模型开始形成。

这说明介入点可以从一个利基市场开始，但一个利基市场有时不足以建立一个稳定的商业模型，它需要从这个利基市场进行拓展、整合才可能建立商业模型。

三、环球雅思的“江湖地位”

中国的英语培训市场广阔而繁杂。据统计，我国有 3 亿人的庞大英语学习群体，英语培训市场（包括书籍、电子产品、教育器材及培训、考试等）需求巨大，年产值已超过150亿元，英语培训机构总数量达到近5 000家，外资英语培训机构也纷纷涌入中国英语培训市场。市场虽大，玩家却更多。整个行业良莠不齐，竞争尤为激烈。

这个行业的特点是“除了大象，就是蚂蚁”，中国英语培训行业出现了第一梯队和第二梯队差距巨大，只有前三名，没有四、五、六名的奇特现象。张永琪很早就认识到，品牌在中国英语培训市场上起到决定性作用，适合的企业文化和管理模式才能促进环球品牌的塑造和企业成长。

在成立之初的1997—2002年，那时候环球叫做“环球雅思学校”，主要经营雅思培训。当时张永琪的理解是，最初由夫妻创业，就是一个家，起初的文化也是家的文化，大家互相尊重，相互商量，并用经验管理。当时以“家”为主、制度为辅的企业文化让环球的员工齐心协力度过了创业之初的艰辛。譬如北京分校校长等许多骨干，都是创业初期就来到环球，一起经历了初创的很多艰辛。

加盟校迅速增加，直营校进行扩展，就此，通过连锁加盟进行扩张也正式成为张永琪创办环球雅思的经营模式。

从2002年起，环球开始在外地发展直营分校和加盟校以实现快速成长。与新东方直接到各地开设分校的模式完全不同，环球运营模式是连锁加盟和直营店相结合。在全国主要雅思考点所在城市，环球设立了10多所直营学校，其余多是采用加盟分校形式。直营校虽然数量少，却都建在大城市，也是雅思考试的主要城市。

问题4：环球天下是如何参与竞争的？

思考提示：商业模型逐渐成型后，其培训班随着市场的扩大而不断增加。环球天下这时随之开始参与了英语培训这个行业的竞争。

英语培训行业在20世纪90年代末已是一个成熟的行业，通过早期竞争已形成了如新东方这样规模的学校，而还有无数小培训班的存在说明这个市场在不断地成长。而环球雅思的策略是通过雅思这样一个机会进入，并建立雅思的独特性品牌，这样既降低了与其他大、小学校的竞争，同时也有利于扩张自己。因而，他的商业模型就在雅思的旗帜下，开始攻城略地。其商业模型不仅从建立盈利模式开始，更渗透到竞争模式上来。

四、网校的诞生

当无心插柳的事情变成了兴趣爱好，当看到自己兴趣爱好的市场前景，一切都不再如从前。

2003年，一场“非典”造就了环球雅思品牌的崛起。创立环球雅思学校之后，张永琪和妻子张晓东经常把公司当成了家。深夜还在公司，和同事们一起探讨市场发展、业务细节成了他们的家常便饭。为了学校，他们全情投入、倾其所有，可正当学校开始步入正轨之际，2003 年那场可怕的“非典”席卷了大半个中国，而这也给教育培训行业带来了致命的打击。

当时环球雅思学校所在地是白石桥方圆大厦，距离全国“非典”发源地人民医院只有半站地。“非典”来袭，几乎一夜之间，环球雅思学校的学员锐减，就连大部分工作人员也不敢来上班了。

按照正常情况，暑假是招生旺季，在此之前学校就已经收了很多预收款。这说明学生实质上是有需求的，只是迫于“非典”对生命的威胁。只要解除威胁，他们肯定愿意继续学习。

关键是怎么才能解除这个威胁呢？“非典”可不是个人能解决的事情。张永琪拖来两大皮箱钱，一边戴着口罩给学生们退费，一边思索着这个问题。

就在这时，张永琪注意到网络教育的功用。

“某一天总裁就找到我，兴奋地说：‘我们可以开辟网络课程培训，这样学生就可以不用来学校，在家里在线和名师们一起学习。’”“非典”期间总裁的创举，给网络部总监刘学辉留下了深刻的印象。

说到做到，张永琪立马亲自和网络部人员着手操办此事。一边在网络上做好宣传铺垫，一边让教师们录好课件，接着网络部人员就开始做图像剪辑工作，其他部门的同事帮忙反复检查剪辑出来的课件。

最后不到一个月的时间，四五个工作人员就把课件神奇地开发出来，上线了。也就在那时，很多和环球雅思一样办得不错的培训机构，最终因无力支撑而倒闭。而环球雅思，却挺过了那段最艰难的时期。

“非典”过后，整个北京城就像刚经历过一场暴风雨一样，开始变得异常沉闷。因为服务行业受到“非典”的影响极大，政府开始免租金，鼓励商家继续投资。可是历经“非典”，很多企业望而却步了。

“听到政府的优惠政策，总裁立马申请租了四处教学区，把我们的投入费用降到最低。”作为元老之一的环球雅思北京学校校长回忆道，“我们接着在全北京发放了很多张我们的宣传广告，图片是我们战胜‘非典’时一起穿着统一制服的合影，图片上的我们都很开心、很激动！”

也许是那些广告上喜悦的笑脸让人们真正感受到“非典”已经离我们远去，也许是人们感觉到一个培训机构在“非典”中顽强的生命力，也许……总之，在经过张永琪又一次大张旗鼓的行动之后，环球雅思学校在北京乃至整个中国瞬间火了起来。

问题 5：面对“非典”，环球天下是如何使其商业模型与时俱进的？

思考提示：一个企业的商业模型是不断成形的过程，从本质上讲它是动态的过程。但其中的变化是随外部环境的变化而变化的，变与不变有其规律。

在“非典”时期，由于面对面的交流受到“非典”的影响，那么如何开展教学？这时的互联网正在从危机中站起来，它正可以利用的手段。所以环球雅思经过了几年的发展，积累了自己的经验和资金，在英语培训行业形成自己的品牌和知名度，正有能力利用互联网进行网络教学的突破，而由于网络的特性及在当时语音技术的发展状况，成本大大降低正可以为语言教学所用。

通过网络教学，强化了环球雅思的商业模型，不仅可以使“非典”时期的学生不致大量流失，同时，出国和移民的雅思考生年轻者占大多数，而他们正是互联网的主力军，所以给了他们一个更多的市场接触点，并提高了品牌知名度。

五、细节营销

张永琪对雅思的执著还表现在他专心致志地把培训做得非常专业，环球雅思学校素来注重对教师的开发和培养，打造了一批批享誉英语培训界的环球名师。除此之外，张永琪有着出了名的细致——从课程安排到服务体系，每个细节都注重从一个英语学习者的角度和需求出发，让环球雅思的形象和产品在学生间广泛流传。

所以有很多媒体报道，环球雅思的成功也取决于张永琪和张晓东注重细节，注重对学生的服务。

据员工们不完全统计，在环球雅思创立之初，张永琪几乎每天都会花上半天时间和同事们一起设计海报、宣传单页，有时候为了一句话、一个图形他会和市场部同事们一起反复讨论，再重新盯着设计人员进行修改。

虽然环球雅思学校已经一步步发展壮大，尽管张永琪已是百事缠身，可是他似乎已经改不掉长久以来养成的习惯。

“说实在的，改变这个习惯又是对我个人的一个挑战，因为做很多细致工作是我的热情。”

市场调研、海报设计，甚至整理库房、打扫教学区卫生、处理学生们每一个细小的反馈意见……张永琪坦言，他本身是个很细致的人，这些细微的东西，他也总忍不住要去关注。加之张永琪的妻子、公司的董事长张晓东也是做酒店行业出身，环球雅思学校也一直以来秉承了注重细节的风格。

“教育行业其实也是个服务行业，每一个细节都决定了你的成与败。如果咨询做得不好，市场就白做了；如果课程质量跟不上，学生照样不来；如果学生因为教室环境不好，最终还是会对整个教学有影响。”在环球雅思学校，张永琪把学生当做“上帝”来为他们服务。

正因为这种服务理念，才为环球雅思学校带来了很多隐性广告生源。据环球雅思历年来的数据显示，环球雅思学校的学生60%以上都是朋友、同学口耳相传互相推荐而来，由此可见环球雅思细节营销的成功性。

张永琪的性格在学校运营中的体现，正好印证了万科董事长王石的那句话：企业家的人格力量在很大程度上左右着企业的命运！

六、直营+加盟模式

直至2010年，环球天下直营教学中心只覆盖了全国15个城市，而加盟教学中心则覆盖了104个城市。所以无论从扩张数量还是扩张区域来看，加盟教学中心都远远高于直营教学中心。其传统业务采取直营+加盟新业务的方式开展，以加盟为主。

环球天下教育目前的连锁加盟品牌主要有三个，一是环球雅思学校，二是环球少儿国际英语，三是环球倍趣科学。

环球雅思是环球天下最早开始做的品牌，是该公司的传统强项，也是该公司的主要收入来源，环球雅思开始只有直营教学中心，目前环球天下的主要直营教学中心也主要为环球雅思，环球雅思连锁培训学校118家分校中，有49家为直营教学中心，69家加盟教学中心。

环球少儿国际英语主要运营模式为加盟，目前共有144家分教学中心，此项目只有1家直营教学中心（有可能是其示范中心），其他143家均为加盟教学中心。

环球倍趣科学儿童学院共17家，也是以加盟形式为主的，其中只有3家直营教学中心，加盟教学中心则有14家。

此外，环球天下教育还有9所非英语培训学校提供日、法、韩等多语种培训，4家课外辅导学校，都是直营的。

由此可见，对于环球天下较早开始进入的业务，比如环球雅思，该集团采取的是“直营教学中心+加盟”的形式，而对于刚进入的新业务领域，比如环球少儿国际英语和环球倍趣科学，该集团主要以加盟连锁为主。

已开展直营点的中心城市以直营为基础开拓二线城市，以加盟为主。

从地域上来看，环球天下教育的直营教学中心主要集中在北京、上海、广东和江苏，这四个区域的直营教学中心分别有24、13、8、7家，一共52家，占其直营教学中心总数的78.79%。这可能与环球天下成立以来的发展和师资配置有关，北京、上海等地师资力量强大，而且留学培训教育的需求也一直是国内最大的。

其他地区以加盟为主，直营教学中心仅11个区域有分布，其中重庆、成都、西安、杭州、沈阳、大连、武汉的直营教学中心均是由此前的加盟教学中心转化而来的。河北、福建、江西等18个区域只有加盟教学中心。

问题6：环球天下是如何进行扩张的？

思考提示：环球天下的扩张是从两个方面进行的：一是扩大规模。这是因为雅思在中国的发展速度非常快，就像当年的托福考试一样，随着中国移民人数的不断增长，雅思考试成为托福考试之外的又一选择。这样，环球天下开始增加教学点的建设，它开始是通过自身的盈利来进行建设，但这样的速度非常慢，其后采取加盟的办法，现在建设为直营+加盟，分区域而治。二是从雅思培训进入英语的其他领域。在英语培训中，除托福、雅思等国外认证考试是英语最大而且是利润较丰的细分市场外，接下来就是儿童英语市场，所以他们在积累了经验以后，开始进入儿童英语市场，以及进入少儿教育培训市场，并且由英语教育培训进入其他语种的培训，这些相关性领域可以应用在英语培训中积累的经验，使得进入非常容易，同时给了顾客更多的选择。

第一个扩张是在扩大市场规模，使它成为行业中的领先者。第二个扩张是相关多元化扩张，使其能力传递，得到更大的品牌回报。

七、管理的跨越

张永琪自成立北京环球雅思学校，尽管经历了“非典”事件等坎坷，但在中国整体经济的快速发展和留学潮的大势下，环球天下还是在一步步壮大。在新东方学校上市的前一天，2006年9月6日，张永琪拿到了软银赛富2 500万美元的战略投资。

基于直营+加盟的模式，环球的学校快速遍布全国各地，并且逐渐从原来的一线城市向三、四线城市蔓延。在快速加盟的过程中，张晓东和张永琪意识到，集团化的管控尤其重要，应形成科学的管理、完善的制度和有凝聚力的文化，形成适合环球自己的管理模式。健全制度、订立标准才能让外地的加盟分校共享环球的品牌、技术力量、管理方法。

环球有一系列标准化的加盟制度——帮助选择校址和办校初期的规划、市场、教学筹备、培训咨询、标准化教材，总部派人对老师及管理人员进行培训。环球形成了固定的总结年会、经营会议、教学会议，等等，不胜枚举。

除了日益走上正轨的制度外，环球还加强总部管理层和各加盟分校的互动沟通。《环球报》等内刊发到直营和加盟校的所有员工手里，并且要求把全国各地员工和校区的状况反馈回来，刊登在内刊上，让员工有归属感；总部经常进行专业文化培训，进行了干部行为准则的培训、“总经理面对面”等的尝试。

2004年，环球雅思老师里小有名气的“五虎将”，因为觉得国有公立大学平台更稳定，5位中的3位辞职去了公立大学。这激发了环球按教师的个性为其设计不同的教学风格，满足不同类型的学生，并且辅以更好的激励制度。一方面，培养教师，在教学方式、教师风格上充分给予教师空间和支持；另一方面，宣传资深、教学质量高、有特色和个性的老师。许多教师在环球的平台上成为雅思培训的明星教师。出人意料的是，一年后，离职的3位又重回环球。

环球的“造星计划”让学校更有魅力，不同类型的明星老师吸引了各自的“粉丝”学员。相应的激励制度与造星文化并存，形成良性循环。

2010年起，环球开始尝试“罗盘管理模式”。“罗盘管理”分为四步：①思想体系，简而言之就是想法。大家所有的行为都对目标进行确定和锁定，而且这个目标一定是可衡量，够得着的。②执行体系。有了思想体系的支撑，然后开始行动。行动之前要确定关键节点，并在执行中对关键节点处进行监督，保障每个步骤有效完成。③评估体系，在执行过程中必须去评估这项任务的有效性。譬如环球的一次市场活动会设立几个关键指标去评价本次活动的成效。拿一个在校园的推广活动来举例，评估的方式会有好多项——一项是到场率，比如说计划邀请500名学生，最后到场只有50名学生。评估原因：在邀请的过程中可能把邀请目标对象弄错了；或者在邀请的时候，没有把活动内涵真正传达到位，被邀请者不重视，当然就不会来。活动结束后，测算投入产出比也固化下来——花了多少人力、物力和财力；用了多长时间筹备；花了多少广告费用；并与以往类似的活动进行比较，得出投资回报结论。每一项工作都会根据关键指标和专业评价的角度进行评估。④优化体系。根据评估的情况进行奖惩，并优化下次任务。总结起来，“罗盘管理”的原则就是想法正确、做法高效、评法客观、说法公平。

截至2010年6月30日，环球在全国104个城市拥有292个学习中心，年培训学员超过20万。环球从经验管理走到制度管理，再到现在的流程管理，目标是未来的思想管理。制度与文化并行，形成环球自己的管理模式。

良性的制度与文化相配合，环球蝉联雅思培训市场份额第一，拥有超过40%的市场份额。国内英语培训另一大哥——新东方，最初主攻出国培训中的“托福”，即便后来一路狂追，但在雅思业务上，新东方一直没有追上环球。雅思仍是环球的金牛业务，为公司贡献了大部分营业收入和利润。

问题7：环球天下的管理是如何变化的?

思考提示：一个企业快速发展后，由于与管理模式的不匹配，会出现管理问题。在环球天下的成长和扩张过程中，其管理模式也发生了很大变化。开始是家庭式管理模式，这是小企业最常有的模式，在组织结构上是简单结构，所有人听命于一个家长，文化上是家文化。而当形成多个教学点后，开始制度化管理，这是科学管理的必要手段。而规模扩大之后，管理成为流程化，形成了自己的罗盘管理模式。

环球天下的罗盘模式，就是教育组织流程化管理模式。它比制造业的流程化更富有弹性，但同时保证了教学的质量，提高了绩效，提高了竞争力，使得新东方在雅思培训这一块业务上没有追上环球天下。这是环球天下的管理创新之处。

八、资本助飞

2006年，由于环球雅思运营已经步入正轨，制度也不断完善，其在全国的影响力已经独占鳌头。当时，环球雅思学校已经发展到40多所，已经成功占据着全国雅思培训市场的宝座，“安享”着很好的利润和现金流。作为一个私企老板，这可以作为一个高峰，但是，张永琪却把企业的眼光放得更长远。

不久，新东方教育科技集团在美国纽交所成功挂牌上市。这一消息的传播让张永琪有了更强烈的紧迫感。此时的他唯一的想法就是赶紧防御竞争，保护自己。同时，几家投资公司也陆续找上门。

2006年6月，软银进入，双方谈了不超过4次，每次也就两三个小时，进展顺利。2006年9月，软银赛富投资环球天下，总计2 500万美元。环球雅思学校正式转变为环球天下教育科技发展集团。而在此之前，张永琪为了此次融资，曾经连续70多个小时不眠不休。

师傅领进门，修行靠个人。张永琪介绍，虽然融资后获得了大量的资金，但是具体的发展战略还是得靠企业自己的规划。

怎样让环球为学生推波助澜，同时，更让他们感觉到环球的温馨？怎样把价值最大化，让企业顺当地走在上市的路上？这些都成了他思考的问题。为了上市，他身上的担子与日俱增。可是员工们每天看到的，仍然是那个有着和蔼微笑，每天忙碌地穿梭在办公室之间精力充沛的张校长。

“十年树木，百年树人。”这句古语或许对于今天中国的教育产业有着另一番含义。这不仅仅需要他顺利完成从校长到老板的转变，更需要具有凝聚力的团队，同时具备校长的责任心、老板的“生意头脑”和企业家的长远眼光。

他引领着环球天下教育科技集团在教育培训行业中蒸蒸日上，成为培训行业的楷模，树立起领军人的形象，并且引领着培训行业不断走向专业化、规模化、国际化。

2006年9月，环球获得软银赛富基金投资后，由环球雅思学校正式组建为环球天下教育科技发展集团。投资进入后，环球更是走上了发展的快车道。从最初的雅思培训业务起家，环球开拓了多元化的市场——雅思、托福等出国应试培训、留学服务、职业在线教育、中小学基础课程辅导等。到2009年，环球的主营业务梳理清晰，确定为4条主线：英语培训、出国留学咨询（英语培训业务的延展）、在线培训和图书出版。

2007年，环球天下教育仅有93家教学中心，到2010年上半年，就已经增长至292家，这三年扩张速度很快。但是直营教学中心数目增长远低于加盟教学中心，以雅思培训连锁为例，2007到2010年上半年，直营教学中心总共才增加了49家，但是加盟教学中心则增加了169家，加盟教学中心的扩张速度远远高于直营教学中心。

环球雅思在2008年曾经提出上市计划，后搁浅，2010年10月8日，再度赴纳斯达克上市。美国时间上午九点，开盘价10.5美元，股票交易代码GEDU，环球天下教育集团总裁张永琪先生、董事长张晓东女士率领公司高层敲响了在纳斯达克的开市钟，国内外知名媒体和教育界同仁纷纷发来贺电，一个中国教育行业新的里程碑从此铭刻历史。

问题8：环球天下的超常发展是如何做到的？为什么要借助资本市场的力量？

思考提示：环球天下的发展不仅是通过自身内部的发展，还借用外力。它的扩张模式是直营开办教学点和分校，同时借用外力发展进行加盟。除此之外，它还进入资本市场，通过融资和上市以获得更大的发展。

环球天下之所以借助资本市场的力量，是因为英语行业的激烈竞争，在这个行业如果没有大的发展，没有占领市场，很快就会被淘汰，特别是如环球雅思这样居于中流的企业，前有新东方等教育大鳄，后有数千家的小学校。因而，除自身发展外，必须引入外部资本投入，加速发展才能立于不败之地。

融资也是企业内部的需要，环球天下自身模式的发展，可以通过融资使其业务进行规模化来降低成本，以获得更高的收益。

雅思英语培训经过环球天下的开拓，其市场越来越广阔，但其市场特性如胜者通吃，所以在市场空间扩展的同时，及时占领市场是非常重要的手段，否则竞争对手进入以后的竞争和收购成本会非常高，所以，环球天下的策略是随市场空间的扩展而扩展。这就使环球天下既能快速扩张，也能步步为营。

讨论题：

1. 环球天下是如何构建其商业模型的？
2. 环球天下是如何将其商业模型渗透到其战略扩张、管理模式之中的？

参考文献：

1. 丁娅琳．环球天下：文化支持快速成长［J］．商业价值，2010（10）．
2. 李剑雄．环球天下总裁张永琪：从游击队到正规军［J］．创业邦，2008（12）．
3. 环球天下教育科技集团总裁张永琪简介：http：//news. cyzone. cn/news/2010/11/04/173060. html.
4. 环球天下网站：http：//www. gedu. org/.

安阳尚百帮商业模型

——一位贫困大学生的创业故事

邢楠祥　苏晓华　董雪松

◆案例导读　大学生创业因其缺乏丰富的社会阅历与人脉资源、缺乏创业资金、缺乏创业技能而普遍不被社会看好，但是本案例中的一名普通大学生同样在这种情况下，从传统的家政行业开始白手起家，在短短四年之内，他的公司已从最初的3人发展到目前的1 000多人，成为包括家政服务、家政管理及咨询、清洗与保洁、物业管理等业务在内的一家综合社区服务性企业。他的创业之路是怎样的呢？

尚百帮家政公司成立于2007年，位于世界历史文化遗产古都——安阳，公司创始人尚高峰为2007年毕业的应届大学毕业生，经过几年艰苦创业，公司已由初期的3人发展到如今长期固定职工500余人，加上钟点工、季节工共近1 000人的一家现代化服务企业。尚百帮是一家集家政服务、家政管理及咨询、清洗与保洁、病虫害消杀、物业管理服务为一体的综合社区服务性企业。公司被团中央授予“全国青年就业见习基地”称号，被安阳市总工会授予“安阳市下岗职工再就业基地”称号，尚高峰本人也先后荣获“河南省青年创业风云人物”“感动安阳·2009年度人物”“河南省新长征突击手”“五一劳动奖章”等荣誉。

一、创业前期准备

尚高峰，1984年出生于河南省平顶山市叶县的一个普通农民家庭。2004年考入安阳工学院经济管理学院公共关系专业，在校期间，曾担任多项学生干部职务，表现优异。

2007年初，和大多数临近毕业的大学生一样，尚高峰也在不断地寻找用人单位，试图通过工作岗位来施展自己的才华。但是求职之路并不顺利，在经过近半年的辛苦求职而未有结果后，天性要强的尚高峰萌生出一个通过自主创业来实现就业的想法。

问题1：尚高峰是基于什么动机进行创业的？

思考提示：创业动机是指引起和维持个体从事创业活动，并使活动朝向某些目标的内部动力。它是鼓励和引导个体为实现创业成功而行动的内在力量。

大学生作为特殊的创业群体，其动机可以归纳为以下几类：①生存的需要；②积累的需要；③自我实现的需要；④就业的需要。在本案例中，尚高峰本人起初也并没有想创业，在就业受阻之后，出于就业、生存的需要，尚高峰走上创业的道路。本案例同时说明，创业者创业的动机并不是单一的，往往是多种动机相互作用的结果。

然而创业道路之艰辛远远超过求职之路，没有社会经验，该选择什么样的创业项目？即使找到了合适的创业项目，在外面辛苦打零工的父亲为让自己顺利读完大学，已经花光了家里所有的积蓄，以目前自己的家庭经济情况，如何能顺利筹集到创业的启动资金？

由于缺乏足够的创业资金，又没有深厚的家庭背景，思前想后，尚高峰把目光集中到那些启动资金较少、进入壁垒低的小型超市、精品店、家政服务等项目上。通过实地考察，尚高峰发现家政服务在北京、上海以及省会一线城市发展迅速，已经形成庞大的家政市场，而他所在的安阳市，家政行业发展相对滞后。在咨询过老师和同学的建议后，尚高峰最终选择了在家政行业进行创业，他认为家政未来的发展空间很大，是适合刚毕业的大学生进行创业的朝阳产业。但在大多数人的观念里，家政只是替别人打扫卫生的工作，技术含量和社会地位都不高。选择家政项目创业的这一想法最初也遭到家人的反对。父母认为，儿子已读完大学，应当找一份体面的工作，如果从事他们也会干的工作，这几年大学不是白上了？父母虽不赞同尚高峰的创业项目，但他们了解尚高峰认准一件事情就要坚持到底、非得做出些成就的性格，在经过一个多月的僵持后，最终默许了这个创业计划，这也更坚定了尚高峰创业的决心。

接下来要解决的问题是如何筹集创业资金，当尚高峰向亲戚寻求帮助时，他们也多采取回避态度："好不容易读完大学，怎么能干普通人都会做的洗马桶、抹桌子的活，会有发展潜力吗？"尚高峰把希望转向了那些与自己关系不错且家里相对比较富裕的同学身上，他把自己的创业项目写成详细周密的创业计划书，包括对家政行业的分析、安阳家政市场的分析、公司将来的营销策略、经营运作、长远发展规划都详细写了进去，带上自己深思熟虑的创业计划书和精心准备的小礼品，尚高峰说服了这些同学并到他们家里一一拜访，向同学家长阐述自己的创业计划。凭着平时同学家长对其为人的了解和其在学校磨炼的口才，在拜访了十几位同学和同学家长后，经过几番周折，2007 年 3 月 28 日，尚高峰最终从四五个同学家里凑齐了 3 万元的创业启动资金。

问题 2：尚高峰筹集创业资金的过程给了我们哪些启示？

思考提示：创业者筹集资金的渠道大致分为以下几种：①自身的积累和家人的支持；②银行的贷款；③向亲朋好友筹集；④风险投资机构的投资。

在本案例中，尚高峰本身家境并不富裕，其选择的家政项目也是采取加盟方式，很难获取风投的青睐。在渠道①、④走不通之后，向亲朋好友借，似乎是不二选择，但是随着国家对大学生创业的重视，创业者无妨多关注本地区对大学生创业的政策支持。

3 万元来之不易，为了能更好地了解市场、掌握技术来规避创业的风险，尚高峰决定加盟一家行业经验比较丰富的家政公司。2007 年 4 月，在先后考察了郑州、开封等地几家知名的家政企业后，尚高峰最终没有选择加盟郑州那家知名度更高的家政公司，而是选择加盟开封市的百帮家政，尽管后者的知名度相对较小。这看似是尚高峰因为创业资金有限而无力加盟郑州那家加盟费高的家政公司的无奈选择，但事实上他有自己的打算，郑州作为省会一线城市，经济相对发达，而开封和安阳同处于本省二线城市，市场相似度更高，此外，开封那家家政公司也是由一对下岗工人夫妇创办的，而郑州那家家政公司有着比较浓厚的政府背景，两者相比，开封百帮公司创业者的创业背景与自己更为贴近。

在交纳了 12 000 元加盟费用后（其中 10 000 元为加盟品牌使用费，2 000 元为一年一交的管理费用），他便到开封接受系统的家政服务培训。洗马桶、抹地板、洗油烟机，这些又脏又累的体力活便是尚高峰创业之路的起点。其中一项工作是给一座 16 层的高楼做外墙清洗，所谓的安全辅助工具只有结在楼顶层的一根简单的吊绳，要一边清洗，一边来回滑动吊绳。这项工作对于还没有完全走出校门并且还有轻微恐高症的尚高峰来说，是一个很大的考验，但他逼着自己克服了内心的恐惧，在高空滑动的绳索中，尚高峰延续着自己创业的梦想。

问题 3：在准备创业时，应考虑哪些关键要素？

思考提示：创业者在进行创业时，要考虑市场的切入、创业资金的筹集、创业队伍的组建等问题。

在本案例中，尚高峰在作出创业决定之后最需要解决的问题是创业项目的选择，由于尚高峰本人并没有雄厚的创业资金和相关的行业经验，这两个限制条件决定了尚高峰在选择创业项目时只能选择市场进入壁垒较低的行业，新兴的家政行业正好符合这一特点。但刚出校门的尚高峰并没有太多的家政行业经验，为了弥补行业经验不足的问题，尚高峰选择加盟在相似市场已经做得较成功的家政企业，一方面可以获取相关技术支持，另一方面也能获取公司运营的经验。另外，一线城市成熟的家政市场和安阳地区相对滞后的市场这一巨大的反差，给了尚高峰一个很好的“创业空间差”。

问题4：在本案例中，尚高峰具有哪些成功创业者的共同特质？

思考提示：一个成功的企业家往往具有执著、果断、创新的特质。在创业的准备阶段，尚高峰遇到了创业资金缺乏、家人反对、世人对行业的认知偏差等种种阻力，尚高峰凭借着对创业的执著克服了这些难题；在创业成长期，公司面临人事危机时，尚高峰果断的处理使人事危机的危害降到了最低；在创业机遇出现时，尚高峰靠着敏锐的嗅觉抓住了一闪而过的机会，其创业历程见图1。

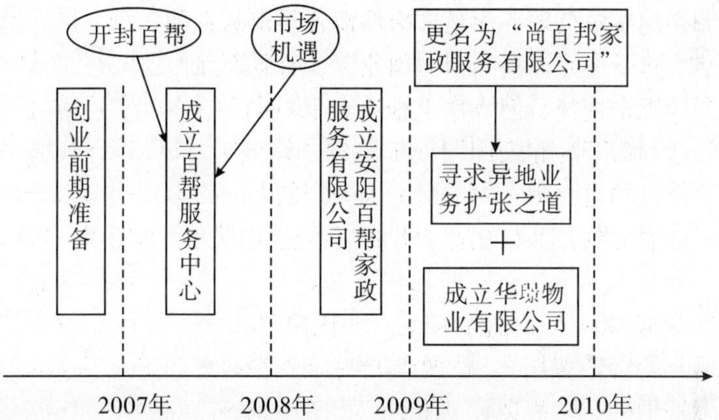

图1　尚高峰的创业历程

二、挫折与进步

1. 创业之初

2007年7月，百帮家政服务中心正式成立。在家政服务中心成立之初，公司的办公场所是一间不足12平方米的街道小门面，公司的员工只有四个：尚高峰、他的父亲及他的两个同学。服务中心刚开始的业务主要是为家庭提供保洁服务，如洗马桶、抹地板、清洗地毯、下水管道疏通等工作。当时安阳市市区常住人口只有102万，人均GDP为10 254元，仅排在全国的93位，但是在工商局注册登记的家政公司已有近100家。另外还有相当一部分在工商局没有注册的“非法”小家政企业，这些非法家政公司多分布在生活小区附近，没有固定的经营场所，但他们和居民接触较多，对附近小区居民的生活习惯比较熟悉，与客户的关系比较稳定，在生活小区里占有很大的市场。在这样的竞争环境下，百帮服务中心第一个月的业务收入还不到3 000元，交了1 200元的房租之后，剩下的钱仅能够维持他们四个人的基本生活。

要想使创业维持下去，必须增加业务收入，而这必须得打开市场。但是怎样才能打开市场，使更多人了解尚高峰的百帮家政呢？起初，尚高峰也模仿其他家政公司，到各个小区派发公司服务内容的小册子，但是小区居民对这种司空见惯的小广告并没有给予太多关注，大部分居民拿到传单就直接扔到了垃圾桶，有些小区的保安根本就不让进小区派发传单。经过一个月的努力，公司的收入并没有明显提高。

初次营销失败后，尚高峰思索着如何打出自己的特色来赢得客户的认同，他对比了其他相对成立较早的家政公司后发现，到小区派发传单似乎是家政公司的主流营销手段，对于规模普遍较小的家政公司来说，这种方式不仅成本低，而且能够稳住已有的客户；至于其他营销方式，如通过电视、报纸媒体进行营销，对于这些本小利薄的家政公司来说，是一种“奢侈”的、消费不起的营销方式。由于大学时期曾任过校记者团团长、校报编辑，尚高峰在安阳电视台、《今日安报》等媒体单位积累了一定的人脉，使得其在其他家政公司消费不起的营销方式上找到了突破口。

2007年7月，一篇关于尚高峰的“大学生创业”报道在安阳电视台、《今日安报》等媒体连续播出，以此为卖点，尚高峰以“大学生创业”理念为依托，重新到各个小区进行宣传。这次营销起到了较大作用，公司的月业务收入由3 000元迅速上升到了35 000元，同时，公司也跨出了家庭业务的圈子，接到许多企事业单位的外墙清洗业务，公司员工也由过去的4人上升到了近30人，其中新增员工大部分以下岗工人为主。尚高峰马上又打出“大学生创业”和“解决下岗工人再就业”两张牌来赢得媒体的关注，从服务中心成立到2007年底的半年时间里，公司先后被《今日安报》、安阳电视台等本地知名媒体多次报道，“大学生创业”和“解决下岗工人再就业”的口号使得市民对尚高峰的百帮服务中心给予了更多的关注和认同感，短短半年时间里，百帮家政已在安阳家政圈里小有名气。

问题5：作为一个行业新进入者，尚高峰是怎样打开市场突破口的？

思考提示：作为安阳地区的家政行业新进入者，尚高峰的百帮家政面临着激烈的市场竞争，如果尚高峰继续采用和同行相同的市场营销手段，则很难在市场中取得一席之地。此时，尚高峰结合本身的卖点和前期积累的人脉，在基本没用什么成本的基础上，就成功地吸引了诸多媒体，走出了一条独特的营销道路，其业务拓展历程见图2。

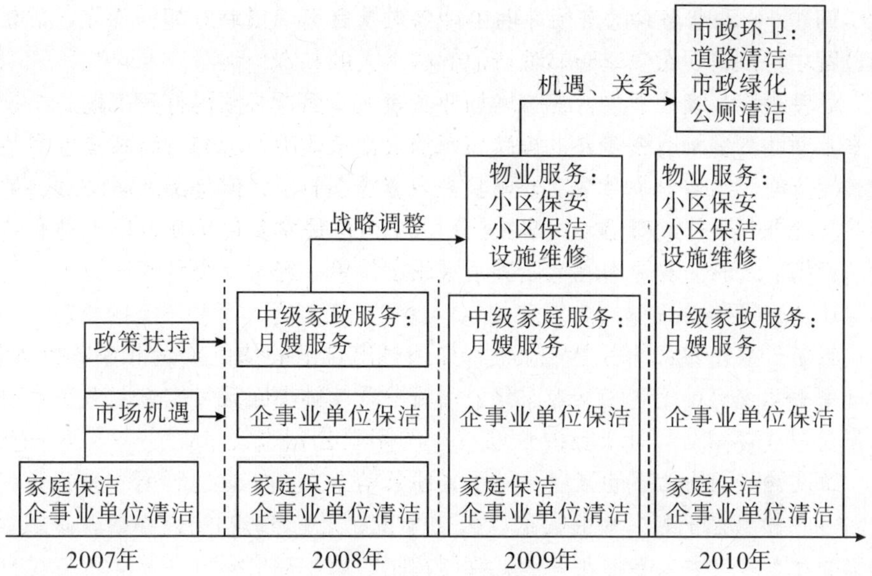

图2　业务拓展历程

2. 重生的机会

2008年1月1日，中华人民共和国新《劳动法》正式实施，它对企业职工（包括正式职工和临时职工）的工资和福利给予了更多保障，但也提高了劳动力成本，加重了企业的负担。特别是对使用临时工来进行日常保洁、清洁的企业和行政事业部门影响更加明显，企业为了合法减轻负担，产生了将企业的清洁、保洁业务分包出去的潜在需求。

尚高峰要争夺这块市场，就得直接面对两种类型的竞争者：一种是规模较大的家政公司，另外一种是中小型的物业公司。因为规模较小的小家政公司尚没有足够能力承接一个单位的业务外包，而规模较大的物业公司对这些利润较小的外包业务没有足够的重视。为了抓住这次机遇，尚高峰利用自己公司在安阳家政圈里的口碑优势和企事业单位进行积极洽谈，为谈下第一单业务，尚高峰先后往返20余次，靠着百折不挠的意志接下了创业以来首个企事业单位的业务，这以后越来越多的企事业单位接受了尚高峰及他的公司，事业逐渐出现转机。在接到更多订单的同时，尚高峰也积极依据洽谈推测结果果断招聘新员工，短短三个月的时间内，百帮服务中心的员工由以前的30多人上升到了近百人，在此基础上，尚高峰把原先个体户性质的服务中心重新注册为安阳市百帮家政有限公司，从以前单一从事家政业务进入到了企事业单位的保洁业务，这里的保洁业务不同于之前临时性的清洁服务，保洁业务负责客户单位全年的清洁业务，从而使公司获得更稳定的收入。

问题 6：动态复杂的市场环境中什么时候会出现机会？如何识别、抓住创业过程中遇到的机会？

思考提示：商业机会大都来源于不断变化的市场环境，这种变化主要来自于产业结构的变动、消费结构升级、城市化加速、人口思想观念的变化、政府政策的变化、人口结构的变化、居民收入水平提高、全球化趋势等方面。在本案例中商业机会就出现在国家对《劳动法》的变更之后，各企事业单位产生了将清洁、保洁业务分包出去的潜在需求。

作为创业者，难能可贵之处就在于他能发现其他人所看不到的机会，并迅速采取行动来把握机会，实现其价值。什么因素影响着机会的识别呢？首先，创业者要有强烈的企图心观察环境；其次，要有丰富的行业经验；最后，创业者思维方式要创新，敢于打破常规。

尚高峰通过加盟的方式进入家政行业，在较短的时间里，对安阳地区的家政行业已经有了比较清晰的认识。通过丰富的行业经验，尚高峰敏锐地洞察到国家政策的变更产生的商业机会。与此同时，尚高峰凭着百折不挠的意志终于成功接到一个企事业单位的保洁单子。以此为契机，尚高峰抓住了这一闪即逝的机会。

3. 内部改革

2009 年是尚高峰创业的第三个年头，这一年他刚刚 25 岁，在克服了公司面临的外部问题后，一股潜在的内部管理危机正悄悄向公司袭来。2009 年 3 月 2 日清晨，一阵急促的电话声在董事长办公室响起，是一家业务单位对公司完成保洁业务的质量不满的投诉。尚高峰觉得这只是单位客户提出苛刻要求想以此来降低来年的合同报价，所以在简单处理了客户投诉之后并没有采取彻底的改善措施，最终这家单位解除了和百帮公司的合同。之后一段时间，公司接到单位保洁客户的投诉数量迅速增长。

这种解约事件的屡屡发生，让尚高峰认识到了潜在问题的严重性，在调查后发现了很多情况下并非客户苛刻，而是自己公司业务确实不达标。究竟是什么原因造成了这一漏洞？尚高峰通过调查发现，原来是随着公司接到单位保洁业务逐渐增多，公司员工也随之急剧增加，但公司的人员管理水平没有跟上公司业务扩张的速度。各个公司单位保洁业务的项目主管主要是由以前做家政保洁的四五十岁老员工提升上来的，部分提升到项目主管的老员工在以前虽能很好地完成公司分配的工作，但是沟通、协调能力欠佳，在做好自己个人工作的同时，不能很好地引导其他员工把整个单位的保洁任务完成。如果这件事情得不到妥善解决，可能会对公司这两年塑造的形象造成致命的打击，导致大批企事业单位解除与公司的保洁业务合同。

为了彻底解除这一问题，在组织高层进行讨论后，尚高峰准备对整个公司的人事进行一次调整，包括招聘一些年轻、有想法和干劲的员工，并重点培养提拔他们，而对不能担当领导岗位且工作失职的老员工进行下调。但当真正面对很多与自己一起创业的老员工时，尚高峰又在感情与制度面前踌躇不定。为了公司的长远发展，他最终决定选择理智与制度。对于这一变革调整，那些被下调的老员工一度非常抵触，甚至联合起来向尚高峰提出集体辞职，公司几乎要陷入一场人事危机。对此，尚高峰和老员工一一进行沟通、交流，坦诚说明这次调整对企业的利害，同时对刚提升上来的年轻人给予了全力支持，并亲力亲为地带领年轻人一起参与劳动，慢慢地老员工看在眼里，心里的抱怨和不解多少也化解了，此后公司再没遭遇类似甲方单位解除业务合同的情况，业绩得到稳步提升。

问题7：百帮公司的危机是怎样形成的？尚高峰采取了什么方式来化解危机？

思考提示：在企业的成长过程中，在高速发展一段过程之后总会遇到一定的瓶颈，这种瓶颈会通过各种形式显现。如果企业管理者不能对企业自身的瓶颈给予足够的重视，瓶颈不仅会制约公司的发展，而且慢慢可能转变成危机。

在本案例中，尚高峰的百帮公司的高速发展掩盖了人力资源方面遇到的问题。起初，尚高峰并没有从企业自身存在问题的角度去思考问题，只是片面认为是外在原因导致投诉的增多，当第一家企业解除保洁业务合同的时候，危机的征兆已经显现。

危机就像人体自身产生的疾病一样可分为四个阶段。第一阶段是征兆期，线索显示可能有潜在危机发生，尚高峰的百帮公司客户投诉数量的迅速增多即是潜在危机的征兆之一；第二阶段是发作期，具有伤害性的事件发生并引发危机，百帮公司屡屡遇到甲方解除合同事件，这时，危机已经产生并开始发作，如不及时解决，将使企业形象受到严重打击，直接影响公司的生存；第三阶段是延续期，危机的影响持续，同时也是努力清除危机的过程，老员工的不理解甚至要集体辞职是这一危机的延续，而尚高峰在权衡感情与制度之后，对人事大刀阔斧的改革即是努力清除危机的过程；第四阶段是痊愈期，危机事件已经解决，需要强调的是，虽然百帮公司的危机得以成功解决，但是有很多危机在第二、三阶段就足够使企业倒下。企业在应对危机时，选取应对危机的最佳时机应该放在第一阶段，与此同时，在企业日常管理中，要时时做好危机的预防工作。

三、战略调整

1. 另起炉灶

创业之初，尚高峰是通过加盟的方式选择开封百帮公司的，在交过加盟费之后每年还要交纳一定的管理费用。两年之后尚高峰又要面临选择，是维持现状，继续选择开封百帮；还是选择自立品牌，寻求更大的发展空间？在安阳家政市场上逐渐站稳脚跟的尚高峰选择了后者。

2009 年初，尚高峰中止了百帮服务中心与开封百帮的加盟合作，并到国家工商行政管理总局注册了“尚百帮”商标，原先成立的公司更名为尚百帮家政服务有限公司（以下简称“尚百帮”）。同一年内，尚高峰在江苏、浙江、山西设立分部，尚百帮在实践中摸索出了一套通过独特的加盟连锁方式进行扩张之路。

问题 8：为什么尚高峰要中止与百帮公司的合作？

思考提示：在经过两年的发展之后，尚高峰本人已经基本掌握了此行业的技术和家政公司的运营。如果想开拓市场，取得更进一步的发展，继续打着开封百帮的称号，必然会受到诸多限制。中止与开封百帮的合作，并进一步注册公司，建立自己的品牌，是创业发展到一定程度后的路径选择。

中国成功的企业中不乏此类例子。中国的青岛海尔也是在 1985 年与联邦德国利勃海尔公司合作，生产出中国第一代四星级电冰箱“青岛—利勃海尔”，在中国站稳脚跟之后，青岛海尔终结了与德国海尔的合作，随后青出于蓝而胜于蓝，逐渐将海尔这一品牌推向了世界。

2. 业务扩张

经过前两年家政行业的打拼，公司基本上在本市的家政行业已经站稳脚跟，但是公司的家庭家政业务和企事业单位的保洁业务面临着严重的市场挑战，公司发展瓶颈也渐渐显露。

家庭方面的家政业务虽然可以盈利，但是随着这两年市场进入者不断增加，加上已经存在的竞争对手，竞争进一步激烈，利润空间受到进一步挤压。公司第二大类业务——企事业单位的保洁业务虽然收入比较稳定，但是属于企事业单位的委托业务，利润率较低。在其他家政公司的不断竞争下，这部分的利润空间有可能进一步压缩。

在解决了创业期的生存问题后，怎样解决发展问题？向上游产业的物业管理业务方面发展成了一种战略选择，这里的物业管理是指通过为用户提供保安、保洁以及对相关设施提供维修、养护、管理等服务来保证用户的物业资产可以正常、良好地运营。物业管理业务可以给公司带来长期的、更稳定的业务收入，且利润率相对较高。2009 年底，尚高峰成立华璟物业有限公司，家政行业积累的经验和尚百帮家政公司在安阳的名气为其进入物业行业打下了坚实的基础，再加上尚高峰这两年在安阳积累的人脉，物业公司顺利承接德馨园小区、消防支队小区、安阳市委党校小区、致中苑小区等小区的物业管理项目，公司也顺利跨入物业行业。

问题 9：尚百帮公司采取什么形式的扩张战略？这种战略有什么优势？

思考提示：创业之初，公司只有简单的家庭清洁、保洁的业务，随后，公司抓住机遇涉入企事业单位的保洁。在公司在家政低端业务领域站稳之后，马上又涉足家政的中、高端业务——月嫂业务，到后来，公司又进军更加综合的物业服务。

通过尚百帮公司拓展业务的历程可以看出，尚百帮采取了相关多元化的战略。虽然各个业务的服务主体有所不同，但是业务之间又有一定的相关性，前期积累的家庭清洁、保洁技术为后来的企事业单位保洁业务打下了坚实的技术基础，而在这些家政行业积累的经验又为后来顺利进军物业行业夯实了基础，这种步步为营的战略充分利用了前期积累的经验，开拓出了新的市场。

3. 寻求合作伙伴

企业的快速发展，离不开优秀的人才和先进的技术，为了能满足企业快速发展的需要，公司一方面积极和社会力量合作；另一方面，为了长远发展，公司正在积极筹办自己的培训学校。

公司业务的拓展使得越来越多的下岗工人、外来务工者以及残疾人等弱势群体找到了工作，公司在帮助这些人实现自己个人价值的同时，也得到了社会机构的大力帮扶。2009 年冬，在河南省团委、河南省科学院联合举办的“科技强企、青商有为”系列活动中，尚百帮家政服务有限公司与河南省科学院达成合作协议，尚百帮免费试用河南省科学院的空调洗洁方面的研究成果，并将其研究成果推向市场，而河南省科学院则负责帮助公司解决业务中遇到的技术难题。另外，为了能解决本公司在物业方面所需的管理人才，2010 年 5 月，公司和安阳市本地某高校达成协议，由高校定向培养公司现阶段急需的物业方面的管理人才。

此外，在 2010 年 3 月，在安阳市的市政环卫部分业务市场化运作过程中，尚百帮公司凭借在安阳行业内的名气和行业经验，再加上和相关社会管理机构良好的来往关系，顺利承接了安阳市道路清洁、环城绿化、公厕清洁等业务，使公司业务进一步多元化，业务收入及现金流更加稳定可靠。

问题10：尚百帮为什么积极寻求外部合作者？

思考提示：经过三年的发展，尚百帮公司已经在安阳稳稳地站住了脚跟，并开始向周边市县慢慢渗透。但是向外部扩张的道路并不是一帆风顺的，企业遇到品牌重塑、高端人才缺乏、业务附加值低等一系列棘手的问题。尚百帮公司要彻底解决这些问题，除了要加强内部管理、苦练内功之外，如果能合理地利用资源，适时地借下东风，可能会起到事半功倍的效果。

尚百帮公司和河南省科学院、安阳市本地高校的合作，以及利用国家政策创办自己的培训学校等举措都是尚百帮巧用外部资源，借东风来实现企业快速发展的表现。

4. 企业的成长

2010年初，公司正式开始筹办自己的培训学校。创办培训学校主要是为了实现公司的家政业务由初级的劳务型服务（如洗衣、煮饭、保洁等）向中级的知识技能型服务（如护理、营养、育婴、家教）转变的战略。但是，创办培训学校需要投入大量资金，且短时间内不能获得收益，如果以公司自己的财力创办培训学校，将会使公司资金链变得紧张，无法维持现有业务的正常运转。面对这一困境，公司积极和有关社会管理机构进行联系，试图享受“雨露计划”“阳光工程”“下岗职工再就业工程”等优惠政策，即公司的培训学校负责培训进城农民工、退伍军人、下岗工人，使其顺利就业，由国家有关部门给予培训学校一定补贴。国家的补贴可以及时弥补公司现金流的不足，实现企业价值和社会价值的双赢。培训学校的管理人员和教职工2010年上半年已经确定，2010年9月就已正式开始招生，到目前为止，培训学校已为公司培养了大批急需人才，同时，也解决了社会上弱势群体的就业问题。

在创办培训学校的同时，尚高峰也在积极尝试实施其他项目来拓展公司的业务范围。尚高峰认为，就家政行业本身而言，只要跟人们日常生活服务类相关的，都有可能是尚百帮家政服务有限公司将来从事的业务。在这种理念的指引下，经过前期一系列考查，尚高峰发现针对儿童与老人的市场似乎还有很大的商机，特别是儿童素质提升的项目，但以公司目前的状况应该怎么稳步推出？尚高峰还想到了办养老院这个一直想做的事情，但似乎前期投资比较大，而且目前本地有类似尝试的投资者多以失败告终，自己现有的资金也还达不到上述要求，然而这个项目能否再借东风，凭借政府或者社区的力量来展开这个项目呢？尚高峰正在考虑作出这方面的尝试。

未来究竟怎样走法，没人能告知，就像四年前拴着吊绳高空作业的他，曾经面临多少未知的恐惧。但可以肯定的是，此时的尚高峰比四年前有了更多自信和更多期待。

四、商业模型总结

1. 尚百帮商业逻辑

尚百帮能够创业成功在很大程度上抓住了两个重要的需求，一是高层建筑的清理，随着高层建筑日益增加而不断上升，而高层建筑的清洗工作又是具有很大危险的专业性工作，这就形成了一个特殊的市场需求；二是在高层建筑中，许多是政府和事业机构的办公地点，经费相对充裕，即使是商业性建筑也形成了清洁外包的市场运行模式，并为外包提供了足够的预算，这使得进入这个市场的企业能够获得足够的专业性业务。

为了获得市场需求，尚百帮将扶持政策引入其中，运用政府支持来打开市场。这是一种近年来许多大学生创业使用的营销手段，也是获得需求的一种方法，原因是人们往往对大学生创业抱有同情和支持的态度，在相同技术水平情况下，人们愿意将业务提供给大学生，特别是以清洁为主业的创业企业。

尚百帮的公司创始人先打工后创业，是为了降低商业模型的运行风险。打工的目的在于获得业务能力，对于一项市场处于扩张阶段的业务来说，选择这种创业方法，是一种低成本构建商业模型的方法。事实上，尚百帮不仅做到了低成本获取“生产函数”工作流程，也获得了一种市场感受，那就是它是一个正在快速成长的市场，只要做好，就可以创业成功，尚百帮还在此过程中学会了如何做企业联盟。

尚百帮使用加盟方法来扩张自己，表明自己认为已经拥有了核心成长资源，那么什么是它的成长资源呢？其实就是公司创始人从别人那里学来的清洁技术和不断探索优化的管理流程。从一般意义上来说，公司可以自我复制，实现内部扩张，原因是它已经建立了一套流程，并使这些流程变成了影响市场需求的内部管理方法与文化。

2. 尚百帮商业模型的推广价值

尚百帮借助于中国房地产快速发展所形成的关联需求，用快捷的方法进入其中，再通过优化流程使之变成了自己的成长资源，比较简捷地完成了商业模型的运作，有其成功之处。

这一模型是否有推广价值呢？就业务而言，中国不仅需要一个这样的清洁公司；就方法而言，商业中也不止需要一个从模仿到优化的企业。所以，对创业者来说，凡存在着大的需求趋势，均可以采取这种创业三部曲：先学习、后模仿创业、再优化扩张。就商业模型而言，它的推广价值在于将需求认真分析并使用专业方法满足它，使用合理的强化手段控制需求，再使用流程优化方法控制成本，并将这种低成本运营作为成长资源，实现企业自我复制与快速扩张。

讨论题：

1. 假设一种可能性，如果有人愿意出较好的价格来收购尚高峰的企业，如果你是尚高峰，会选择卖出企业、另择项目，还是继续经营下去？如果是后者，你将采取何种战略来应对目前面临的困境？

2. 课外作业：找一些家政、物业管理方面做得比较成功的案例与尚百帮公司进行对比，提出一些有实践指导意义的建议与措施。

3. 如果有人也像尚高峰一样，在加盟他的尚百邦以后自己创立企业，你认为尚百帮应以何种态度和方法去应对？

凡客诚品商业模型分析

梁新弘

◇**案例导读** 网络和直销相结合的模式，将网络的优势和直销很好地结合在一起，直销企业可以充分利用互联网将产品直接销售到消费者手中，省去了很多传统销售中的环节，从而更好地降低销售成本和创造价值。同时，网络营销利用互联网与消费者之间的双向沟通和交流，使企业及时掌握顾客的需求和市场动态，为企业制定优质的售后服务、长远战略提供了迅速、可靠的信息。在网络营销上，凡客诚品做得很好，也因此成为行业的领头羊。

一、商业故事

1. 成长历程及现状

凡客诚品（VANCL）成立于 2007 年 10 月，由原卓越网创始人之一的陈年先生创立。凡客诚品的产品主要定位为标准化的男装，尤其是男士衬衫，由美国著名设计师领衔企划，集结顶级男装品牌经典款式之精华，同时参考亚洲男士体型特点，精选高支面料贴身制作，让用户以中等价位享受奢侈品质，提倡简约、纵深、自在和环保。

自成立以来，凡客诚品公司业务迅速发展，在中国服装电子商务领域品牌影响力与日俱增。凡客诚品采用 B2C 的网络直销运营模式，没有店铺，没有生产工厂，不建立分销渠道，只有电话、网络和广告，凡客诚品是一个活在电子商务时代的“轻公司”。这家在互联网上售卖服装的公司，正以每年 300% 以上的速度发展，到 2010 年拥有 20 亿元的销售额，而 2011 年它的销售目标是 100 亿元。

（1）创业起步。

陈年，凡客诚品（北京）科技有限公司董事长兼 CEO，VANCL 品牌的创始人。2000 年，金山公司雷军邀请陈年创办卓越网，2004 年，卓越网以 7 500 万美元被亚马逊收购。认为自己获得了成功的陈年，满怀信心地创办了“我有网”，却以失败告终。

2007年的某一天，一个叫PPG的网站吸引了陈年的注意。PPG没有门店和经销商，只通过网络来销售中等价位的男士衬衫。2007年10月，陈年带着卓越网的几个老部下，用几百万元创办了凡客诚品，在网上卖起了风格与PPG非常相似的男士衬衫。他选择男士衬衫的原因是男士衬衫标准化最强，设计感最弱，即使一时销售不佳，存放几年后也能卖。

谈到凡客诚品最初创立的时期，陈年回忆道，踏入服装领域之后才发现，此前经常穿的数千元的名牌衬衫与市面上一些价格低廉的衬衫其实“系出同门”，很多都是采用同样的材料、同样的工序制作而成，而高出的利润全部被各个渠道商收入囊中。正是这个原因，使得陈年下定决心将凡客诚品定位为平民化、高性价比的品牌。凡客诚品利用互联网，更好地找到供应商和拿掉渠道商，大大地降低了运营成本，使得消费者不必花费过高的金额，也可以买到高品质的服装。

“VANCL”由陈年懂法语的太太命名，“VAN”是先锋的意思，“C”和“L”分别代表陈年和雷军。而“凡客诚品”的意思是“凡是顾客，就提供给他们诚心打造的产品”。

2007年陈年创办这家网站的时候，国内已经充斥着大大小小的服装品牌。这些品牌往往来自于温州、宁波、晋江等东南沿海一带，历来为不少国际品牌做代加工。一些聪明的人抓住改革开放的机遇，从裁缝出身，从夫妻档、兄弟店做起，以“前店后厂”的模式做起了自有品牌。这些家族企业发展路子也相似，往往是砸下重金，邀请明星做代言人，在中央电视台、省级卫视投放广告，通过直营店和加盟店的形式在中国三、四线城市遍地开花。对于他们来讲，互联网太神秘，电子商务似乎是雾里看花的东西。

在凡客诚品创业初期，公司内部硬件设施非常简陋。凡客诚品副总裁王春焕刚到任的时候，屋子里连办公桌都没有。

（2）成长阶段。

2007年10月，凡客诚品诞生在北京西屋国际大厦一套150平方米的小屋里，同期员工不过15人，如今，凡客诚品已然盘踞北京西南四环一栋写字楼的四个楼层，员工规模逼近千人。根据艾瑞咨询2009年9月发布的《2009—2010年中国服装网络购物研究报告》，凡客诚品以28.4%的市场份额继续在自主销售式服装B2C网站中排名第一，其服装日销售量更是高达3万件。

我们可以通过凡客诚品规模上的数字来说明其成长历程。2007年8月，凡客诚品入驻西屋国际1801室，面积150平方米，同期员工15人；2007年9月，昌宁大厦211室，面积500平方米，同期员工41人；2009年7月，星火科技大厦5层、7层、8层、20层，面积4 500平方米，同期员工794人，这种飞跃被称为“凡客速度”。

2005年成立的PPG，开创了服装行业网络直销模式的先河，用了两年左右的时间就实现了超过传统衬衫行业老大雅戈尔的日销售量。在创业初始阶段，凡客诚品将PPG作为商业偶像亦步亦趋，在不断模仿的同时又不断创新，仅用5个月的时间，其日销量就超过了PPG。

PPG早已消失，而凡客诚品却越做越好。原来在凡客诚品成立不久，陈年就发现了PPG致命的弱点：第一，它一出生就不顾实力用重金在中央电视台、纸媒上打广告，并通过电话进行销售，它并非真正意义上的互联网服装销售企业；第二，PPG的客服政策是很完美地站在自身利益角度制定的，如用户退货标签坏了就不能退，等等。因此，陈年剔除了PPG的客服模式，进行大刀阔斧的改革。

问题1：凡客诚品模仿自PPG，而PPG倒闭后，凡客诚品仍然以良好的势头发展的主要原因是什么？

思考提示：凡客诚品意识到了PPG存在的问题并加以修正，采用了真正的互联网销售方式。凡客诚品的目标销售人群是年轻人，而年轻人通常通过网络来获取信息，因此，采用网络营销能够很好地接触目标消费者。

从选择做男装开始，陈年坚定地宣称：凡客坚决不做女装。他笑称："男性衬衫很容易标准化，因为男人就是那德行，他就是买衣服不试，而女人哪怕是买件内衣也要试个没完没了。"

然而陈年很快发现自己错了：客户回访的意见竟然大多是来自给老公、男朋友买衣服的女性，甚至还有女性给他直接发电子邮件，说把男性的POLO衫再瘦点身，或许就是不错的女装了。

让陈年不得不重新思考凡客的产品定位的，还有2008年年初的那场罕见的雪灾，凡客遭遇了销售业绩的"高台跳水"，陈年也因此遭遇了创业最艰难的一段时光。

"或许，凡客是应该需要更多元化的产品线来满足客户需求。"穷则思变，现在凡客的产品线从男装延伸到女装、童装、鞋、配饰、家居用品等一系列产品，它变得更快、更多、更时尚，试图在终端消费者生活的每个角落都印上"VANCL"的标志。

2010年5月18日，凡客诚品公关部正式对外宣布：由凡客诚品创始人兼CEO陈年低调筹备一年的全新服装电子商务网站V+（www.vjia.com）于18日上线，进入试运营，从此，陈年也开始了二次创业。据传言，陈年联合多家投资机构在V+项目投入的资金超过5 000万美元，旨在将V+打造成"中国时尚业的亚马逊"。在凡客诚品高速成长的过程中，大量用户不断提出建议，希望能在凡客诚品上买到更多线下传统服装品牌的产品，提供多元化服务。因此，经过大量的用户调研和小规模销售测试后，陈年最终决定投资V+。

凡客诚品目前已经和西班牙、瑞士、斯洛文尼亚、英国、法国、加拿大、德国、日本、韩国等多个国家的一线设计师合作，正在依托互联网品牌力量整合全世界的一流设计师资源。在2010年，凡客诚品以“凡客速度”发展并获得多项殊荣。2010年10月凡客诚品获“清科2010年中国最具投资价值企业50强”称号；2010年2月16日凡客诚品从13个主流业态的数千家候选企业中脱颖而出，荣膺“2010年度北京十大商业品牌”，也是唯一获选的零售电子商务品牌。

创业以来，凡客诚品依靠良好的产品和个性化的服务，建立了企业的口碑；在消费者对它的产品建立信任之后，凡客诚品首先走出电子商务企业的思维定式，回归到服装品牌的定位，按照时尚品牌的方式，塑造强势品牌。2011年5月底，凡客提前一年前往美国首次公开招股，融资10亿美元。一旦凡客诚品成功上市，将成为2012年亚洲企业在美国股市进行的规模最大的IPO。

问题2：服装零售行业进入电子商务的常用方式有哪些？

思考提示：入驻C2C或B2C卖场（淘宝网）开专柜、将线上营销交给某家运营商运营和自建销售平台是服装零售行业实现电子商务的主要方式。可从品牌特点、价格等因素分析不同品牌如何运用不同方式实现电子商务。

2. 市场营销策略

（1）渠道策略。

凡客诚品采取的是“网上订购 + 产品目录直邮”的策略。网上订购是最方便、快捷的，凡客诚品一直引导客户通过网上下订单来吸引客源，而其80%的订单都是来自网络订购，因为此种模式更有利于降低销售成本和维护客户忠诚度。此外，产品目录直邮推广，也给消费者带来更多的选择。客户可在凡客诚品的官方网站产品目录索取处，填写自己相关的资料，索取产品目录，凡客诚品公司就会把产品目录寄往客户手中，从而满足顾客的购物需求。

问题3：凡客诚品的网络推广有什么独特之处？“凡客体”是如何借助网络推广传播的？

思考提示：网络推广是指利用搜索引擎、分类目录等具有在线检索信息功能的网络工具进行网站推广的方法。常见的有：登录免费分类目录、登录付费分类目录、搜索引擎优化、关键词广告、关键词竞价排名、网页内容定位广告等，凡客诚品综合运用了常见的网络推广方式。“凡客体”的风行主要是由于它反映了80后、90后的特性，因此更容易被目标消费者接受。

（2）广告策略。

精准的网络广告投放与小部分传统的报纸、杂志媒体互相辅助。凡客诚品很明确自己的目标客户就是网民，所以在广告投放方面，主要将广告放在各大门户网站、大媒体和网页显眼的位置，而且广告设计也突出了产品的品质。

无论是在新浪、腾讯、网易、搜狐、凤凰网等知名网站或者是在不太知名的中小网站，甚至是某个人的博客，你都可以发现凡客诚品的影子。也许你不经意地点击，就进入了凡客诚品的官方网站，凡客的广告“卖点明确、制作精美”，抓住了消费者的眼球，让其产品销售与品牌同步得到提升，使网民即使记不住凡客诚品的产品或者凡客诚品的称号，也会依稀记得68元就可以买一件POLO衫或者购买一件牛津纺衬衫。凡客诚品正是以全国最大的三大主流门户的旗帜广告实现面的覆盖，以工薪阶层人群最集中、使用频次最高的社区、论坛以及即时通信工具，实现了重点目标人群的深度渗透。此外，凡客诚品还在PPLive、Youku、暴风影音等大型视频终端网络媒体进行推广。热衷于电子商务的人群是年龄跨度在20~35岁的70后、80后、90后的新生代，这些人是伴随着互联网成长起来的人群，媒介接触习惯以电脑和手机为主，在工作和生活中也不断和互联网发生着关联。他们活跃于社交网站、论坛等网络互动平台，喜欢“灌水”，发帖转帖，在网上嬉笑怒骂、厌弃虚伪、针砭时弊，而“凡客体”平实、直白的话语刚好迎合了他们戏谑主流文化、彰显个性的特点。

与京东商城、当当网等B2C“大佬”减少广告投放的策略不同，凡客诚品在2011年延续了在广告上的高投入，总计达10亿元。

（3）娱乐营销。

所谓娱乐营销，是指借助娱乐的元素或形式将产品与客户的情感建立联系，从而达到销售产品或提高企业知名度的营销方式。2009年6月，凡客诚品的女装Bra－t吊带衫推出后，很多人发现王希维被放到了网站的首页，凡客诚品网站的流量和点击率顿时大增（王希维是一位网络热点人物，被媒体称为中戏校花、精灵美女，曾经多次拍摄《男人装》等时尚杂志封面，在网络上颇有名气）。除了借助网络红人外，凡客诚品还与山东卫视《中华达人》栏目达成合作。由于此栏目由著名艺人吴宗宪主持，很大程度上提升了凡客诚品的品牌知名度，从而达到娱乐营销的效果，树立了良好的企业形象。

（4）体验营销。

所谓体验营销，是指企业通过采用让目标顾客观摩、聆听、尝试、试用等方式，使其亲身体验企业提供的产品或服务，让顾客实际感知产品或服务的品质与性能，从而促使顾客认知、喜好并购买产品的一种营销方式。

举例来说，凡客诚品曾开展“凡客诚品试用拉拉队”活动，拉拉队成员可以免费获得他们的新品BRA——魅力BRA的试穿机会，用户只需要在活动网页处填写真实信息和邮寄地址，就可以拿到试用装。当消费者试用过产品后，就会对产品进行评价或是立刻购买，还会和其他潜在消费者交流，从而影响他们对凡客诚品的认知。

（5）互动营销。

所谓的互动，就是双方互相地动起来。在互动营销中，互动的双方一方是消费者，另一方是企业，只有抓住共同利益点，并找到巧妙的沟通时机和方法才能将双方紧密地结合起来。互动营销尤其强调双方都采取一种共同的行为。

凡客诚品以产品为话题让多个博主写用户体验文章，用户可以表达对凡客的建议和要求，而凡客可以根据顾客的诉求来更好地满足他们的需求，进一步扩大凡客的知名度。而近年大肆兴起的微博自然也成了凡客推广的阵营，凡客达人官方微博、凡客诚品微博等上百种微博团体将凡客广告撒遍网络。

（6）口碑营销。

传统的口碑营销，是指企业通过朋友、亲戚的相互交流将自己的产品信息或品牌传播开来。消费者对潜在消费者的推荐或建议，往往能够促成潜在消费者的购买决策。凡客采取的客户体验30天无条件退货使得其克服了网络营销的弊端，从而在顾客中获得了良好的口碑，而这种好的口碑正在“病毒式”地蔓延。

问题4：网络交易的缺陷有哪些？凡客诚品是如何克服的？

思考提示：消费者不能亲身感受到自己需要购买的商品的真实性，所以交易存在风险。确认无误才收货付款，且付款后30天内不满意仍可退货，这种交易方式甚至比面对面交易更有优势。

（7）会员制体系。

顾客订购凡客诚品商品的同时就会自动成为凡客诚品会员，无需缴纳任何入会费与年会费。凡客诚品会员可获赠DM杂志，这种杂志也就成为凡客诚品与会员之间传递信息、双向沟通的纽带。采用会员制大大提高了凡客诚品消费者的归属感，拉近了凡客诚品与消费者之间的距离。

问题5：凡客诚品通过哪些方式满足顾客个性化体验需求？

思考提示：可分别从商品选购方式（网络订购或目录直邮）、广告以及用娱乐营销手法迎合消费者心理需要、具体体验营销手法以及会员个性化服务等角度分析。在服装零售行业，商品固然重要，但差异化的服务可以获得更明显的竞争优势，更能促进顾客购买。

二、商业模型分析

1. 凡客诚品成功的内因

（1）坚持网络直销。

传统服装行业的渠道是商场、专卖店和百货商场，这种有形的渠道是我们比较熟知和习惯消费的场所。但是，凡客诚品利用的并不是这个传统的渠道，而是利用了互联网这个新兴渠道。通过自身 B2C 的建设，凡客诚品免掉了传统服装业的店面转让费用、店租费、水电费、大量人员工资费、区域宣传费用、物流库存费和大量税收等费用，实现了真正的低成本运作。由于省去了大量的费用，相同质量的产品价格自然会变得很低，也就有足够的魅力去吸引网民购买。2010 年 7 月，凡客诚品邀请韩寒、王珞丹出任形象代言人，用 80 后的口吻调侃社会，戏谑主流文化，彰显出凡客诚品的个性品牌形象。凡客诚品表示韩寒是从草根成长起来、由互联网成就的时代先锋，既有极高知名度，也有争议性，但是凡客诚品不担心其争议性，就是要剑走偏锋、打破常规。陈年也曾在公开场合表示非常欣赏韩寒所代表的互联网精神。“爱网络，爱自由，爱晚起，爱夜间大排档，爱赛车，也爱 29 块的 T－shirt，我不是什么旗手，不是谁的代言，我是韩寒，我只代表我自己。我和你一样，我是凡客。”当韩寒的这则广告风靡全国，“凡客体”也随之成为全民时尚。

在凡客诚品 5 000 平方米的仓库里，使用着一套独特的管理软件，拣货员每次出发前都会先扫一遍电脑，显示出他在仓库中出货的最佳路线。每次，拣货员一趟能拣十个订单。凡客诚品使用这套软件，平均每趟可以省出 3～5 分钟走冤枉路的时间。

（2）品牌文化及其品质保证。

凡客诚品提倡简单得体的生活方式，坚持国际一线品质、合理价位，顺应互联网时尚消费的潮流，致力于为互联网新兴族提供高品质的优质生活。

网上购物有两点最让人担心：购物前担心产品的质量，购物后则担心售后服务。质量是成功的前提，企业倘若不重视产品质量，很难在市场上生存。为凡客诚品代工的企业都是国内外知名的服装企业，有的甚至是有着上百年历史的世界 500 强企业，这保证了凡客诚品产品品质上乘。推出符合大众的经典款式男装，让大多数男士都喜欢并且买得起，凡客诚品能迅速流行起来也就不足为奇了。凡客诚品卖的不仅是产品，而且是一种享受舒适生活、热爱生活的生活理念。

企业目标代表着企业发展的方向，没有正确的目标就等于迷失了方向。凡客诚品正是在“诚信、务实、创新”的企业文化的指引下以顾客需求为导向进行生产和经营。诚信是指在任何时候，凡客诚品都不掩饰自己的问题，坦诚面对、勇敢担当；务实是指不计较个人得失，以团队利益为重，营造简单、高效的工作氛围；创新则是指每天都处在危机之中，只有不断创新、拥抱变化，才能成功应对不确定的未来。

（3）一流的客服服务。

在配送服务中，凡客诚品在 2010 年已实现将自建物流城市从北京、上海、广州拓展到杭州、成都等 10 个城市。尽管成本比第三方公司高出 30%，但整个配送过程变得更加可控。为了提高售后服务满意度，凡客诚品建立了 300 个座席的呼叫中心，客户电话掉线率仅为5%，这意味着95%的客户打第一次电话就可以接通。另外，凡客诚品还提供了多种收集用户建议和意见的渠道，包括网上投诉通道、直接打电话投诉等。不管哪一种投诉方式，都会得到及时的处理。而凡客诚品提出的30天无条件退货，以及补偿顾客的退货运费，这在网络电子商务商家中是罕见的。凡客诚品凭借一流的客户服务，免除了消费者心中诸多的忧虑。

凡客诚品旗下的物流公司名为“如风达”，它要求快递速度如风般迅速。终端消费者所接触到的凡客是这样的：面带微笑、穿着干净的配送员；结实、看起来档次不错的牛皮纸包装盒；价格低廉、质量不错、看起来也时尚的衣服；30天内免费无条件退换货的服务。

（4）团结合作、有执行力的管理团队。

凡客诚品的成功当然离不开陈年及其团队多年合作的默契、灵敏的市场敏感度以及突出的执行力。这个让他引以为傲、具有高度执行力的团队，正是他之前在卓越网时候的团队，在凡客诚品网站的“公司简介”里，也可以看到这样的描述：“凡客诚品的主体运作者均系原卓越网骨干班底，诚信务实。”

2. 凡客诚品成功的外因

（1）搭上了电子商务高速发展的顺风车。

凡客诚品及时把握住了2007—2008年电子商务爆炸时期，充分利用互联网这个新兴渠道，利用互联网整合先进的中国服装制造业。从一开始它就免掉了传统专卖店的店面转让费用、店租费、水电费、大量人员工资费、区域宣传费用、物流库存费和大量税收等费用，实现了真正的低成本运作。

凡客诚品的创始人和主要运营团队均有过从事电子商务的经历，职业的敏感性使他们看到了这一行业的潜力，并选择果断进入这一市场，很快就搭建起了一个成熟的网站架构和购物流程；而凭借着陈年和雷军等人的人脉资源和口碑，凡客诚品在成立之前就吸引到了风险投资，成立半年内又先后得到了软银赛富、启明创投的几千万美元资金，从而在市场上迅速扎稳了脚跟。

（2）在服装电子商务领域的厚积薄发。

服装电子商务刚出现的时候，人们对其还缺乏相应的了解，想到的总是在网上买几件假冒的名牌、高仿外贸转内销等没有质量保证的产品，并且，由于缺乏相关监管，整个行业处于一个相对混乱无序的状态。但随着经济的发展和人们思想的转变，这种状态很快得到了终结，网上购物不再是假冒伪劣的代名词。2007—2008年，中国服装电子商务步入爆发式增长时期，服装也成为网购的第一大类商品，交易额跃居各类商品首位。根据艾瑞咨询统计，目前服装网购占整体网购交易量的12.8%。其中，服装B2C交易额在2009年约为24亿元，同比增速高达99.8%。在进入2009年后，形势再次发生了利好的变化，网络营销备受服装业的关注，在这一年达到了高潮，众多知名品牌纷纷在网上开办了自己的专卖店，迅速提升了行业的人气，并改善了行业的整体形象。凡客诚品也正是在这个黄金时期成长起来的。

服装电子商务行业的先行者 PPG 在初期通过大量的平面广告迅速占据了绝对的统治地位，但平面广告费用高昂，形成了“高广告投入高订单、低广告投入低订单”的怪现象，大量的广告费用占用了 PPG 有限的现金流，致使 PPG 迅速坠落。PPG 作为先行者与开拓者，承担了太多的压力，虽然最终倒下了，却让众多企业看到了这一行业领域的潜力。凡客诚品在前期通过模仿 PPG，吸取 PPG 倒闭的教训，从而有效地规避了风险，迅速地成长起来。凡客诚品能取得现在的成绩，可以说是站在巨人的肩膀上更进了一步。它有效地调整了自己的广告策略，平面广告只是针对性地选择了几家有影响力的媒体，如《读者》《青年文摘》等，这些杂志的阅读者也大都符合凡客诚品目标顾客的要求。凡客将广告重点放在了诸如新浪、腾讯、网易、搜狐等各大门户网站，以及迅雷等网络常用工具的资讯条上，大大扩充了接触点。有效的广告投放策略，使得凡客诚品的知名度越来越大，降低了营销成本。

“移动电子商务”就是利用手机、iPad 等无线终端进行的 B2B、B2C 或 C2C 的电子商务。它使人们可以随时随地实现线上线下的购物与交易、在线电子支付和相关的综合服务活动。凡客诚品在 2011 年 2 月推出了手机凡客网和客户端，它的目标是通过挖掘移动和互联网市场，全面实现其跨平台服务战略。

价格优势是凡客诚品近几年快速增长的原因之一。其销售价仅仅是成本的 1.5 倍，这就是凡客可以建立起庞大的网络销售渠道的重要原因。反之，服装电子零售还处在高速成长阶段，而凡客的网络渠道能有效降低营销成本，抢占市场份额，进而促成低价策略。

（3）凡客诚品的商业逻辑。

凡客诚品之所以能成功，并超越前辈 PPG，一举成为服装网购行业的领导者，与其灵活的互联网营销策略和广告策略密不可分。刚开始，凡客诚品通过采用大量网络广告，在极短时间内快速打造一个全新的网络衬衣直销企业品牌，从正面进攻了原来该市场的老大 PPG。并且凡客诚品只做网络平台广告，大量的门户网站和专业网站的便利链接方式，使目标客户群——年青一代的网民，更为方便地接受凡客诚品这一品牌和颠覆传统方式的购买方式。但是，广告只解决了商业模型中的需求搜集和需求强化部分，凡客的广告策略所包含的比广告本身要丰富得多。

1）企业定位与时代需求契合。

凡客诚品属于“轻公司”，没有自己的工厂，其产品都是由国内外的知名企业为其代工的。凡客诚品如今所要做的就是明确自己的定位，是一家服装企业，还是个在线销售平台？如果是后者的话，恐怕还是会重蹈 PPG 的覆辙。

而作为一家企业，单纯凭借低成本取得的价格优势、以促销作为主要营销手段，也许可以在市场上风光五年、十年，但绝不可能长期存活。

凡客诚品以男士商务衬衫起家，现在的产品覆盖了男装、女装、童装、鞋、配饰、家居用品六大类，产品是很丰富了，但在整体上缺乏明确的市场定位，因此反而不如以女士内衣起家并专营女装的梦芭莎（Moonbase，其口号是让每一位东方女性更加美丽自信）、时尚专业男装玛萨玛索（Masa Maso，号称更懂年轻人）、正装的普派（PUPAI）那样显得个性鲜明。凡客诚品可以通过行业分析和自身分析，找出自己的优势领域，并加强宣传，形成自己的特色。毕竟多元化经营不同于标准化的男士衬衣，其承担的风险更大。

现在，在凡客诚品有过购物经历的人都认为它的产品质量好，价格也适中。但若问及凡客诚品的品牌形象，则几乎没有印象。广告不能只宣传自己的产品，而应加大对自己品牌的宣传，树立良好的品牌形象，凡客诚品可以公开征集或量身定做一些广告语，如“只为优质生活”（Just for quality life）及“品质风格生活”（Quality Style Life）等，让它们出现在自己的网站、平面广告、搜索链接上，使消费者的心理产生潜移默化的改变，从心理上认可凡客诚品。

2）整合资源，创造共赢。

品牌优势和资源整合能力才是凡客诚品的快速发展核心。凡客诚品没有自己的工厂，没有自己的服装设计，也没有自己的质量监控，它所做的就是通过呼叫中心和互联网收集市场信息，分析其中的变化和新需求，进而反馈给各供应商，制订出下一阶段的市场计划。现在有很多企业都在模仿凡客诚品，但它们都很难取得成功，因为它们缺乏快速的资源整合能力和快速的市场反应能力，也没有对供应链的绝对控制能力。

3）凡客的成长资源是维护客户资源的管理体系。

凡客诚品虽然提出了当场试穿、不满意可拒绝签收直接退货的政策，但有些商品是不适用这一政策的，如贴身的衣物和女士内衣等更是不可能进行当场试穿的。而顾客如果要进行退换，又要自己去联系快递公司或邮局，当然是非常不方便的。因此，企业的售后服务部及物流部应该及时跟进，了解到顾客的反馈意见，对于要退换产品的顾客应及时通知最近的物流站点去回收，这样既可以提高顾客的满意度和服务的效率，又可以为顾客节约时间、精力、金钱，还提升了凡客诚品在顾客心目中的形象，何乐而不为呢？

企业的高速发展会直接使订单不断增多，各种不利情况也有可能随之出现，如果处理不当或者处理不及时，就会使消费者产生一种不好的印象，并演变成为网络危机，进而会影响口碑。倘若在网上搜索得到的都是关于凡客诚品不好的评语，势必会影响消费者的思维，从而作出不去购买凡客的产品的决定。因此，维护每一个客户成为凡客诚品的目标。一家企业只有拥有了顾客才真正拥有了资源，而具备这种作用的管理体系才可以实现这一目标。

凡客诚品从广告入手建立影响力，将市场声望作为整合产业链的依据，不断在吸引顾客的能力上进行投入，形成了一个快速放大自己无形资产—盈利—顾客扩张的循环。

三、凡客诚品商业模型的简单评价

凡客诚品和梦芭莎的商业模型类似，以网络销售起家，不断强化无形资产，再用无形资产去引领和吸引有形资产。因此，它们都是虚拟经营的高手。

1. 凡客诚品的社会福利贡献

凡客诚品以低成本为市场提供了一类新品，对社会来说，一是培育了目前中国最紧缺的品牌，二是降低了商品成本，提升了顾客效用。网络商业的最大障碍是诚信。诚信是品牌的基础，凡客诚品在诚信保障上下足了工夫，以企业的商业行动纠正中国诚信的稀缺，这才是凡客诚品成功的要诀。网络企业将销售渠道拉直，在增加利润的同时，也在为社会扩大需求创造条件，它实践了电子商务推进社会进步的作用。

2. 凡客诚品的市场推广价值

凡客诚品和梦芭莎商业模型的成功表明，即使是男女服装市场仍然可以细分，在以品牌经营为核心的商业模型中，没有什么是不可模仿的。虽然凡客诚品做得早，并已经形成对男式衬衫电子商务市场的占领，但市场上仍然存在巨大的空间。而且，这种商业模型可以用在男式衬衫上，为何不能用在其他产品上呢？

凡客诚品的成功不仅仅是广告的成功，还是借助于现代商务技术顺应人类发展潮流的成功。

讨论题：

1. 凡客诚品在提高品牌知名度和顾客忠诚度方面的营销策略具体有哪些？
2. 凡客诚品如何在竞争对手云集的服装零售市场实现电子商务？
3. 凡客诚品通过电子商务实现服装零售，构建自身商业模型，对其他企业具有怎样的借鉴意义？

参考文献：

1. 苏西．凡客诚品：B2C 取胜之道［J］．绿色中国，2010（2）．
2. 刘桢楠．凡客诚品的成功之路［J］．电子商务，2010（1）．
3. 朱聃．VANCL 凭什么走这么快？——VANCL 凡客诚品给服装网络营销带来的启示［J］．中国服饰，2009（7）．
4. 郭霞．凡客诚品：卖客户需求方可成功［J］．科技创业，2009（7）．

“千团大战”中的美耶公司

林大钘　武晓辉　苏晓华

◇案例导读　2008 年末到 2011 年，美耶公司在短短两年多的前期准备及发展历程中，在创始人许总的带领下先后进行了数次尝试和变革：第一次是 2010 年初美耶正式成立，放弃前期尝试的时尚网业务孤军进入团购行业，成为中国第一批团购企业，因为拥有先行者优势而有过短暂的成功。在中国团购快速兴起、发展和繁荣的背景下，他又果断地采取了第二次变革，于 2010 年中旬采取异地扩张战略，试图一举扩展到北方市场。但团购市场的竞争越来越激烈，美耶渐渐褪去了先行者的光环而陷入了无情的“红海”，面对着艰难的局面，许总始终在寻找新的出路，于 2011 年中旬又进行了一次企业生死存亡的重大变革……

一、美耶初创

1. 创业者的尝试

许总，广东客家人，个子不高，有点消瘦，是南方一所知名大学 MBA 的毕业生，也是岭南创业与投资协会的前任主席，他做事谨慎认真、勤勉敬业、事必躬亲。在读 MBA 期间，他借助协会平台聚拢了一批有创业意愿的同学，在毕业前就开始启动过针对大学生的网购项目，但由于市场有限，最后没有做下去。毕业后，创业团队成员有的离开了，其他大部分也不再直接参与他的创业项目，只是提供资金等一些资源上的支持。但许总没有放弃他的创业理想，一直在寻找好的项目。2008 年下半年，他瞄准了女性消费群体，认为女性消费市场规模大、成长性好，足以作为一个大的市场加以细分和深耕。经过分析，他以喜欢时尚的女性市场为目标，力图创建一个集网购、咨询、互动为一体的时尚网络平台（时尚网）。当一切正在推进的时候，许总和他的团队遇到一些资源问题，时尚网的建设被迫停滞下来。

与此同时，一个美丽的神话从遥远的美国横穿太平洋，传到了中国，这是一个关于新商业模式的神话——Groupon 团购。Groupon 是世界上第一个团购网站，于2008年11月成立，只用了7个月的时间就实现了盈亏平衡，成立第一年便有了5 000万美元的纯收入，2009年有1亿美元收入，2010年销售收入超过5亿美元，这一切引起了许总极大的兴趣。

2. 国内初期的团购市场（2010年初）和美耶起步

2010年年初，在北京，满座团刚刚上线，互联网创业者王兴正在准备成立一个叫美团的团购网站；在杭州，马云正想试探性地推出团购业务（真正推出在7月中旬）；在上海，本土的团购网站才刚刚开始试水；在广州，团购市场更是一片空白。

据统计，2010年1—2月份全国的团购企业尚未过百，而且这些团购公司大部分集中在北京，其他城市很少。正是由于当时团购网站较少，所以相对于团购企业来说，其产品供应商的资源比较丰富，质量也比较高，这一切都有利于团购企业的发展，对新进入者是一大利好。因此，这时的中国团购市场还是充满机会的蓝海市场。

这时成立的团购企业基本上都是模仿Groupon：每天只卖一样产品（或服务），以每日更新、货物价格低廉的模式，吸引一定数量的购买者，然后收取供货商一定的交易提成（中国相对低于美国）作为回报。所以企业间的差异化不太明显。

团购的产品最突出的特点就是“轻”，因为其产品多是食品餐饮、休闲娱乐、美容美发、旅游酒店、养生保健等服务类，不必承担物流、库存成本，比传统的B2B、B2C、C2C电子商务企业更“轻”，进入门槛比较低。

面对着这样一个看起来有别于传统商业模式的机遇，许总也看到，建团购网站不需要对物流、库存等方面有太多的投入，进入成本低。同时在采购上采取先货后款的方式，盈利上主要是收取交易佣金，佣金直接从团购销售额上扣取，不存在佣金拖欠的情况，资金回收也比较快。对于资金不是很充裕的创业团队来说，这是个不错的模式。而中国市场刚刚起步，竞争对手不多（当时广东市场尚处于空白状态），而且广州供应商资源比较丰富，公司可以先设在广州，以后根据发展再求变化。经过慎重的思考之后，许总决定暂停时尚网的开发，带领他的团队直接进入团购行业。

问题1：当国外互联网商业模式被引进时，创业者是不是应该完全照搬？如果不是的话，该作出何种改变？

思考提示：商业模式引进来之后，不仅仅要考察其适应性与可行性及后续发展的潜力，而且对于潜在竞争者进入的风险，以及公司是否有足够的资源和能力支撑模式的创新和变革的考量同样重要。

创业之初，当发现团购模式在美国被热烈追捧时，第一批团购创业者基本上都是在照搬Groupon模式，而且事实也证明，这种模式被直接引进来后暂时是成功的。然而当更多的潜在创业者了解到Groupon模式的神奇时，再加上团购极低的创业门槛，团购网站数量就开始呈现爆发式增长。大多数接受团购的第一批人都不曾料想到有如此多的竞争者，可谓是来势汹汹。

对于互联网创业者来说，对该模式进行差异化变革，实施本土化创新是建立独特竞争力的必要选择。同时，对于互联网企业来说，应当借鉴互联网先驱们的经验教训，规避政府监管风险。例如，以前国内出现过很多微博平台，都因为无法解决信息发布的监控问题而被迫关停。

3. 美耶之初

许总于2010年3月份牵头组建了广州美耶信息科技有限公司，同时成立了自己的团购网站——魔力团，它的模式也与Groupon类似，其利润来源主要是收取交易佣金，佣金比例平均不到10%。另外，魔力团也有一定的广告费收入。以下是公司初创时期的具体情况：

(1) 组织架构，人员构成。

初创时公司的架构已经十分完整了，主要包括网站编辑、客服、统计、销售等部门，每个部门至多3人，许总既是投资人，也是管理者。技术部有两名骨干，属于核心团队成员，而网站编辑、客服、统计部员工大多是刚刚毕业的大学生，工作经验有限。当然人员过少也会产生某些员工身兼数职的问题，有些人会有很多任务，从而出现工作效果差这一情况。不过这些问题在一般的创业型公司都存在。经过初期的发展，随着网站流量的不断攀升，公司逐步走上正轨，销售额也有了很大的飞跃。

问题2：初创型企业为何经常会面临员工高流失率问题，企业该如何避免这个问题，如何稳步实现团队成长扩张，平衡好低人力成本与高效率团队之间的关系？

思考提示：我们发现，美耶没有解决好这个问题，公司团队一直到2011年7月份全职人员仍然为十几人，公司团队并没有获得较大的扩张，这一点在一定程度上导致了公司运营效率一直没有得到较大幅度的提升。

任何一个创业者都不可能在一开始就建立起有效的团队。团队的形成如同个人的成长一般，也要经历不同的发展阶段。很多时候，团队是在企业创立一定时间以后随着企业的发展逐步形成的，而且在这一过程中还在进行不断的调整。创业团队成员流失率高是一个普遍的现象，因为创业目标的实现具有极大的不确定性，于是很容易出现团队目标与个人发展目标的偏差。

要使创业团队在创业过程中保持稳定，需要从以下两个方面予以加强：①制定有效的激励机制，充分调动成员的积极性，把团队成员的作用最大限度地发挥出来。②保证创业团队成员间沟通渠道的通畅，进行持续不断的沟通。团队开始工作时要沟通，遇到问题时要沟通，解决问题时也要沟通，有矛盾时更要沟通，沟通的时候要更多地考虑团队的目标愿景和未来的远大理想，多想想有利于团队发展的事情，做到以诚相待。

（2）资金来源。

资金来源于美耶初创时的合伙人（当时有多人入股），同时在许总的MBA好友圈子里，许多对团购感兴趣的伙伴也入股魔力团了，为魔力团初期的发展提供了一定的支持。许总每天将大量工作时间用于与供应商谈判和内部管理中，有时甚至还要处理客服和财务问题，也就较少考虑融资渠道的问题了。

（3）产品和供应商来源。

魔力团开始是基于城市消费市场的，即针对每个城市消费者的不同需求，推出具有城市属性的产品和服务。但是由于背靠广东这样一个制造业大省，有相当丰富的实物供应商资源，尤其在纺织服装、食品等行业更是独树一帜，因此魔力团也常常会考虑那些能提供衣服、袋装食品等实物类商品的供应商。而且创业团队在做魔力团之前做过时尚网，主要侧重时尚女性的实物产品，这也使魔力团的原有定位发生了很大的变化。

线下拓展是团购网站至关重要的一个环节，而且与其他供应商的谈判往往周期长、成本高，需要谈判能力较强的人员。其他网站的网站线下销售人员占到员工总数的70%，而魔力团主要是许总在做线下销售，这使许总很劳累。

问题3：试分析在企业初创时期，团队领导者在内部管理的定位和相应的作用是什么，如何把握创业者和管理者的角色冲突？

思考提示：许总在公司初创时期，过多地投身于日常的管理活动中，甚至充当线下拓展团队的角色，置身于琐碎事务中，自然而然与创业者角色发生了矛盾冲突，这对于一家初创型的互联网公司来说是相当危险的。因为互联网是瞬息万变的，作为创业者需要适时关注这些变化，并且适时作出创新调整，以适应大的趋势。

创业活动和管理活动同时存在于组织者，但是两者存在本质差别。创业活动更加侧重识别、挖掘和探寻新机会，是将创新行为商业化的领导活动；管理活动更加侧重计划、指挥、协调和控制，注重资源和权力的分配。创业者在企业初创期兼具管理者和创业者两个角色，这两个角色的活动虽然存在一定的互补和支持关系，但有冲突是一个不争的事实。管理活动一方面分配资源并保持组织的稳定性和秩序，另一方面容易造成组织的僵化、冒险的减少、激励的弱化、环境的适应性减弱，会降低创业活动中企业面对新机会和开发新机会的能力。因此，明确创业家和管理者的角色定位，克服管理者角色对创业家角色的负面影响，才能制定企业成长中合理的创业家和管理者角色融合的机制。

一起创业的日子总是兴奋而充满期待的，因为前方有一幅美丽的蓝图等着你亲手去描绘，有个谜底等着你去揭开。魔力团的团队更是这样，身处中国团购业这片巨大的空白市场，而且背靠广东这样一个制造业发达的经济大省，作为被团购的浪潮打湿的第一拨人，魔力团中每个人都激情四射、信心满满，创业的梦想似乎指日可待。

但随着团购市场的发展，他们渐渐地发现创业成功并没有想象的那样容易。

二、陷入“千团重围”

1. 国内市场大势（2010 年中期和 2010 年末）

经过几个月的发展，中国团购市场发生了巨大的变化，这些变化深刻地影响了整个团购行业的发展，作为广州团购的创始者之一，美耶也面临着巨大的挑战。

这些变化归纳起来有以下三点：

（1）竞争日益激烈，团购成为“红海”市场。

①团购企业数目飞速增长，出现巨头企业。到了 2010 年末，中国的团购企业已经达到 2 000 多家，在激烈的竞争中涌现出了诸如拉手网、美团网、糯米网等巨头，如图 1 所示。

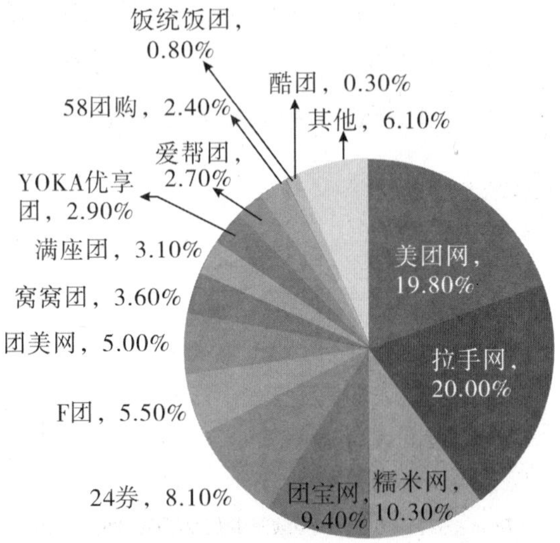

图 1　2010 年 10 月团购市场份额

数据来源：中国电子商务研究中心，2010 - 11.

②其他互联网巨头企业的进入。淘宝的聚划算也正式进入团购市场，它有

供应商、资金、技术等多方优势，同时，中国互联网巨头腾讯和美国团购巨头 Groupon 正在洽谈组建团购网站，这又给团购市场带来了巨大的冲击。

③团购的企业形式不断多样化。由于竞争的加剧和新企业的不断涌现，促使团购企业发展模式不断地多样化，归纳起来有以下四种：

• 以美团网为代表的传统的 Groupon 模式，这种模式讲究对城市地域的深入挖掘，满足不同城市需求的同时，追求规模的扩张，利用城市的差异化和大市场的规模来赢得竞争。

• 专业化的网站，如米奇网这种网站在资源受限的情况下集中优势开始纵向一体化，做专业化的团购，从而开拓出一些细分市场，得到了宝贵的生存空间。

• 基于原有用户的网站，如大众点评网、糯米网（基于人人网）、高朋网等，这些网站原本就有强大的互动平台和良好的用户基础，比较容易快速建立起成熟的、互动的团购平台。

• 基于供应商的平台，主要是指淘宝网的聚划算，这些团购网站的产品，或者是来源于自建的工厂，或者是由自己平台上的供应商提供，它们相对于其他的团购企业有丰富的供应商的资源，这个优势十分突出。

（2）产品线日益多样化，但地域性产品比重较大。

随着团购行业的发展，团购产品的品种不断丰富，到了 2010 年末，出现了汽车团购等新的团购项目。网民团购关注的产品主要分布在餐饮美食、家居建材、汽车、电影票、电子产品、休闲娱乐、服装鞋帽、摄影写真、旅游、化妆品等方面，其中餐饮美食和电影票、休闲娱乐、摄影写真、旅游等地域性产品关注度达到 60%，如图 2 所示。

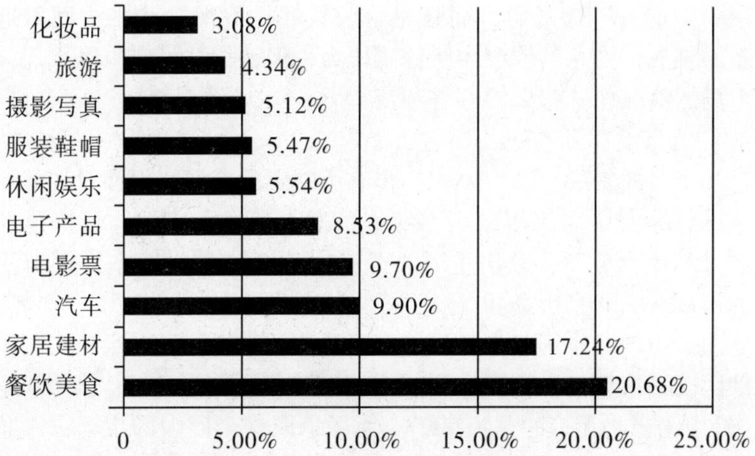

图 2　2010 年团购产品关注度排行

数据来源：百度数据研究中心，2011 - 01.

（3）城市发展极不平衡，北京等一线城市发展迅速。

和初期相比，这时团购的覆盖面已经十分广阔了，几乎所有的一、二线城市都有团购，但同时市场的集中度也是很高的，主要以京、沪、广、深四大城市为主，其中北京更是占中国团购市场50%以上的份额（2010年10月份数据），如图3所示。

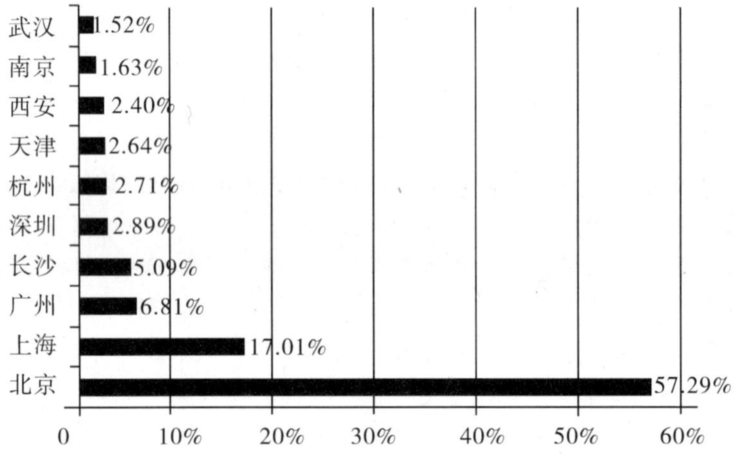

图3　2010年10月团购销售额前十名城市情况

数据来源：清科研究中心，2010－12.

2. **美耶的困境和调整**

由上得知，这时的中国团购市场和许总创业初期相比，已经不再是充满机会和空白的“蓝海”市场了，而是竞争激烈的“红海”市场，面对这些新的变化和新的挑战，许总的创业团队倍感压力，但他们并没有坐以待毙，而是开始结合市场的情况作一些大的调整和变革。

（1）在北京设立办事处。

经过几个月的发展，魔力团在广州有了一定的市场，但面对如此激烈的市场竞争，许总等人认为广州市场不够大，进入新的大市场，较快速地扩大规模，是在“百团大战”中杀出重围的王道。因此，他们决定在外省设立分部，开辟新的市场——北京市场。

北京团购市场是中国起步最早、发展最快的市场，经过半年多的发展，北京市场的团购销售额已经达到中国整个团购市场份额的50%（2010年6月的数据），是中国当之无愧的龙头市场。为了争取这个巨大的市场，许总和他的团队在北京设立了分公司，希望能结合北京当地的情况，推出一些特色产品，主攻北京这个大市场，把北京建立成其在北方的中心。

问题4：试分析在企业初创时期，团队领导者扩张的战略是集中有限资源进行区域深耕的纵向扩张，还是选择进入新的市场进行区域扩张，在区域扩张时，新的地域市场和新的细分市场的选择标准是什么？

思考提示：创业初期企业都想快速发展业务，扩大自己的规模，但与此同时大部分初创企业的资源和能力十分有限，这较大地限制了企业的扩张能力，所以选择扩张方式和合适的扩张市场就显得十分重要，要做到资源优化配置。

在本案例中，美耶要清楚自己是否有必要开发北京这一区域市场，因为初创企业资源有限，北京市场进入成本较高，而且要两线作战，如果处理得不好会消耗大量的资源，影响广东地区原有市场的拓展，所以风险较大。

初创企业常常会选择进入新的区域市场，这是提升企业效益和规模的有效途径，但在进入新的市场之前创业者至少要进行以下四点分析：①市场规模和潜力分析。这个市场上的产品和服务的特点属性是什么，市场的开发程度是多少，是否还有足够的发展空间和未开发的细分市场。②竞争对手分析。在该市场上的竞争对手的实力如何，优势和劣势是什么，自己的产品和服务与他们的产品和服务相比是否有优势。③自身的实力分析。相对于新市场的竞争状态，初创企业是否有足够的资源投入参与竞争，企业的优势和劣势是什么，是否可以利用自己的优势进行差异化的竞争等。④风险和机会成本分析。要分析进入新市场这一举措对原有市场拓展的影响，同时要分析是否还有更好的市场机会选择，如开发周边市场，进行辐射式的扩张等。

（2）成立搜宝团，整合产品类型。

美耶公司初期创立的魔力团是基于城市消费市场，即针对每个城市消费者的不同需求，结合该城市的特殊产品和服务，推出具有城市属性的产品和服务（如KTV、电影票等）。但在产品选择的过程中出现了很多没有地点属性的产品（如袋装食物），这种产品可以利用团购平台销往全国。为了开发这种新的市场，扩大企业规模，同时厘清产品类型，明确魔力团的定位，所以成立了搜宝团来开发全国的实物团购市场。

经过以上调整，公司结构有了较大变化，业绩也得到了一定提高，到了2010年8、9月份销售额达到了几十万，10月份近百万，但此后销售额却又开始停滞不前，甚至有下滑迹象。具体表现如下：

①北京市场未能成功打开。北京是规模最大也是竞争最激烈的市场，北京的团购公司数目巨大（见图4），而且，有拉手网、美团网等巨头长期的经营，它们有很大的知名度，在北京市场占有巨大的份额，对北京的优质供应商资源有较强控制力，而美耶在北京的分部知名度不高，资源有限，所以在强手如林的环境中很难脱颖而出。

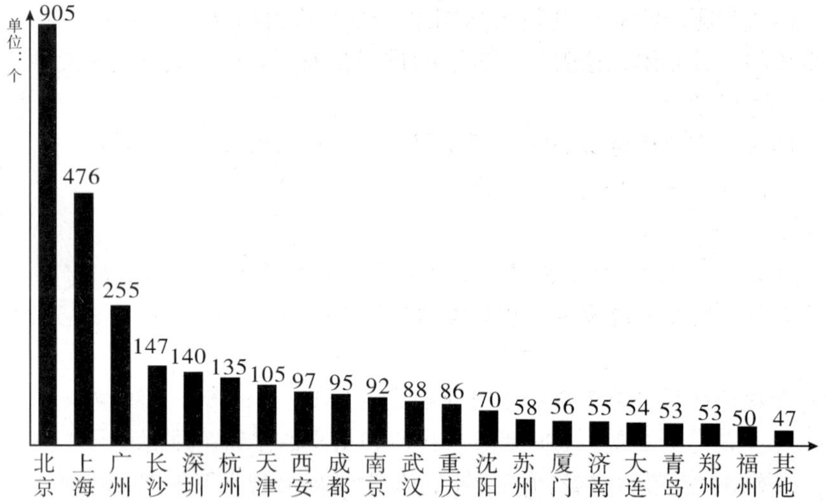

图 4　2010 年国内各城市团购网站数量比

说明：1. 基于可获得信息尚未能囊括国内所有团购网站情况，故此次分析数据可能较实际水平偏低，但并不影响对目前市场发展趋势的体现。

2. 此图中的团购网站数量包括了全国性团购网站在各地的分站点数来源。

数据来源：易观国际.

②公司客服问题不断。魔力团的城市定位没有坚持下来，渐渐变得和搜宝团相似，成为定位于全国的实物性团购网站，实物性团购需要及时、精确的物流服务为保障，但美耶公司没有自己的物流系统（也没有能力建立物流系统），只能通过第三方物流来完成这些服务。这种实物性的团购，不但使成本提高，而且对相关的物流服务要求较高，带来了很多服务问题，这些服务问题通过网络的传播大大地损坏了美耶的声誉。

③资源不足。2010 年中旬开始，拉手网、美团网、5151 团购等都有了一定的融资，这使得他们有较为充裕的资金进行进一步的扩张和发展，2010 年 9、10 月，美团网、拉手网、团宝网等大型的团购网站的工作人员都已经超过百人，而这时的美耶公司的人数也就十多人。在人员构成中，中国较大的团购企业中市场人员占 70%，但美耶公司的市场部没有真正地做起来，还是由许总亲自去抓，同时他还要过问财务、客服甚至是技术，这使许总没有时间和精力到外部寻求更多的资源，导致美耶的发展更加艰难。

④竞争对手进入广州。到了 2010 年的下半年，美团网、窝窝团、拉手网等在北京有一定的市场之后，快速地把扩张脚步伸向了南方这个经济前沿重地——广州。同时淘宝网、糯米网等利用其平台优势也深入到广州，除此之外，5151 团购等优质的本土企业也不断涌现，这也使原本较为平静的广州市场成为激烈的竞争海洋。

⑤模式问题。相对于其他团购网站，美耶的团购模式还是坚持相对原始的、简单的一日多团，这阻碍了美耶的进一步发展。应该构建怎样的模式呢，许总陷入了思考。

为了进一步发现更多的问题并找出解决之道，许总决心在年末召开全员大会让大家广开言路，共同探讨出路。

问题 5：许总的机会识别能力毋庸置疑，然而作为最早期团购行业的进入者，许总及其团队未能发挥先动者优势，反而在后来发展中陷入困境的原因是什么？

思考提示：原因有三点：①商业模式的问题。Groupon 模式被众多企业采用之后就一直没有变革，公司的整个战略和安排都围绕此种模式开展，而国内 Groupon 模式占到团购总数的一大半，因此竞争的激烈程度可想而知。因此，及时进行模式的差异化探索，是保持以及提升企业竞争力的重要渠道。②内部管理。美耶的初期分工不明晰，职责不到位，不论大事小事，许总事必躬亲，常常陷入琐碎的事务当中，一定程度上影响了公司在动态环境中把握战略良机的能力。③外部资源受限。对于处于初创期的互联网企业来说，持续的融资能力相当重要，而美耶并没有从外部获得足够多的资源支持来进行广告宣传和规模扩张。

三、改革之路

1. 年终大会

2010 年 12 月末的一天中午，年终聚餐，在饭桌上，许总不是很有精神，下午随即召集全体员工，召开年终总结大会。他先做了一个开场白：

“最近我们企业出现了瓶颈，我今天是来听问题和解决方法的，每个部门都要发言。最近你们问题很大，客服部先说。”许总沉重地对客服部说。

“我们部门的抱怨也很大，我们人太少，专线电话太少，所以服务很难真正到位。其次客户打电话常常是因为物流有问题，但物流是我们管不了的啊，而且网站上的商品常常和实际的有出入，这一方面是供货有问题，另一方面是编辑部没有写明白。所以我们也没办法。”

编辑部只有一个人，是个戴眼镜的年轻人，他坐不住了：“其实供应商和销售部、客服部没有沟通好，没给我充分的材料，我怎么写啊。”小伙子一脸无奈。

“我们财务部也有问题，很多报销票据和手续都不规范，财务不好做啊。”负责财务收支的一个女孩子也带了些不满的语调。

许总沉思了许久，不无自责地说："我们企业做团购半年多了，我现在才召集大家开第一次全体大会，真是不该啊！最近这段时间我都把心思放到客服部了，大家沟通也不多，没想到出现这么多问题。"接着许总把压在心中的疑惑和想法一件件地说了出来："我认为客服出问题的原因有很多，比如业务不规范，对投诉电话的反应不够迅速，和客户沟通交流时用语生硬，这不利于解决问题。我也认为客服问题本质是物流问题，但物流方面我们能做的十分有限，所以我还是希望大家能把客服终端的事做好。我想我们要建立明确的执行规范和考核标准，如规定客户响应时间是多少，规范客服的用语，和供应商建立相应的沟通流程等，也就是要规范企业的内部管理。"

"规范很重要，但团购主要还得看谁的产品好，我们企业销售部的人太少了，只有许总和小王两个人，在成功的团购企业，大部分员工都是做销售的，和他们相比我们投入得太少了，即使服务提上去了竞争力还是不够啊。"客服部的张小姐说道。

许总停了片刻，继续补充道："确实要加销售人员，但我认为还有一个很大的问题是团购模式比较原始，没有供应商平台，没有互动体验，没有用户基础，也没有专业化经营。所以在模式上我们已经落后了，我这几天就我们企业的发展模式和我们的股东进行了商讨，经过这段时间的思考我们决定重新启动时尚网，提高我们团购网站的专业化和互动性。我想模式的变革才是我们唯一的出路，但我最担心的是现在很难有足够多的人才去进行新的变革。"

许总这一席话引起大家进一步的讨论……

会议开了三个小时，在会议结束时许总和与会人员提出了未来一段时间的发展方向：

（1）客服问题严重。由于美耶的货品来源过于宽泛，想对各个流通渠道进行有效的跟进，保证产品流通顺畅是很难达到的。但可以规范客服流程和渠道管理流程，规范客服人员用语，尽量减少物流服务环节问题所带来的负面影响。

（2）必须要提高销售人员的比例，加强核心团队的培养。目前的销售主要是许总一个人在抓，同时他还兼管财务，最近客服频频出问题，他又要亲自过问客服。所以常忙得不可开交，要增加销售人员数量，缓解他的压力。

（3）重启时尚网，旧的团购模式出现较大的问题，必须要转变模式，重启时尚网为此提供了一个较好的机会。

（4）每周召开例会，加强部门沟通。

2. 美耶的变革

继年终总结大会之后，公司上上下下对公司所处的情况有了更加清晰的认识，面对公司内部多重复杂的问题，限于资本等因素的制约，美耶在组织结构上并没有进行较大幅度的变革，只是在人员配置上进行了细微的调整，增加了两个线下拓展人员和几个实习生，管理比原先更加规范化。公司的口碑很大程度上还是依靠客服水平来体现，通过公司对客服流程的规范和管理，以及定期培训，客服服务水平有了很大的提升。公司组织结构图如图5所示。

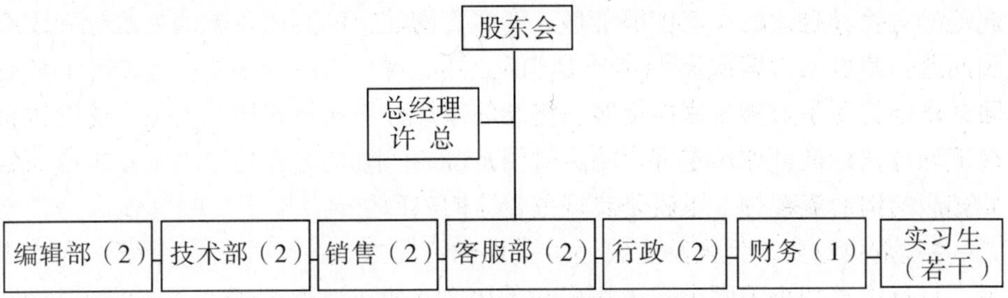

图5　美耶公司组织结构图

最关键的是，美耶对团购模式进行了变革，具体举措包括以下两点：

（1）美DNA。

搜宝团转成以“美DNA”为标志的唯美女性团购网，搜宝团原先定位于全国性的实物类精品团购，现在更加专注于专业的时尚女性产品，打造专门为女性提供服饰、美容、美体、家居等相关产品的团购网。这是美耶在年终总结大会结束后公司团队苦苦思索的结果，也是关键时期的明智之举。因为美耶公司成立之前便致力于时尚网的开发和应用，对时尚类产品及其相关市场的理解有先天的优势，因此现在专注于时尚女性商品，往垂直化、专业化方向发展是非常精明的选择，同时利用自己在这方面建立起来的供应商优势，相对成熟的团队，来努力突破目前的瓶颈状态。然而，团购大军中已经有很多网站在做专业化的女性、时尚类产品，而且不乏优秀者，美耶做得稍微晚了一些。

为了快速打破这种落后的局面，在短时间内建立起竞争优势，美耶公司开通了与美DNA团相关的美DNA时尚网。该网站是一家集交友、娱乐、购物等为一体的大型购物类互动社区，它是具有很强的针对性的互动平台，区别于人人网，社区成员在注册成为网站会员之后，除了可以进行交友、互动、信息交流之外，还有更重要的一个功能就是“挑宝贝”。美DNA时尚网提供了大量的宝贝供访客和会员浏览，而且大家看到自己喜欢的产品之后可以评论，还可以分享给朋友。凭借口碑营销，这种有特色的互动社区的成立给美DNA团聚拢了很大的人气，因为这种社区式的互动不仅为美DNA团提供了琳琅满目的宝贝，而且能够吸引源源不断的客户来网站分享和互动，加大用户的黏性。同时用户通过时尚网的信息体验过美DNA团之后，可能会有更多的人来时尚网互动社区。

（2）四月天时尚购物商城。

魔力团转变成四月天时尚团购商城，魔力团属于一日多团，基于城市的区域性服务市场，但是团购的商品大都属于精品实物类产品，需要物流配送才能最终达成产品交付。调整之后，美耶将魔力团继续定位于精品实物类产品，在此基础上将其打造成一个团购商城，意味着网站上陈列的所有商品都处于团购状态。网站会不定期推出一些团购产品，每天可以选择的团购产品种类和数量非常多，覆盖了包括生活、女装、男装、家居、鞋包、配饰、美妆、美食等很多领域，同时商城每天会挑选出一款特别的团购产品供来访的团友选购——“今日推荐”。据调查，今日推荐的产品销量要明显高于当日的其他商品消费量的平均水平。

经过一系列公司内部和模式的变革，美耶的业绩虽然有了起色，但是增长的势头还不是特别明显。美 DNA 时尚网的流量还不是很大，社区互动的建设还有很长一段路要走。但是模式转变之后，重新点燃了大伙儿的创业激情。

问题 6：美耶公司以往的模式存在什么问题？它是如何转型的？结合团购网站的发展现状及趋势，你如何看待美耶的这次转型？

思考提示：同质化现象严重是国内团购行业存在的很大问题，大多数团购网站在引入 Groupon 模式后并未进行模式创新。对于美耶也是存在同样的问题，应如何培养出具有独特竞争力的销售模式？结合市场发展的趋势，美耶作出了调整，分别向垂直化和 SNS 化两个方向延伸。虽然不属于突破式创新，但是这两种模式的发展还不是特别成熟，尤其是 SNS 与团购的结合不如预期发展得那般好，美耶有机会通过这次转型实现突围。不过要想让这两种模式在美耶发展良好，持续的外部资源供应依然是必要的。

四、美耶的未来展望

现在许总已经将供应商的洽谈工作授权给两位线下拓展人员，其他事务性工作也由行政人员负责，能抽出身来专注于公司的管理运行，同时更加专注于战略性的考量。

问题 7：创始人许总具有哪些与成功的创业者共同的特质？有哪些优势和不足？

思考提示：许总具备了创业者需要具备的充满激情、勇于冒险、勤奋苦干、果断把握机会的特质，还有一定的社会经验和人脉关系等一系列特质。在刚刚嗅到团购商机时便果断投资，把握机会，成为团购的第一批创业者；在处理公司事务时，踏踏实实，事必躬亲，勤奋刻苦；而且有南方知名大学的教育背景和工作经验，可以说这些特质都为他从事创业作了很好的铺垫。然而他身上也存在着一些不足，比如认清趋势、选择战略方向及动员资源的能力稍差。特别是新兴行业的创业，面对的是一个多变的环境，创业者首先需要对行业大势的发展趋势较为明晰，并在可能的情况下争取先动者优势，同时为了做到先动，需要获取的资源也有很多，如资金、技术、管理、与相关企业和政府部门的关系等，而这又进一步考验着创业者的资源动员能力。

与此同时，团购行业竞争依然如火如荼，而且团购企业已经出现了分化的趋势。2011 年 7 月团购网站又新增 221 家，团购网数量达到 5 472 家，在一片“团购冬天”的呼声中，新诞生团购网站数量有增无减，无疑会让正在烧钱的团购网雪上加霜。

这些团购的新生力量给美耶带来了巨大的竞争压力。如今的美耶正在向垂直化和细分化的方向发展，而且公司已经有了些起色，但是资金短缺的问题一直得不到解决。而团购一直处于烧钱阶段，网站推广费用是很大一笔支出。美 DNA 时尚网网站流量何时才能飞跃，何时才有更多的时尚达人愿意到美 DNA 社区挑宝贝呢？

得益于社交网络、电子商务和移动互联的发展，团购也许会有更加广阔的前景。团购终究会走向何方，这值得我们去思考，更引起了许总无限的深思……

讨论题：

1. 烧钱游戏是现代基于互联网的服务业发展的必经模式吗？如果是，无钱可烧的美耶该怎样改变目前的处境？如果不是，会有其他的发展路径吗？

2. 整个团购行业发展趋势是怎样的？有各种说法，“成为 B2C 的标配”或者“和 SNS 结合”，根据案例中阐述的行业形势，作出自己的判断。

3. 为什么美国团购 Groupon 能够盈利，而国内团购一直处于烧钱状态？以团购为例，说明互联网创业最重要的核心资源是什么，要如何才能获取这些资源？

4. 课外作业：找一些电子商务、B2C、团购方面做得比较成功的案例与美耶公司进行对比，提出一些有实践指导意义的建议与措施。

山寨手机供应链之天立公司的盈利模式分析

梁　云　左小德　沈杨杨

◇案例导读　本案例描述了由于人们需求的多样性催生的手机制造业生产模式变迁的过程，介绍了山寨手机现象存在和发展的外部条件，并以天立公司为线索，展示了深圳华强北市场——山寨手机最大的交易平台的作用以及内在的作用机制，描述了天立公司运用山寨手机供应链的独特运营机制，以及如何应用延迟策略应对差异化的市场需求，剖析了山寨手机成功的秘诀……

一、山寨手机的生产与交易平台

2007 年 5 月 6 日，星期六，风和日丽，天立通讯设备有限公司（简称“天立”）的总经理吴总，在一周的忙碌后又来到了繁华的华强北。深圳福田区的华强北市场是吴总创业起步之福地，也是中国最大的山寨手机集散地，拥有规模在 1 万平方米以上的电子通信市场 35 家，日均人流量可达 40 万 ~ 50 万人次，电子产品的年销售总额超过人民币 300 亿元。吴总每周习惯性地来转一圈，既有怀旧之意，更重要的一点是想通过这个窗口了解手机市场的动向，因为华强北市场的走势已经成为全国手机市场的风向标了。

2002 年，吴总把手里的两套房产进行了抵押贷款，并且拿出自己多年的 500 万元积蓄投入到手机制造市场，成立了天立公司。当时国家实行手机牌照制度，给手机制造企业设立了四大门槛：公司注册资金 2 亿元以上，连续经营两年以上，具有研发能力，并且拥有环保等相关规定的认证。全国具有这样资质的企业寥寥无几，天立不得不在借用其他企业许可证的情况下进行贴牌或租牌生产，每部手机制造出来都要支付给牌照供应商 15 元。2005 年国家放开了手机牌照制度，天立才开始使用自己的许可证仿制品牌手机生产杂牌手机。后来，随着手机核准制取消，天立公司开始使用天立自有品牌上市销售手机，在进行市场宣传和拓展后，天立公司在业内已经小有名气，产品供不应求，公司发展态势良好。

这个周六，吴总首先来到华强北的高科德手机销售市场。市场一楼密密麻麻地摆满了销售柜台，有几百家之多，一般是做手机零售的，也有顺便回收旧手机的，二楼主要是做手机批发，三楼销售手机零部件。

图 1　高科德手机销售市场

每天上午 10 点，这里便开始忙碌起来。营业员卖力地招呼着每一个从档口前走过的人，从不放弃任何一个潜在的顾客。在客人稍稍停下脚步之后，营业员就手脚麻利地从柜台下拿出手机进行功能展示，并在计算器上按出价格，同时细心地观察着客户的反应以便游说。

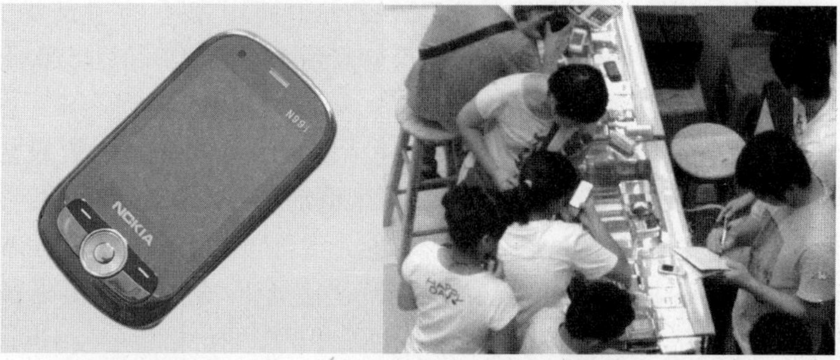

图 2　仿制“NOKIA”的山寨手机外观和热闹的手机市场

这些手机的外形大多和某些知名品牌的热门款式极为相似，有的甚至是打着 NCKIA、Anycoll、HiPhone 这样易被误会的擦边球品牌，有的乍看是一辆法拉利或保时捷的模型，或是一包中华香烟的模型，但翻转过来其实是一部手机。在手机的外壳和包装上，它什么都敢印，就是不敢印上自己的真实厂址。这些手机拥有 3.5 寸大屏幕、双卡双待、关 4 个摄像头且有 400 万像素和 5 倍光学变焦、8 个 AC 立体声喇叭等，待机时间长达一两个月，可免费看电视，支持魂斗罗、疯狂坦克、超级玛丽、街头霸王等游戏和联机对战，验钞，监控，GPS 导航，等等，各种各样的功能一应俱全。

场景扫描一： 一群中老年妇女正在进行晨练，她们跟随着欢快的音乐节拍在扭动着那还算灵活的腰身，步伐整齐划一，向前、向后、向左、向右，进退有序。突然，播放音乐的录音机罢工不工作了，失去了音乐节拍指挥的人们突然陷入了暂时的茫然，脚下的步伐乱了，导致有几个人相互间轻轻冲撞一下。醒悟过来的人们马上找到了替代方法，有个人从放在一边的包包里掏出一部手机，打开音乐播放器，其音量一点也不亚于刚才的录音机，机主自豪地告诉大家：这个手机有八个喇叭，音量超大。大家不约而同地说这是山寨手机。

场景扫描二： 一位香港乘客来广州参加广交会，从广州南站搭乘的士去交易会场馆。计价器显示金额 70 元（人民币）。乘客翻遍了口袋也找不到人民币，只好拿出一张 500 元的港币，只见的士司机不慌不忙地拿手机在港币上照了一下，然后安心地收下了。这在以往，肯定会发生司机拒收的情况，因为司机没有能力鉴别港币的真伪，一旦收到大额假钞，一天就白干了。现在的山寨手机具有验钞功能，方便多了。

这些与知名品牌形似又神似，功能似乎也相差不远的手机，价钱却与品牌手机有天壤之别。知名品牌的手机一部要几千元，这种手机的开价只是几百元。诺基亚 N97 的品牌手机原价 2 700 多元，而山寨手机却只要 300 元；iPhone 4 品牌机价格为 4 000 ~ 7 000 元，而高仿山寨手机开价才 520 元，山寨手机的价格约为品牌机的 1/10 到 1/5。

大多数档口在做零售的同时，还做批发，他们大都是山寨手机的二级批发商，如有需要，几乎每个档口都能轻而易举地调动几千甚至上万部手机。华强北的手机市场实际上被控制在几个一级批发商手上，他们垄断了大部分山寨手机的货源，然后再向各个档口的二级批发商发货。在这个市场上，手机供求情况传导价格的速度非常惊人，往往同一款手机，上午和下午的价格就可能不同。当然，如果有熟人介绍，一些经销商还可以跳过批发商，直接从制造商那里进货。天立的每款手机一般都有一个总代理，总代理下面是省代理、地区代理等。

问题1：山寨手机是如何实现灵活的分销的？

思考提示：一般手机厂商都采取代销模式，需要铺设庞大的销售网络，建立良好的代理商队伍，成本高，对市场需求的反应速度也相对较慢。而山寨手机厂商间分工明确，厂商只管组装，零售商需买断货物，自负盈亏。这种模式极大地调动了厂商和零售商的积极性，零售商赚取利润的动机强了，就会将市场需求第一时间反映到厂商那里；厂商没有销售的包袱，企业信息传递也快，研发效率大大提高。在销售上，自负盈亏迫使山寨手机对市场反应更加敏感。

山寨企业经营方式是网店与实体门面相结合。公司将生产或经营的最新手机照片和资料都放在网站上，批发商可以到网上直接购买，大多数都是合作时间比较长的客户，有时候就直接打款让公司发货。各大批发中心里那些密密麻麻的小柜台其实就是各山寨手机公司的一个个对外站点。各柜台每天的零售额不过3~4部，更多的则是等着外地客户过来大批量批发。这些客户是遍布全国各地及海外的批发商。

在销售手机的同时，很多档口还负责旧手机的回收，当然，回收仅仅限于品牌手机，山寨手机大多仿制的是品牌手机，质量没有品牌手机的保障，价格也很便宜，它就没有回收的意义了。大部分手机是靠这些销售商、批发商负责回收，虽然有的手机制造厂家也负责回收，但回收量很少，仅占市场销售量的3%。天立也进行手机回收，手机回收后，将可用的零部件取出，再制造新的手机，每年因再制造可节约20%的成本。

看完了手机，吴总溜达到了手机零部件的销售市场。在这里，电池、充电器、数据线、外壳、键盘、耳机、芯片、液晶屏、手写笔甚至摄像头镜片、Logo等，所有的手机零部件应有尽有，主要为手机制造商提供批发，在这里就有天立的很多合作伙伴。

天立公司的零部件供应商有200多家，除了芯片系统之外，平均每个零部件选择2~3家供应商，而且一般都是能力互补的。以手机LCD屏为例，天立选择了国内制造LCD屏最大的厂商，但该厂商自身不制造LCD屏的原材料——屏幕玻璃，天立同时又选择了一家规模较小的既制造LCD屏也制造LCD屏玻璃的供应商，以保证市场波动、产品供不应求、原材料供应紧张时，他们的供应能力相互之间可以进行互补。天立不是单纯地追求与世界顶级或一流的零部件供应商合作，而更看重的是自身在零部件供应商那里的客户优先级别。与其他手机厂商相比，天立的采购提前期只有1个月，有的原材料提前期低至10天，而大多数手机厂商的原材料采购提前期是6~8周。

看到零部件市场的火爆，吴总进一步确认了手机市场的旺盛需求。目前手机制造最重要的环节和最值钱的部分是设计方案，占手机制造总成本的80%左右，市场上90%的手机都使用了2006年台湾联发科技股份有限公司（MediaTek MTK，简称“联发科”）交钥匙的设计方案，该方案的特点是将核心芯片、软件平台以及第三方应用软件捆绑，联发科对原本独立的手机模块进行了整合，解决了手机制造的技术壁垒。

最后，吴总来到了运输公司的集聚地了解情况。华强北市场的山寨手机大都是从这里运送出去的，主要的运输方式是快递公司的运送。因而，华强北集聚着大量的快递公司，如顺丰、申通、圆通、中通、韵达、宅急送、邮政特快等。

快递一般分省内、省外，根据货物的重量不同有不同的定价。省内邮寄，1天后到达，1千克以内价格8到12元不等，邮政特快（EMS）最安全，但也最贵，0.5千克就要20元，1千克以上每加1千克续费6到10元不等；省外价格相对省内要高2到3元，一般3天内送达。很多公司都与快递公司签订了长期的合作协议，按月或按季度结款，服务更便捷，价格也更优惠。

华强北就是这样一个大平台，把所有的手机制造环节的公司聚集在此。

问题2：山寨手机存在和生存的PEST环境如何？

思考提示：山寨手机存在和生存的PEST环境，可从政治、法律、经济、社会文化、技术方面进行分析。

（1）政治、法律方面。

对山寨手机行业而言，最大的政治环境变化莫过于国家手机牌照制度与核准制度的取消。1998年，政府出台的《关于加快移动通信产业发展的若干意见》明确规定：厂商生产手机必须获得当时的国家信息产业部的批准，并取得准许生产牌照，也就是业内所称的“牌照许可制”。生产牌照当时成为一种稀缺资源，在此后长达6年的时间里，全国仅有38家企业拥有手机生产牌照。许多厂商不得不高价收购或者与这些拥有牌照的企业合资取得生产销售手机的合法身份，更多的企业则向它们借牌或贴牌来生产手机。

2005年发改委颁布了《移动通信系统及终端投资项目核准的若干规定》，自此手机的牌照审核制改为核准制，核准权由国家发改委行使，核准条件改为：生产企业注册资本不低于2亿元人民币、经营历史超过3年。原本很多借牌或贴牌生产的企业都达到了“核准条件”。

2007年国务院取消国家特殊规定的移动通信系统及终端等生产项目核准制度，任何企业都可以生产手机了。于是2007年山寨手机出产了1.5亿部，是2006年产量的3倍，占国内30%以上的手机市场份额。

国家的制度对山寨手机行业的兴起与发展起了重大的推动作用。作为立项审批条件之一的投资规模标准，转化为现在工商登记的注册资本标准。目前，阻碍山寨手机由地下走到地上的制度是注册资本标准和型号核准、入网许可制度。

在发改委取消手机生产牌照许可审批以后，厂商寻求合法“洗白”山寨手机的唯一途径就是申请电信终端测试技术协会（TAF）的入网许可检测，获得国际移动设备识别码（IMEI）。每部手机在组装完成后都将被赋予全球唯一的一组号码，是手机的“身份证号”，拥有 IMEI 的手机才可以在 GSM/UMTS 网络上使用，但申请过程既费时又费财，图 3 所示为通讯设备入网行政审批流程图。

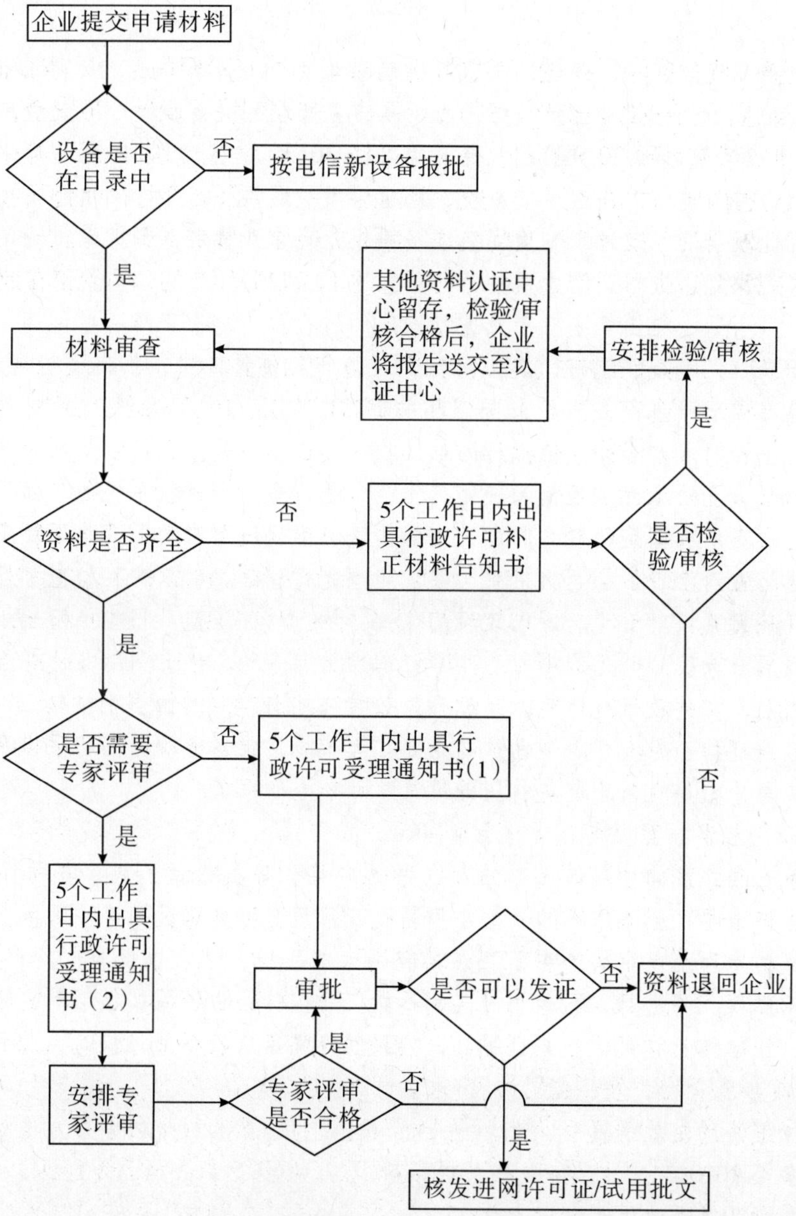

图3　通信设备入网行政审批流程图

• 收费过高。根据目前有关规定，一款正牌手机按照2008年的价格算，入网检测费通常为25万～30万元。如今，山寨手机厂家一款手机大多只生产8 000～10 000台，每部售价300～400元，按一台利润20～30元计算，一款手机获利15万～30万元。就是说，山寨厂家每生产一款手机就要赔5万～10万元。对于小本薄利的山寨手机厂商来说，寻求合法入网检测的过程无疑就是寻求死路的过程。

• 周期太长。一般来说，手机入网检测时间短则需1个月，长则3个月到半年。而从山寨手机的生产过程来看，从方案提出到寻找设计公司设计再到开模，出一样、二样、三样检测，通常需20～30天。当小厂家发现一款手机的卖点后，再申请检测完后才能生产，商机早就被耽误了。

因此政府的行政审批制度促使很多手机生产企业逃避高额的审批费用与冗长的审批周期，进行山寨手机生产。

不可否认，在山寨手机产业蓬勃发展的过程中，也出现了一些问题，如无视知识产权，抄袭、剽窃、模仿问题成风，产品质量低劣，损害消费者利益，产品存在安全隐患等。因此，国家相关部门（工业与信息化部）针对这种山寨手机进行打压和查处，但执行困难，收效甚微。一是知识产权局的执法队伍人员有限，无法承受大规模的查处工作；二是许多生产侵权手机的厂商没有固定的经营场所和固定的联系方式，东躲西藏，难以进行查处；三是即使工商局人员进行卖场检查，山寨机机主们往往能事先得到消息，只要在检查那几天不开档，躲过几天就好了。所以政府的这些打压行动并不能从根本上阻碍山寨手机的发展壮大。

目前看到的政策趋势是，政府开始扶持一些有牌照的山寨手机转正，一些地方政府还拨出专门资金帮助这些企业扩大市场，但对于那些高仿手机及以次充好的黑手机将会采取坚决打压的政策。

（2）经济方面。

• 社会经济的发展使一部分人将手中的闲置资金用于投资山寨手机生产。山寨企业最早产生于广东的一些小作坊式工厂里。经营者运用手中的闲置资本开始模仿市面上流行的外观新颖、功能强大的手机，然后以低廉的价格卖出。他们不纳税、不进行入网检测，几乎不做广告宣传，也不做促销活动，再加上成功的成本控制和灵活的分销手段，导致其终端零售价格往往仅是品牌手机的1/10到1/5，极大地刺激了市场需求。

• 经济的发展提高了人们的生活水平，老百姓对手机的购买力也随之增强。截至2010年6月，全国移动电话普及率为60.5部/百人，全国移动电话用户数为80 535.4万户。

• 经济的发展加强了与外国的联系，为山寨手机开拓了庞大的海外市场。

目前国内手机市场已经基本饱和，山寨手机企业大都做外单，产品出口到南亚、非洲等地区，海外市场给中国山寨手机企业提供了更为广阔的发展空间。

（3）社会文化方面。

• 中国社会存在着大量低收入人群，特别是在三、四线城市或者农村，形成了低价山寨手机的消费客户群体。

• 时代的进步与个性的张扬，使消费者对手机的需求更加个性与多样化。进入 21 世纪以来，中国人追求个性的脚步也在加快。山寨手机吸引越来越多消费者的一个“杀手锏”是其个性十足、功能强大的定制化服务。

（4）技术方面。

2005 年，联发科向手机厂商推广交钥匙模式，即将手机芯片、软件平台以及第三方应用软件捆绑销售，提供“一站式解决方案”。只要在联发科提供的手机“半成品”上加个外壳和电池，就能生产出一部手机，所以一些小作坊都堂而皇之地做起了手机制造。这也就是市场上有那么多功能一样，只是外壳稍有不同的山寨手机的原因。

二、山寨手机的制造过程

吴总回忆着天立曾经在华强北打拼的日子，天立公司与其他山寨手机制造商一样，如果在市面上看中了最近流行的某款手机，就会买下一部交给专业的手机设计公司研究。设计公司经过分析后，出具一份包括主板设计、软件设计和结构设计的“仿制报告”，这一过程需要 8 天；接着，大约花费 10 天的时间根据仿制报告设计主板、开列零部件采购清单，进行软件编写，让各项功能顺畅衔接，在第 18 天就可以提供第一套样机给客户。如果客户认为可行，便下单订货生产，一般在第 45 天开始批量交货，整个流程如图 4 所示。由于采取模块化的制造和生产，山寨手机制造过程中，几乎每个环节都可以外包，在华强北有大量成熟的企业可以为他们提供代工服务，甚至有家店主提到：“我们的高仿手机现在甚至不用 45 天，最快半个月就能搞定，山寨版本甚至比行货在国内市场上出现得还早。”“我们从香港直接买样机回来，然后找方案公司，他们业务特别娴熟，两天就可以设计出方案。零部件就更不用说了。由于山寨手机的零部件厂家大多在深圳郊区，早上订货下午就能到货，制造的话一般都是外包，如果批量不是很大，一个星期内就可以搞定。”有时候，山寨手机生产流程中外壳的装配也可以延迟到批发商或零售商销售时进行，销售时还可以根据客户的需求进行外壳的更换，因此具有更大的灵活性，手机的交货也更快。

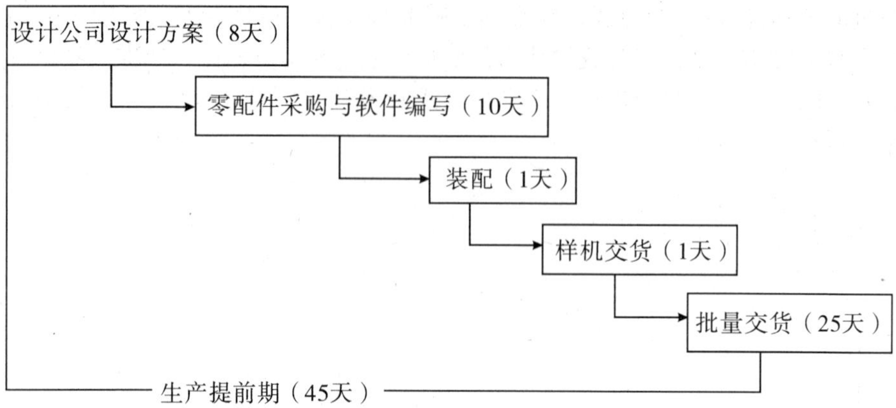

图4　山寨手机的生产流程

为了保证山寨手机基本的质量要求，在深圳一家手机设计公司工作的朋友说："在这45天中，我们不断地测试软件的BUG（缺陷），进行完善，保障其稳定性。对于零部件，我们委托代工的工厂规模很大，管理也很规范，并且收货前都会进行测试，品质稳定时我们才收货。"

问题3：山寨手机如何做到对市场的快速响应？

思考提示：山寨手机对市场的快速响应依赖于以下两个条件：

（1）成熟的产业链支持快速生产。

山寨手机产业高度成熟的产业链为山寨手机的发展提供了强有力的支撑。市场各种资源特别丰富，山寨手机企业如果需要采购某种零部件，上午订货，下午就能收到，并且几乎不会缺货。如果要1 000部以下的成品，半个小时就可以拿到货；如果是畅销机型，几千部也没问题。到目前为止，公司还没有遇到缺货的情况。万一出现缺货，公司一个晚上完全可以加班生产出来。

（2）口头契约的形式减少各种合同签订、审批流程。

华强北电子市场在多年的发展过程中，已逐渐成为一个社区社会。整个社会圈子比较小，大多数厂家彼此间都有过合作，即使没有过合作也相互有所耳闻。因此，大多数厂家之间的合作都采取口头契约的形式，很多时候只要一个电话，即可发货，需求方可以直接打全款，省去了签订契约合同的程序，交货时间更快了。即使是外地的客户，对这些厂商也是相当信任的。如果厂家一旦失信，那么它在华强北的圈子里便很难立足。这种简单、快速的合作形式虽然不够严谨，但也没有出现大问题，反而在提高业务效率方面作出很大贡献。

45天完成从手机的开发、批量制造到最终市场销售，这个速度对于品牌手机企业来说是难以想象的。一位曾在TCL和康佳等知名品牌手机企业里工作过的工程师说："当时我也经常到华强北买手机，拿回去研究，但是我们三五个月都做不出来，因为我们什么都要自己做，从市场调研、研发、生产、测试到运输，一步一步地进行，没有任何可更改或灵活性的操作。"传统手机的生产流程如图5所示。

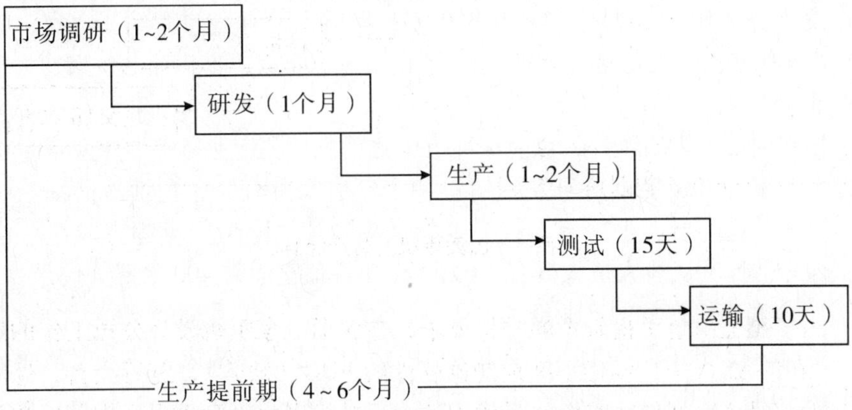

图5　传统手机的生产流程

依靠这样迅速的反应速度，山寨手机能第一时间捕获时机并满足市场需求，因此在竞争中逐渐挤占了品牌手机的市场份额。在山寨手机的冲击下，一些主要国产品牌手机的经营每况愈下：除了华为、中兴、TCL等以国外市场为主的厂商外，国内品牌手机大企业几乎都出现亏损，其中波导手机2007年前三季度亏损5.06亿元，厦新手机2007年亏损6亿多元，而联想手机业务的收入，2007至2008年以平均25%的速度急速递减，有些企业甚至退出了市场。

问题4：没有联发科的推手，是否可以成就山寨手机产业？

思考提示：如果没有联发科的推手，解决不了技术上进入零"门槛"的问题，小企业不可能进入手机的生产环节，就不可能形成山寨手机的模块化生产模式，也就不可能成就山寨手机产业。事实上，日常生活中的电器产品千千万万，也就只有在手机产业中出现了成功的山寨手机现象。

1. 山寨手机产业集群

深圳福田区华强北是国内最大的手机产业集群地，这里的手机产业链高度分工、完善，上游的手机零部件是全国山寨手机制造商的采购来源，华强北的制造商不用离开市场就可以采购到各类零部件。同样，这里集聚的大量手机制造商，是产业链上游厂商的目标市场，也是全国各地手机销售商的供应商。上、下游厂商与批发商甚至终端消费者都汇集到这里频繁交易，构成高度集聚的形态，迅速提升交易效率，形成了强大的外部规模经济效应和辐射示范效应。比较有名的有龙胜、高科德、远望、明通等几个电子通信大卖场。此外，地铁商场也排满了山寨手机及其零部件的档口。

据不完全统计，2006 年山寨手机刚刚兴起的时候，深圳的手机制造企业已近 140 家，与之配套的方案整合公司有 36 家，主板研发企业 140 家，外观结构设计企业 50 家，蓝牙厂商近 300 家；渠道上，有国包商约 250 家，省包商约 1 300 家，整机贸易公司 20 家，手机卖场 100 家，零售商 150 家及物流配套企业 150 家。

据深圳市工商局统计，目前深圳市山寨手机相关产业链上的企业数量已经超过 1 万家，山寨手机从研发到销售各个环节都有分工，包括液晶面板、耳机、电池、充电器、手写笔，甚至摄影镜头镜片、防尘网等都有专业厂商生产，保守估计其从业人员大概有 20 万人，年产值至少有 400 亿元人民币。

2. 山寨手机产业的产业链

目前，投资山寨手机已经在珠三角民营工厂中蔚然成风，一条完整而庞大的山寨手机产业链已经形成。

山寨手机的产业集群是指由手机产业链上零部件厂商、制造商、分销商、物流企业等各个环节聚集在一起，形成了一个分工细致、相互竞争、相互合作的群体，这样不仅省去了手机供应商与企业或企业与分销商之间的物流成本，而且使企业可以更方便地选择供应链伙伴，建立灵活的供应链联盟，快速响应市场，一般山寨手机的生产制造流程如图 6 所示。

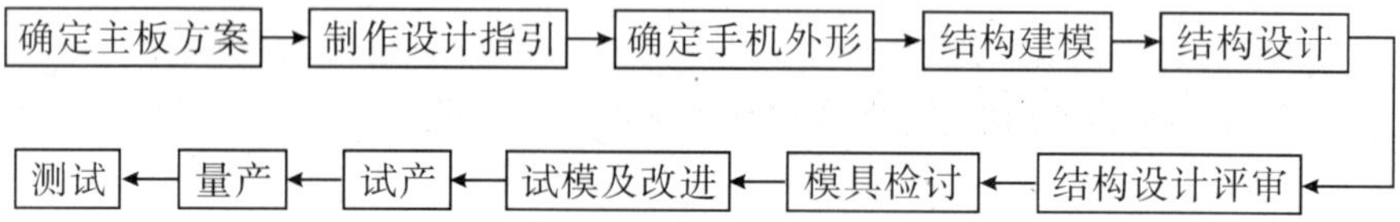

图 6　山寨手机的生产制造流程

华强北是全国山寨手机最大的销售地，也是全国最大的制造地，其他地区的山寨手机大都是从这里流传出去的，主要的运输方式是快递。

就这样，手机制造的各个环节，方案设计公司、各零部件制造公司、手机制造公司、物流公司聚集在此，形成了庞大的手机生产和销售市场。

问题 5：山寨产业集群有什么优势？

思考提示： 山寨产业集群最大的优势是可以快速整合资源。从生产商看中最近流行的某款手机搜集需求开始，到拿到第一套样机只需要 18 天时间，如果市场对样机的反应积极，便下单订货制造，一般在第 45 天就开始批量交货，其中的误差也就一两天。

在这45天中，还完成了软件相应的bug（缺陷）测试和产品测试，做到在收货前品质稳定才收货。

山寨手机能在45天完成手机的开发到批量制造，是因为山寨手机在制造过程中，几乎每个环节都可以外包，华强北有大量成熟的企业可以为他们提供代工服务。

2007年5月，天立公司做大之后搬出了华强北，吴总曾经经历过在工厂只有15万部产能的情况下，通过这种快速的响应，动员华强北强大的外包资源，极力完成了E86机型35万部的生产。当时公司的E86款手机其实是仿制NOKIA的新款E72的，其外观、颜色、键盘样式基本和原机一样，还具有更多功能，价格却只有E72的1/5。这款E86一经上市就销售火爆，很多经济不宽裕但是又喜欢追求时尚的三、四线城市的年轻人，还有在大城市务工的打工族都选择了这款手机。

问题6：深圳成为山寨手机的总部是否有其偶然性与必然性？

思考提示：深圳是一座移民城市，由于其建设的需要与快速发展，在深圳聚集了大量的外来人口与进城务工者，他们收入不高，年龄不大，追求新奇的东西，具有很强的好奇心。同时由于深圳毗邻港澳，他们可以第一时间接触到外面的新奇东西，具有很强的创造力，所以深圳成为山寨手机的总部，在偶然中有其必然性。

三、山寨供应链上各环节的利润分布情况

山寨手机是以价格便宜、功能强大而闻名的，那么承载手机强大功能的山寨手机在价廉这一招牌之下是否有利可图，或是利润空间有多大呢？作为其中一员的天立公司的总经理吴总心里当然清楚，其中的甘苦只有身处其中才能知道。

在山寨手机的供应链中，主要成员有手机开发商、手机零部件生产商、手机组装作坊、手机批发商、手机零售商，如图7所示。

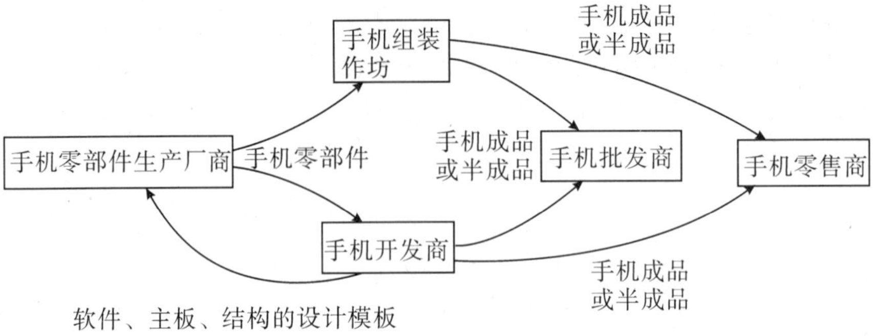

图7　山寨手机供应链的各成员

根据零部件和功能设计方案的不同，一部山寨手机的成本在100～400元之间。下表是国外某媒体关于山寨手机生成产本的调查结果。

国外某媒体对山寨手机成本的调查

带蓝牙的主电路板	$20.59
2.4英寸屏幕	$5.59
外壳	$2.35
电池	$1.47
摄像头	$1.32
键盘	$0.88
封套	$0.74
充电器	$0.59
耳机	$0.44
喇叭	$0.29
麦克风	$0.29
接收器	$0.29
震动马达	$0.29
其他	$4.41
总成本	$39.56

从上表中可以看出，山寨手机的成本大概为40美元，即人民币250元左右，这是以前的数据。现在一部山寨手机的零售价也就在300元左右。

手机主要由PCB主板、液晶屏幕和摄像头三大件组成，而成本主要也来自这三大件。若公司基于MTK芯片的超低端手机设计方案，PCB主板价格最低在90元左右，液晶屏幕价格为40元，摄像头价格为7～12元，而整部手机配件齐全也不过200元成本。

那么山寨手机的利润是怎么分配的呢？如果生产商赚10%的利润，代理商赚几十元，零售商再赚取一两百元，这部山寨手机到了市场上的价格也就只有400～1 000元，竞争力还是相当强的，如图8所示。

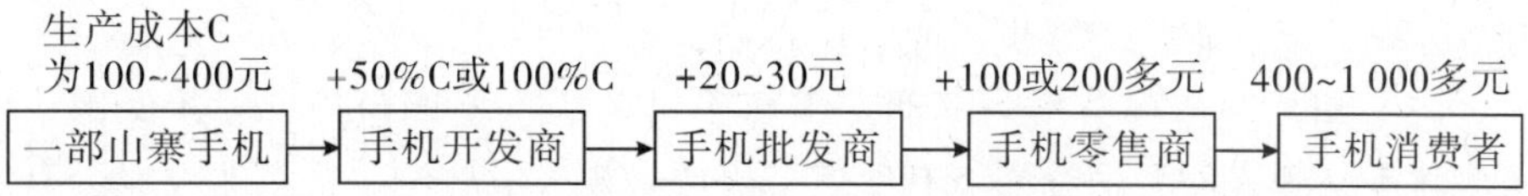

图8　山寨手机供应链的利润分配图

对于批发商来说，一天只卖几十部手机是要赔钱的。就算一天平均卖50部，一部赚10元，一个月才15 000元而已。手机市场与一个柜部租金就5 000元，还要给两个雇员发工资，还有很多运输管理等其他费用，到手里几乎就没有利润了。一般有经验的业务员底薪可以到3 000元，卖得好一个月可以走一两千部的量，每部可以提成几元人民币不等。现在手机利润都不是很高，但一部最少也能提2元。由此可见，山寨手机利润的大小视手机在市场上的影响力而定，每款山寨手机的成本和市场费用大致一样，所以取胜的秘诀就是一条：销量定天下。如果销量打开，一次出手几万台，利润自然就很高。

至于分配情况，应视该手机的产业链而定。越往上游，利润分配就越大，这是因为违规或违法的行为多存在于手机开发与设计这一端，风险越大，自然利润就越大。毕竟无论是从冒险角度还是资金角度，能做手机开发的商家只有少数。

天立公司虽然处于山寨手机产、供、销产业链的上游，但是赚取利润最大的却是最上游的芯片提供商联发科公司，其次从终端销售商到上游制造商赚取的利润是递减的。当然也有手机终端零售商看准某款机型直接组织外包生产的，自己承担全部风险。这样，虽然每单赚取的利润很高，但是量不会很大，同时，风险也很高，一旦判断失误，则有可能导致破产。

问题7：山寨手机是如何进行成本控制的？

思考提示： 山寨手机成功的最大优势在于其低廉的价格。如何成就低价格得益于山寨手机产业良好的成本控制。这里包括一些不合法或不合理的因素，但也有其他做法值得学习与借鉴。

不合法或不合理之处在于：

（1）规避部分税费。企业的经营成本减少，手机的相对成本也降低了。

（2）手机生产简陋，忽略必要的测试环节。山寨手机配件的生产及最后的装配都极为简单粗放。同正规厂家做的材料、标准不一样，制作耗费的时间也不一样，差别主要在精细程度上。比如，品牌手机的某个部件要 4 个小时才能做完，但山寨手机可能只要 2 个小时，山寨手机的材质一般比较粗糙，生产线粗放。品牌手机都要经过很长时间的测试，测试类别比较多。但山寨手机省略了很多测试环节，如消费者所关心的辐射测试，只保密手机能否正常使用的测试一项。品牌手机卖得贵，原因也就在这里。

（3）售后服务环节极为薄弱。山寨手机售后一星期包换，一年保修，但需要将手机邮寄回公司维修。有些信誉好或者规模大些的手机企业可能会有维修站。手机要求换的或者短时间内修的，只要公司还有这款手机，都会直接换新的。如果没有，则一个星期左右可以修好。但是对外地的一些批发商或零售商而言，他们也需要将坏机收集起来，再统一寄回生产公司进行维修，这样时间可能要长一点。因此，山寨手机的售后服务基本没有，为公司减少了大量的成本。许多消费者也因为手机价格如此便宜而对售后服务没有很高的要求。

合理之处在于：

（1）山寨手机使用了集大成的芯片解决方案，省去了对芯片进行开发和再装配的过程，在一定程度上降低了成本。

（2）没有广告宣传费用。山寨手机几乎不做宣传，也从来不打广告，对比许多国产品牌手机高额的广告费用来说，山寨手机的成本更小。

（3）几乎没有渠道费用。山寨企业不用铺设大量的销售网络，零售商直接买断货物，不仅资金回笼速度快，手机的成本也更加低。

四、延迟制造

天立公司也经历过山寨手机业的“寒冬”。2008 年，由于美国次贷金融危机的迅速蔓延，中国以出口为导向的对外贸易也受到了严重的影响。手机行业也受到了很大的打击，国内外需求大幅度降低，导致手机销量急剧下降，生产商开始积压库存，资金链一度断裂，许多国产品牌手机商纷纷倒闭。

2008 年 8 月，华强北市场开始出现了莫名的冷清，繁荣一下子消退了，开始有大批的山寨手机制造企业纷纷停产、裁员、倒闭。同时，在巴基斯坦发生的中国山寨手机锁机事件，导致中国山寨手机在有的国家被禁止进口，而且印度方面也担心中国的山寨手机会冲击他们的市场秩序。虽然国内的手机没有被印度禁止进口，但是也受到了一定的影响。在拉美地区，巴西的进口审查也越来越严格，加上金融危机的不断扩散，海外市场的情况也不容乐观。

天立公司出口手机的成本本来就比国内市场要高，加上运输、税收费用，已经高出国内手机成本的 20% 左右，而且为了开拓市场，考虑到当地的消费水平，南亚市场手机最初的定价本来就不高，没办法再大幅度地降价了，小幅度降价又没有竞争优势，还摊薄了利润。

公司海外部经理的一句话启发了吴总，他说："我在做市场调查的时候发现，海外各个地区对手机的需求有很大的差别，中东地区喜欢功能强大的手机，非洲地区希望外壳上有多个大音量喇叭，印度等南亚地区喜欢颜色鲜艳的手机外观，而这些细节我们在生产产品的时候都没有考虑进去，生产的都是统一机模下的产品，除了软件的语言不同以外，其余的部分都是一样的，以前我们是'皇帝的女儿不愁嫁'，自然不考虑这么麻烦地去设计与生产手机了，现在……"

吴总想到了在服装行业广泛应用的延迟策略，先把产品研发设计和基础零部件的采购和装配做好，后期在对市场需求可以准确把握之时再对产品进行最后的加工和组装。对于目前滞销的手机，可以根据各个细分市场的需求尽快地对它们进行再加工，来不及的也可以采取外包方式，这样应该会更节省时间。短期内，为应对 200 多万部滞销的手机，天立公司对产品的制造线进行了重新分配和改造，将机壳喷色和刷机环节单独分离出来，对手机进行二次加工。

当时，天立对手机进行二次加工只花了半个月的时间，经过流程改造后的天立已经可以对滞销产品进行再加工了，其延迟差异化流程如图 9 所示。

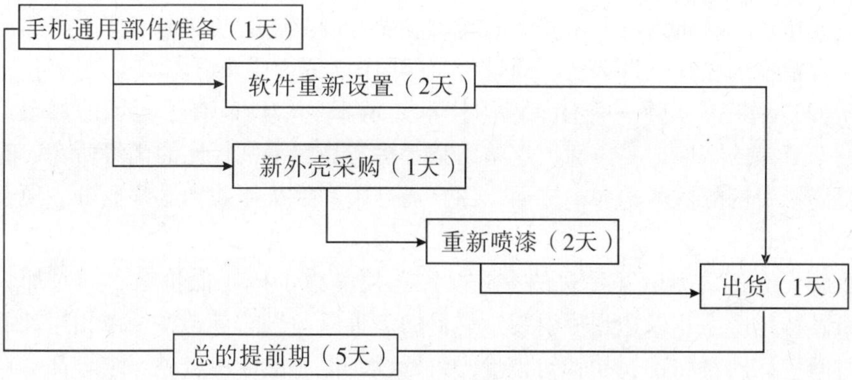

图 9　天立手机延迟差异化流程图

天立公司通过对原本滞销的 200 万部手机其外观颜色、软件和包装等细节的重新加工，分销到海外各个地区和国内多个省市，在萎靡的市场状况下却取得了一个良好的业绩，天立公司圆满地解决了库存积压问题。

此后，天立公司将延迟策略也作为常规时期的一项应用策略。天立将芯片、电池等常规零部件作了合理的库存配置，设定了安全库存和完善的库存管理制度，同时也对整个手机生产工序进行了调整，在做手机方案设计时作出相应的变化，找到按库存生产（Make to Stock）和按订单生产（Make to Order）的最佳顾客分离点（Customer Order Decouple Point，CODP），先生产或装配出通用器件，然后针对各个市场的情况进行最后几道工序的加工。从2009年开始，天立公司多款这样制造加工的手机在海外市场顺利地大批量销售一空，弥补了国内低迷的手机市场所失去的利润，天立公司在金融危机下生存并发展了起来。

五、山寨手机的生存与发展诀窍

吴总边看边思考，他并没有沉浸和陶醉在过去成功的喜悦之中，而是在思考更长远的问题，因为智能手机的广泛使用，包括联发科在内，目前还没有一家公司能解决芯片集成化问题，而且随着平板电脑的出现，智能终端终究会出现万众归一的情况，好好总结山寨手机生存和发展的诀窍，可以为应对将来市场的变化未雨绸缪。吴总大致梳理了一下思路，觉得以下几个方面应该是其诀窍的重点。

1. 盈利增长点

与品牌手机相比，山寨手机在盈利增长点方面表现出如下明显优势：

（1）个性独特、功能强大、价格低廉，是山寨手机吸引消费者的突出优势，这也是山寨手机产业得以迅猛发展的重要基础。山寨手机能在竞争最为激烈的手机行业中存活，除了低价优势外，还在于其对产品的时尚元素和流行节奏把握精准，从而满足了消费者的需求。随着产业链的成熟，山寨手机的质量有了大幅度的提升，许多已能通过质监部门的产品3C认证。

（2）山寨手机使一些有争议的技术如WiFi、CMMB有了施展的舞台。这是一个双赢的结果：一方面，这是山寨手机与品牌手机相比的优势所在，有利于得到消费者的认可；另一方面，用户通过山寨手机体验到这些业务，便于这些业务的开展。

（3）正因为有山寨手机的存在，才迫使品牌手机压低价格，同时加大力度研发特色产品，以达到吸引用户的目的。可以预想的是，在未来相当长的一段时间里，山寨和正规品牌的较量仍将延续，但无论谁占上风，结果都会对消费者有益。

2. 盈利的对象

对于山寨手机的消费者来说，花几千元买个正品也就用三年，现在手机更新速度快，不如就买个高仿，几百元而已，用一年就值了。尤其是那些年轻的打工族，他们是最大的客户群，这些年轻人中很大一部分人买不起大品牌，但追求时髦的天性使得他们需要用时尚的物件来装饰自己，所以，山寨手机很好地满足了这些年轻打工族的需求。

近几年来，国内山寨手机市场已经大不如前，但是海外市场却在与日俱增，尤其是不太发达的非洲国家。现在支撑山寨手机产业的基本上是非洲、南亚等发展中国家的批发商们。在这些国家，人们的生活水平还不是很高，为了享受高科技带来的便利，他们也就对山寨手机价格低、功能又强大的特性感到很满意。

3. **盈利的措施**

山寨手机之所以流行是由人们某些心理因素造成的，广大中国普通消费者存在着虚荣和务实的心态。山寨手机齐全的功能和低廉的价格让消费者感到“物美价廉”，虽然它的做工和软件还和正品有一定的差距，售后服务也比较麻烦，但很多购买者就是觉得它“新鲜、好玩、实用”才购买的。比如山寨手机中的“高仿机”占有很大一部分的市场份额，价格便宜，功能齐全，外观相似度达到了99%，甚至在某些方面比正品还要创新。

从营销的角度看，一般新手机入市第一阶段的产量都不会太高，因为每一款山寨手机进入市场之前会有一个“试水阶段”。“试水阶段”一般在国庆等长假期间，将刚生产出来的新手机放到人流量最多的必经地促销，从促销阶段看手机的市场效果以及其未来持续潜力，从而决定后续的生产产量以及主打产品。这样就可以保证不会出现成品大量积压的情况。这种情况如若仍不能完全避免，那么即使折本也会将后续的手机出手。另外，手机产业链的细分和回收系统也会将库存的损失降到最低。

4. **盈利的屏障**

山寨手机从产品设计到生产，都是用最省钱的方法，可以省的成本及生产环节都省掉。不交税、不保修，坏了就换的方式还使得售后服务的成本更低了。同时，深圳是世界手机的生产和销售中心，产业链成熟，其存在把包括深圳的餐饮、旅馆、娱乐、物流和房地产等相关经济都带动起来了，中国从事手机的人深圳几乎就占了80%。这在一定程度上赢得了政府的扶持。

问题8：山寨手机的盈利模式是什么？

思考提示：盈利模式包括四个基本组成部分：盈利增长点、盈利的屏障、盈利的措施和盈利的对象。盈利增长点即企业可以获取利润的产品或服务，解决的是向用户提供什么样的价值、从哪些渠道获取利润、有哪些收入来源的问题。盈利的屏障指企业为防止竞争者掠夺本企业的利润而采取的防范措施，反映的是企业的投入，如何维持某个盈利增长点，保持持久盈利的方法。盈利的措施指的是企业生产产品或服务以及吸引客户购买和使用企业产品或服务的一系列经营活动。盈利的对象是指企业提供的商品或服务的购买者和使用者群体，即向哪些用户提供价值。山寨手机比较成功地解决了以上几个方面的问题。

六、山寨手机的法律思考

在海外扩展和品牌推广的过程中，天立也出现了产品质量遭到消费者批评、手机核心技术被 MTK 垄断、产品与其他厂商长期同质化等问题。同时，由于低端手机国内市场的饱和，天立不得不加大开辟海外市场的力度，但目前海外市场的竞争也同样激烈，手机厂商必须从外形创新和价格优势转变为注重质量的稳定性和品牌因素。2010 年，深圳市移动通信联合会与印度工商联合会、投资商帕尔克公司及孟买、加尔各答的数十家经销商商谈，并达成初步协议，将聚合印度方面合作机构及深圳 20 余家手机厂商，联手投资约 1 000 万美元，在印度筹划建设 10 条手机生产线，年产手机约 1 000 万部。通过走出国门，解决印度等国家的屏蔽封锁，天立找到了新的发展方向。然而，作为土生土长的山寨企业，在国际化进程中应当如何调整它的供应链结构，提高供应链的竞争力呢？

在技术层面，无线通信技术的发展一日千里。在 3G 智能手机、带无线通信功能的平板电脑这些新一代无线通信工具领域，能否再出现像 MTK 这样的芯片整合供应商来复制山寨手机曾经的生产模式也是未知数，那么，天立公司在未来的发展过程中，其供应链应如何面对这些变化和调整呢？

外观设计涉嫌侵犯知识产权一直是山寨手机最受人质疑的一个问题。山寨手机申请外观设计专利的申请人主要是手机设计公司，生产企业申请外观设计专利的不多，而部分申请了外观设计专利的企业，虽对产品外观设计保护意识较强，但对外观设计专利侵权风险意识不足。抄袭和模仿固然能带来短期经济利益，但也面临着巨大的知识产权侵权风险。

虽然《消费者权益保护法》《产品质量法》《税法》和《知识产权法》都有相关规定，但是山寨手机的问题仍然存在，并且出现难以管理的问题。这是由于这些法律仅是规范的条文，在现实的操作中缺乏具体的实施标准，我们应该结合实际情况作出新的调整。

任何一个行业的发展，都需要法律的保护和约束，山寨手机行业当然也不例外。山寨手机的存在与发展，在于本身的优势和市场的容量，单纯采取打压的措施不能根治山寨手机存在的问题，应该从生产源头到其上市销售以及售后服务等整个过程加以规范。

问题 9：山寨手机在法律方面的风险有哪些？

思考提示：《中华人民共和国电信条例》规定：接入公用电信网的电信终端设备、无线电通信设备和设计互联网的设备，必须符合国家规定的标准并取得进网许可证，电信设备生产企业应当在其生产的获得进网许可证的电信设备上粘贴进网许可标志。山寨手机生产者往往为了节省开支和逃避监管，盗用他人进网许可或者未取得许可而销售。同时山寨手机存在多部手机共用一个 IMEI 的情况，导致许多问题出现。如巴基斯坦当局发现，从中国进口的一些手机由于共用一个 IMEI 号码，导致电信管理部门在关闭一个号码时，多部手机也被关闭。

现在，手机销售已不是专卖店和大型电器市场的专利，无论是在街边小店还是地摊，随处可见待出售的手机。这些手机大部分都是山寨手机。他们在销售时往往不开具正规发票，逃避税收，给税收征管带来很大危害。如果从法律的角度来看，此种逃税行为为该产业的未来发展留下了巨大的隐患。

七、山寨手机经营模式的启示

山寨手机成功的商业模式还是从需求搜集开始的，它的需求是由最贴近终端消费者的终端销售商自己搜集的，从中发现现实的需求后终端销售商自担全部的市场风险，因为深圳华强北有着成熟而强大的产业集群，所以可以对需求作出快速的反应，在很短的时间内把产品生产出来，满足市场的需求。在做到这几点的同时，山寨手机还从如下几个方面遵循了市场规律，符合了竞争的需要。

（1）重构企业内部价值链。山寨手机企业一般都规模较小，组织结构扁平，决策速度快，因此能对市场的变化及竞争环境变化灵活地作出反应。一个典型的山寨企业的组织结构仅有两层，并且在与外部供应商或客户联系时并不需要繁冗的审批程序。对于品牌手机厂商而言，规模庞大是一种必然趋势，但企业也可以发挥规模的优势，同时避免规模的弱势，尽力将组织结构扁平化，充分放权，缩短审批流程。

（2）清晰的市场定位。山寨手机定位清晰，面向多功能、低价格的中、低端市场。几乎所有的山寨手机都可以以功能齐全而著称。手机的强大功能是其一个很大的卖点。

（3）合理的成本控制。价格因素绝对是目前山寨手机与大牌厂商竞争的主要优势。手机的成本包括硬成本和软成本两部分，硬成本指物料成本和加工费两块，其中，最高的物料成本可以通过建立有效的供应商协调机制，寻找多家供应商进行协商议价而降低。软成本包括研发费、市场费及管理费用。由于有台湾公司廉价且全面的 MTK 解决方案，对于低端的山寨手机，由于紧密结合市场，缩减了不必要的研发费用，一部具有全面功能配置的成品山寨手机价格能够非常低廉，其成本一般也就数百元而已。

（4）供应链快速反应机制。山寨手机企业的快速反应能力，也是其一直能够在和品牌手机企业们的竞争中取得领先一步的要素。山寨手机企业的机制灵活，产业链整合能力很强。山寨手机企业之间不一定有着严格的协议条款，但是合作默契程度达到了心领神会的地步，他们互相呼应，相互支持，一旦遇到外来竞争，他们能够在短时间内快速建立起产业集群竞争力。

（5）创新机制。山寨手机的创新机制包括设计、营销战略及信用机制创新。山寨手机的产品设计和创新取决于市场，产品开发是真正紧随市场需求的。对于产品创新，也不一定在任何时候都要大创意，在用户的小小需求上做足工夫，同样可以赢得市场的高分，为自己的产品增加更多的卖点，与竞争对手形成很大的区别。山寨手机的营销战略就是“农村包围城市”，在企业的规模和实力还很薄弱时，要得到发展就必须寻找市场的空隙，开辟自己的蓝海。山寨手机的整条产业链有着良好的信用机制，这为整个配套与采购节约了很多的时间和精力。这样可以为山寨手机企业的发展赢得更多的时间和资源，提供更多的便利。

讨论题：

1. 山寨手机产业的盈利模式对于其他产业是否具有借鉴意义和可模仿性？
2. 随着手机向智能化方向发展，山寨手机产业是否也能同步升级跟上市场的需求？
3. 中国的其他山寨产业会出现山寨手机产业大规模兴盛的局面吗？
4. 如何看待山寨手机产业对于手机产业盈利与发展的“双刃剑”现象？

参考文献：

1. 梁云，左小德，晋海建．山寨手机产业链的调查［J］．企业活力，2011（6）．
2. 左小德，沈杨杨，雷红，王宁．天立通讯设备有限公司——山寨手机产业供应链［J］．中国案例共享中心（第二届全国百篇优秀案例），2011（10）．
3. 闫成印．国产手机成败反思［J］．通信世界，2007（25）．
4. 刘静．崛起中的困惑山寨手机将何去何从［J］．观察与思考，2008（9）．
5. 刘政中．论山寨机的模仿与创新［J］．消费导刊，2009（8）．
6. 董涛．“山寨手机”中知识产权问题研究［J］．经济体制改革，2009（4）．

实在做事，踏实做人
——亚川公司的商业模型评析

沈杨杨　　邬杰忠　　左小德

◇**案例导读**　20世纪80年代以来，经济全球化使得专业化分工进一步深化，我国物流活动也从生产交易消费过程之中分化出来，把运输、存储、装卸、包装、流通加工、配送、信息处理进行了有机结合，各个环节都有专业公司在运作。本案例讲述了改革开放前驱的珠三角地区涌现出的仓储物流业的新秀——亚川，在数年内赢得众多世界500强客户的发展历程。在一般人眼里比较低端的仓储业，在吴总经理手里如何被做成了高端业务，其成功的秘诀在哪里?

熟知亚川的人并不多，但这家神秘的公司目前在仓储物流业内名头很盛，它位于广州市萝岗区的云埔工业区内，是中国国际货运代理协会百强企业俱乐部成员，现为宝洁、佳能、奔驰、索尼等多个世界500强企业长期提供仓储物流服务。有趣的是，你在百度上输入亚川物流公司，所获的介绍寥寥无几，最多也就是企业信息黄页上的几条公司联系电话和地址，或者别的企业网站里提及的寥寥数字，还有几条亚川物流公司参加土地招标的信息，这家在业内知名的企业居然连自己的门户网站都还没有建立，这在以电子商务、网络营销成为主流营销方式的今天，不得不说是个奇特的现象。在其他企业每天拼命制造新闻以提高知名度，以百度、Google的搜索量作为宣传成效指标的今天，亚川到底靠什么宣传方式发展公司，又是如何寻找到优质客户的呢? 亚川的盈利模式到底是怎样的呢?

一、亚川公司的起步

亚川公司十分年轻，成立于2003年，到2011年也不过短短8个年头。亚川公司的主要经营范围是在珠三角地区从事工业房地产（包括物流仓及轻工业厂房）的建造和出租业务，亚川也是萝岗区政府重点扶持和发展的现代物流投资企业。就公司规模而言，目前亚川已经拥有超过 15 万平方米的仓库出租，年租金收入超过了 4 000 万元。

说到亚川的创立，就不得不提它的缔造者吴总经理。吴总经理的工作经历十分丰富，他在韶关做过几年大学教师，后来考上了公务员，在广州对外经济贸易委员会从事招商引资的工作，接着又在广州市云埔工业区做过总经理，最后才在不惑之年选择了自己创业——成立了亚川物流有限公司（以下简称“亚川公司”）。吴总经理为人低调谦和，思维敏捷，说话条理清晰，对自己做人做事都要求甚高，为人敢闯敢拼又认真务实。对于创业，吴总经理有着深刻的体验和独到的见解，最近他正在打算把自己的创业经验编著成书，希望给后来者们一些启迪。

任何事物的开始总是让人着迷的，创业更是如此，回顾吴总经理的前半生，过的大多是安稳而有序的生活，而他的创业故事也不是不断地摸爬滚打，在失败中总结经验教训最后才获得成功的典型体验。他似乎是蛰伏在丛林中多日，安静到被人遗忘之后，一跃而起，一举命中目标；似乎这种成功来得很容易、很突然甚至很意外，大有“不鸣则已，一鸣惊人”的味道。我们可以思考一下，吴总经理到底为什么会放弃优厚安稳的公务员待遇而坚定地选择充满风险的创业呢，而且还是选择在大多数人心里十分冷僻的物流仓储业，而不是服装餐饮这类易于发掘、投入很小的经营门类，似乎他一开始就知道成功在哪里，然后走了过去，轻松地把成功紧握在手里。这样从容而有计划性的创业从何而来？我们得从他确认创业目标开始说起。

问题 1：吴总经理 2003 年为什么在广州创立亚川公司并且从事仓储业？

思考提示：一个行业的兴盛总是和它兴盛所必需的环境背景分不开的，一个恰当的时机，一个恰当的地点，一个有底蕴的有心人，一个勇敢的尝试，一个成功的创业就可能产生了。创业者的个人质素和能力、创业的时间、创业的地点、经营门类的选择都是创业故事里需要重点关注的内容。这些因素有机地紧密结合在一起，对创业成功而言缺一不可。我们创业故事里的主人公吴总经理放弃了公职，选择了 2003 年在广州从事仓储业，从中我们可以思考出一些非同一般的东西。

广东省毗邻港澳地区，是中国改革开放的前沿阵地，这里的对外招商引资政策是最丰富也是最优惠的，从早期的“三来一补”到之后的出口产品减税退税，当地政府尝试过各种方式吸引外资，中国内地的庞大市场和低廉的人力成本以及优惠的投资政策，都吸引了大量的外资在珠三角地区投资设厂。而当时吴总经理就在从事外资企业的招商工作，在工作中他不断了解外商的需求和难处，向他们解释中国的政策，尽力为外商解决问题并帮助优质的、具有发展潜力的外资企业在广州落户。他说："我在政府部门从事外商投资业务时，并不满足于每天按部就班地审查外企报批的材料，而是细细琢磨每一份材料的内容，进而了解相关的法律条文，并且乐于与投资者做朋友。"在和外商大量接触的过程中，吴总经理了解到外资企业对于高档存储仓库的需求非常大。我国和欧美地区的外贸交易大多依靠远洋贸易，海港和内河航运口附近都是吞吐量很大的物资集散地，对于现代物流仓储业的需求很大，而当时广州最大的港口——黄埔港附近的仓库大多是当地农民违章在自家分配的集体土地上建造的，他们用低矮的白铁皮建造了平房仓库出租来补贴家用。这些简易仓库只能起到堆放少量物品的作用，使用寿命短、仓库容量小，且防潮、防霉、防火能力都差，下雨天还会漏水淋湿货品，租用起来没有保障，更不用说在那样的仓库里使用现代化的仓储管理技术了，这样的仓储配套根本满足不了跨国公司的大量货品仓储和现代化的管理需求。吴总经理通过外商的描述看到了国内高档存储仓库的庞大市场需求。而这种市场需求日复一日、年复一年地在他的工作中不断地从新的投资商那里出现，在他的脑海里不断强化，最后吴总经理终于决定自己创业，缔造一个能满足这种巨大需求的企业，于是，他成立了亚川公司。

其实吴总经理在确认外商需求之后也提出过中方提供土地，让外商自行建设配套仓库的解决方案，但是外商在自行建造仓库这个问题上又表现出了不情愿和犹豫的态度。

问题2：为什么外资企业对于高档仓库的需求十分庞大，却不自行建造仓库呢？

思考提示：这个问题的确让人困惑，既然外商有那么多必不可缺的仓库需求，为什么跨国公司自己不建造仓库呢？这里面涉及三方面的原因：一是跨国公司自身的一些政策限制，比如有些跨国公司有强制规定，在非母国的经营活动中，固定资产的投资比例不得超过总资产的20%等。二是仓库和厂房的建造本身具有投资成本的特殊性。三是由于我国实行特殊的土地政策，如农村用地的转用就涉及将集体土地产权转变为国有产权的问题，购买土地只是购买土地若干年限使用权等，这对外商而言十分复杂。

在对外经济贸易委员会从事招商引资工作时，吴总经理看到很多外资企业开始在中国设厂，利用中国廉价的劳动力和地缘接近终端市场的优势直接制造产品，对于高档现代化的仓储仓库也有很大的需求，而农民建造的仓库投入少、质量差，满足不了市场需求。然而当提及由外商自行建造仓库的时候，大多外商都表现出了谨慎的态度，像仓库这样的固定资产一次性投资费用很高，资金回笼周期较长，还需要在中国购买土地的使用权，且我国土地按城市和农村用地分别属于国家和集体所有，私人无法拥有任何土地的所有权，外资企业从自身的长期发展的灵活性和降低投资风险的角度考虑，一般更希望租赁适用的高档仓库，而不是自己投资建设。

一方面，市场上存在着大量的需求，另一方面，外商也希望通过租赁的方式来解决仓储问题，亚川公司就是在这样的环境下应运而生的。

问题3：建仓库是专业的建筑领域活动，教师出身的吴总经理如何开始建仓库的事业呢？

思考提示：任何创业都有着必要的契机和条件，并不是看到了商机就能够成立公司投入资本的，充足的资源准备和必要的经验也是成功的重要保障。隔行如隔山，跨行创业更是艰难，过于草率的行动对成功并不能起到正面作用。在资源上，一般来说，要符合两种条件：一是要有进入一个行业的基本资源，二是具备差异性资源。如果条件不具备，创业成功的可能性很小。资金、业务、客户、技术、人力等都是需要准备的资源。而必要的经验就是需要创业者在实际经历中积累的，如行业经验、管理经验等。

根据吴总经理的介绍，他负责建设的第一个仓库并不属于他自己，也不是后来他主营的高档物流仓。当年任云埔工业区总经理的吴总经理在工业区的剩余地块里，利用了两块作废的狭长地皮，建成了两个白铁皮覆顶的水泥仓库，仓库层高只有6米，使用寿命不超过15年，这个简易平房仓库的建造成本为每平方米200～300元。这个十分简陋的仓库居然很受追捧，以8元/平方米/月的价格出租给康师傅公司存贮方便面，仓库的建造费用三年不到就回本了，而剩下的12年左右的租金就变成了纯利润。通过这次经历，一方面，吴总经理发现市场上仓库出租供不应求的情况；另一方面，广州四五月的连绵细雨和七八月的台风天气给仓库管理造成了很大的困扰，他本人如此笑道："那时候最担心的就是下雨，一下雨就要赶去仓库，看是哪里天花板又漏雨了还是货物泡水受潮了。"从那时候起，他更加深刻地认识到一个完善的现代化仓库是多么的紧缺。

如果说外商常年的困扰使吴总经理明确了高档仓储业的巨大市场，那么当年建造仓库的小插曲就给他积累了修建仓库的实战经验，而良好的经济回报也让他更加肯定了内心对于创业的想法。

二、亚川公司的正常运营

亚川公司的业务流程主要是以下几个步骤：进行土地审批，并在审批好的地面上进行仓库设计，然后请建筑施工队对仓库进行建造，再对仓库进行出租，最后是对出租的仓库进行维护和管理，流程如图1所示。

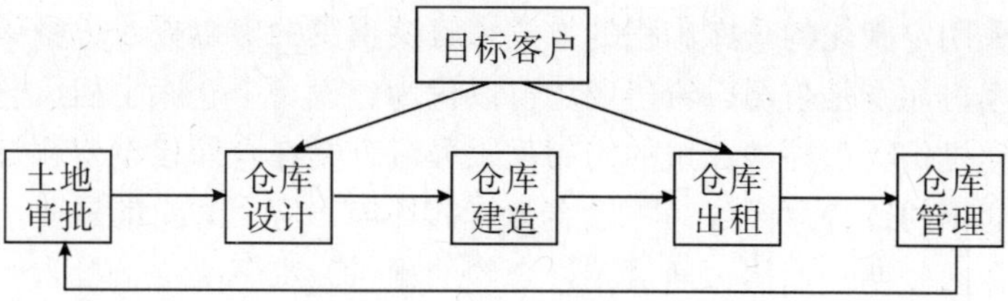

图1　亚川的业务流程

问题4：亚川公司成立之后，公司的业务流程是怎么样的呢？

思考提示：业务流程是为达到特定的价值目标而由不同的人共同完成的一系列活动。活动之间不仅有严格的先后顺序限定，而且活动的内容、方式、责任等也都必须有明确的安排和界定，以实现不同活动在不同岗位角色之间的转手交接。业务流程是企业中一系列创造价值的活动的组合。业务流程对于企业的意义不仅仅在于对企业关键业务进行描述，更在于对企业的业务运营有着指导意义，企业需要围绕业务流程对组织的资源进行优化，对组织机构进行优化以及对管理制度的一系列改变提供依据。任何好的公司运营模式都应该具有简单而又标准化的特点，这样才利于流程的实施和改进，过于烦琐的战略和盈利模式很难在实际应用中得到贯彻执行。

在这个略显简单的业务流程中有两个关键的要素，一个是土地审批环节，另一个是目标客户环节。土地审批环节需要通过土地招标，考虑土地的价格、面积、位置、交通等因素。而目标客户环节涉及亚川业务流程的两种模式：一种模式是定制化的仓库建造，在寻找到目标客户后，按客户的要求进行仓库设计，与客户缔结长期合约，在仓库建造完成后如约出租给客户。另一种模式是结合土地自身和市场需求情况，进行仓库设计，然后对仓库进行招租。仓库出租后只需要进行日常的仓库维护、对客户进行回访等工作。

亚川的主要经营范围是工业房地产，资金投入很大，这也是一般创业者白手起家会选择餐饮、零售等投入较少项目的原因，亚川解决资金的方式比较独特，既不是通过银行贷款，也不是采取股权融资的方式。

问题5：亚川如何解决物流仓库建设庞大的资金投入问题？

思考提示：仓库建设具有房地产建设的特点，建设期间投资金额大，仓库出租业务与仓库建造后出售业务相比，投资回本时间较长。白手起家的吴总经理是如何筹措到大量的资金来建设仓库的呢？又是如何在公司运营中保持资金链，保持现金—资产—现金（增值）的良性循环？

实际上亚川没有走传统的融资道路，吴总经理采用了一种特殊的契约方式来达到和客户利益共享、风险共担的效果，并顺利地解决了公司的资金短缺问题。

亚川采用定制化的仓库出租的方式来解决密集的资金投入。据吴总经理介绍，有些客户如奔驰公司，希望亚川可以代为建设一个仓库出租给它，以供存放汽车发动机的零部件，亚川的定制化服务流程是在仓库建设前就与奔驰公司签订长期的租约，通过商议，一般定为8～10年，这个时间也是亚川投资建设仓库的资金回收期，亚川再通过签订合约的预付款来解决资金投入问题。

我们把整个资金投入过程举例如下：亚川公司与奔驰公司签订仓库租约期为10年，双方约定建造净空10米以上、设计使用寿命50年、采用轻钢结构的单层仓库出租给奔驰公司，亚川公司期望10年后可以获得的投资回报率为总仓库建设投资的10%，奔驰公司需要在仓库修建之前预付30%的租金，约满之后双方可以续约，或者由亚川公司另觅合作伙伴。

亚川先给出一个合理的仓库造价：1 200元/平方米×50 000平方米=6 000万元。

在考虑到投资回报率之后的仓库报价为6 600万元。

奔驰公司在仓库建设开工前需支付的预付款为1 980万元；亚川建造仓库的每月支出为400万元（以1年半的仓库建设期计算）；其他已建造好的仓库每月收入：25元/平方米×50 000平方米=125万元。

通过计算，我们开始得出奔驰公司的预付款大约可以维持半年的仓库建设，之后可以用其他仓库的租金维持建设或者对在建仓库进行银行抵押贷款。亚川通过和客户签订长期合约来解决资金投入问题，双方也会在每年年底讨论现在的租金是否合理，根据市场的变化对价格进行修订。

亚川的合作伙伴都大有来头，我们常说“酒香不怕巷子深”，亚川这样的好酒到底是香在了哪里，它如何在低调得基本不做宣传的情况下吸引到了大量的优质客户呢？我们得从亚川仓库的特殊构造说起。

亚川成立后早期建造的仓库都完全参照了美国AMB标准，AMB标准的物流仓布置如图2所示。

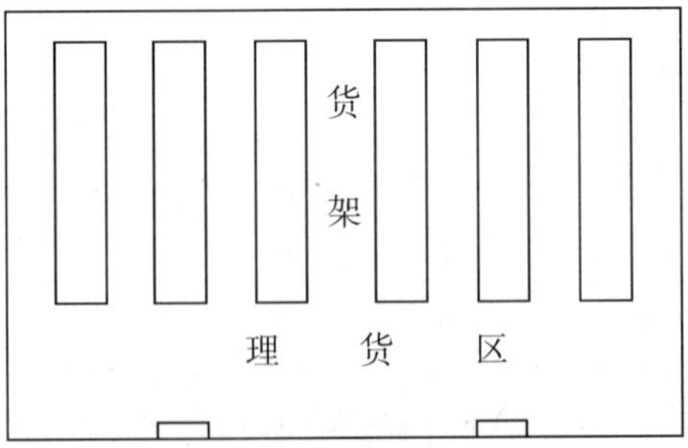

图2　AMB标准的物流仓布置

但AMB仓库建造完成后，在客户租用过程中却产生了一些意料之外的问题，比如仓库门前货车的长时排队，仓库现场管理混乱等不尽如人意的地方。明明在美国完全适用的标准仓库为什么搬到了中国就立马出了问题呢？是仓库管理人员的质素欠缺还是仓库硬件上有不到位的地方？吴总经理决定自己搞清楚，那段日子他经常在仓库附近晃悠，和司机、库管交谈，通过细心观察，他终于发现了这简单的仓库布局里的大问题。这要从我国的特殊国情说起，中国的货运物流一般都采用公路运输，而在中国各省各地都设有鳞次栉比的高速公路过桥过路收费站，各地政府以此作为一项重要收入来补贴财政，这些收费站白天黑夜24小时向过往车辆按趟次收费，如果不从这些高速公路走，需要绕远路或可能遇上路况不佳的路段，耽误大量的时间。为了节约运输成本，基本上各地长途运输车的货柜里都塞满了大箱小箱的货品，就连货柜角落缝隙里也都会塞满散货，恨不得十辆车才能装完的东西一辆车通通全运了。有些车更是为了节省费用，把车尾巴拖得很长，挂上好几个货柜，虽然车辆走得慢、安全性也差，但就图省钱，所以中国的货车完全无法做到像美国那样，货柜里只会装着整齐的卡板，可以直接后尾倒进仓库卸货并迅速开走车辆，中国的货柜满满当当，货品凌乱，货车的装载型号也不统一，卸货和理货时间都很长，美国标准的内置式理货区导致货品堆积在此无法及时整理，有些车辆无法后尾倒进仓库大门，后到的运输车辆只能长时间地在仓库外排队等候，恶性循环，使得整个仓储物流的速度越来越慢。

了解了美国标准在中国水土不服的原因之后，吴总经理对后来建设的仓库进行了大胆的改造。AMB标准的物流仓库里靠库门的位置都预留了约1/3的面积作为理货区域，到货时卡板车后尾倒进仓库大门，在理货区进行装卸和上货。而亚川的新标准仓库将理货区域设置在仓库的外面，在仓库外面建设了高度与卡车货柜位置相对应的开放式作业平台，平台上面建设有挡雨棚，保证晴、雨天的使用。亚川的仓内只预留了大约1/10的面积进行理货，其他面积都设置了高大的货架，亚川标准的物流仓布置如图3所示。

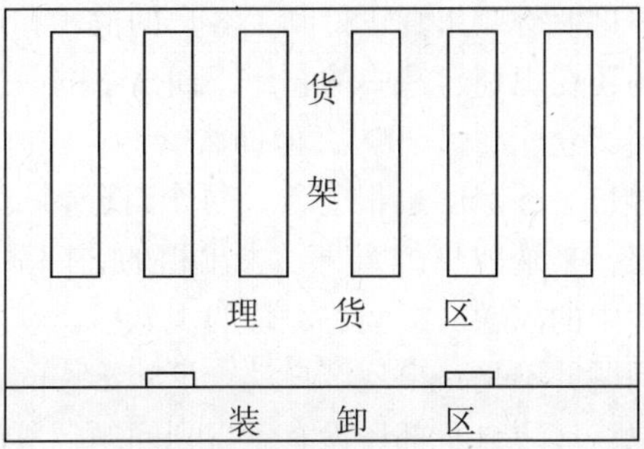

图3　亚川标准的物流仓布置

这样的设计表面上似乎放弃了全卡板操作的便捷性，但实际上给中国货柜里的散货整理争取了宝贵的时间，也使得一些超长超重的车辆不需要倒进仓库里就能把货品卸下。最有趣的是，为了保障这种超长车辆的顺利转弯掉头，两个亚川仓之间的间隔距离竟预留了50米之远，吴总经理笑称："再长的车到了我们那里也不会有进无回。"这种在实践中认真观察并且敢于对"权威"的美国标准进行的本土化、自主化创新最终获得了客户的认可，并且成为亚川仓受欢迎的原因之一。2009年11月23日，广州公司亚川仓以较高分数顺利通过宝洁公司质量审计。

实际上，亚川仓的开放式作业平台设计在硬件上并不符合宝洁全球QA标准，但面对这些困难，广州公司组织仓管部经理人员进行专题讨论，提前1个多月就制订了计划，细分各项任务进行准备，并且对每项任务的完成进度进行定期回顾，确保了计划的实施效果，为迎接审计做好了各项准备。在硬件上原本并不符合宝洁全球QA标准的亚川仓，却在运作流程和现场管理方面得到了很高的评价，正好说明了这种中国本土化创新的成功，也正是吴总经理踏实认真的再创造赢得了好评。

本土化的仓库结构创新并不是亚川吸引优质客户的唯一法宝，亚川仓是以高质量取胜的，甚至可以说亚川仓是以精益求精、追求完美的质量取胜的。亚川仓的质量和用材已经建立起了一系列标准。现在吴总经理的手里就有一本厚厚的仓库建造标准，其中多项指标都已经超过了国家标准。每一张仓库覆膜，每一块采光玻璃，每一块结构钢板，每一座灯具都有详细的质量和型号标准，标准后面还会标明供应商的备选名单和各个不同档次材料的详细供货价格。亚川仓甚至连小小的螺母都有自己的特殊标准，全仓采用镀锌防锈的优质螺母，价格是市场上普通螺母价格的两倍。而一个亚川仓的建造就需要使用几十万个这种螺母，光螺母这一项就要多出几十万元的建造成本，整个仓库建造下来比市面上的同等规模仓库造价高了许多，这就是吴总经理的魄力所在，他像在建造自己的家那样用心地建造仓库，对每一个细节都要求完美。即使是一颗螺丝钉，质量也有保障，这使得亚川真正得到了客户的信赖和追捧，优质客户不断慕名而来，排队订购还在规划建造中的仓库，而出众的品质也使得吴总经理的仓库租金比市面上同类仓库高了20%，但仍然供不应求。

此外，亚川的客户服务制度也很完善，每个月公司员工都会做定期回访，了解仓库的使用情况，采纳客户的意见，去出租的仓库观察现场控制的情况，给客户解决一些实际中的问题。在吴总经理的观念里，仓库出租出去只是服务的开始。他说很多问题并不是一出现客户就会反映给你的，客户也许期待你去解决但并不言语，也许客户自身都还没有意识到问题，所以亚川定期主动上门服务，这是维系与客户长期合作的必要保障，也是试图和客户建立一种长期的信赖关系。在客户服务上，亚川又一次表现出了精益求精、实事求是的态度。

问题6：亚川的轻工业仓可以吸引世界500强企业优质客户的核心竞争力有哪些？

思考提示：核心竞争力是企业生存并且区别于其他企业的重要因素，是企业的制胜秘诀。也许是因为一开始吴总经理就是在外商那里了解高档仓库的，所以他对仓库的设计和建造理念都具有比国内其他仓储企业更超前的意识，但这并不是亚川核心竞争力的全部内容，我们经过吴总经理的介绍，总结归纳出了以下三个特征：

(1) 本土化创新——特殊的仓库设计布局。亚川仓库的本土化设计将理货区搬到了仓库外部，加设了操作平台进行散货的处理，增加了仓库的存货面积，节约货品进、出库的操作时间，从实用和适用的角度对AMB标准进行了中国化的改造。

(2) 差异化市场定位——高标准的仓库建设和仓库质量。亚川建立了全套高水准的仓库建造标准体系，对仓库的建造和用材都采用了高标准，市场定位在高端仓库，使用了差异化的竞争战略。

(3) 良好的仓库管理服务。作为仓库出租方，亚川对顾客的服务体贴入微，通过周到的定期服务解决顾客遇到的实际问题，和顾客建立了良好稳定的合作关系。

任何企业的成本控制都是企业运营管理中的重要内容，也是最难的部分，成本控制是为了满足企业利益最大化这个目标，仓库建造的固定资本投入本来就很高，由于亚川对仓库建造的高标准，使得整个仓库的建造成本更高，这样对于仓库的出租价格的制定和成本回收时间都会有一定的影响，那么亚川是如何控制自己的成本，保障获得足够利润的呢？

问题7：亚川是如何进行成本控制的？

思考提示：成本控制，是指企业根据一定时期预先建立的成本管理目标，在生产耗费发生以前和成本控制过程中，对各种影响成本的因素和条件采取的一系列预防和调节措施，以保证成本管理目标实现的管理行为。总的来说，企业控制成本的目标在于获得更多的利润。

亚川利润＝租金×出租年限－建造成本－管理成本－人力成本。亚川公司的利润大致取决于租金和总成本之差，亚川在建造成本上完全没有缩减，相反，为了追求仓库质量还适当地提高了建造成本，所以成本控制的重点在于控制企业的管理成本和人力成本。

亚川并没有刻意去降低投资成本，追求差异化的高质量产品才是它的核心战略。说到亚川的成本控制，则不如从它的利润控制说起。暨南大学有位

MBA 学员在吴总经理介绍过他公司的情况后，很好奇地问："你的仓库租金那么高，就算你用的材料很好，但是你怎么说服外企去租用呢?"吴总经理笑道："我和他们直接谈啊，凡事都可以商量的嘛。"吴总经理的客户大都是外商企业，喜欢直接爽快的办事方式。每一次出门去谈生意，吴总经理就会把他的"宝典"——"仓库建造标准"拿过去给客户看，然后按他的标准逐条算出这样建造出来的仓库到底需要多少成本。最难得的是他可以坦白地和客户谈及他的 10% 的利润率，然后在这个双方都可以接受的利润基础上算出仓库建造资本的回收期，8 年或者 10 年，这个回收期过长，可能需要根据市场状况多次修改租金，但太短了又会导致租金高昂。这样通过回收期再算出每个月每平方米的租金，谈判自始至终吴总经理都没有直接提出一个高昂的租金让对方接受，他只是一步一步地论证了他的仓库就是值这么高的租金，这就是吴总经理的高明之处，他似乎站在一个中立的角度，在不知不觉中协调了双方的矛盾之处。用吴总经理自己的话说："没有几个客户在看到连一个螺母都让人放心的仓库时还不愿意支付更高的租金的。"也正是因为对于仓库品质的高度信任，吴总经理才能和客户签订长达整个资金回收期的合约，高品质的仓库质量也使得亚川仓里放满了更加昂贵的 Sony 平板电视和奔驰跑车。而设计寿命 50 年的仓库使得平时维护和保养的成本大大降低，长期合约也省去了亚川寻找新客户的宣传费用，避免了租约空档期的收入损失。目前整个亚川的员工也只有十几人，所有能外包的项目都通过外包减少了成本，包括仓库的设计、建设及日常的运营等，更加没有人员的冗余和过高的薪酬支出。吴总经理说："我比较喜欢简单的事情，我不喜欢被人管，也不喜欢管人，所以我找了很多这样的事情，最后我发现我可以建仓库，我也适合建仓库，建仓库就要建最好的，这样的仓库建好了也最让人省心。"亚川成功的成本控制在于使用了最不省钱的方式达到了最省钱的效果，吴总经理的方法可以说是另辟蹊径，这里面体现了亚川追求差异化产品的战略。

三、亚川公司的未来

随着市场竞争的不断深化和加剧，企业建立竞争优势的关键，已由节约原材料的"第一利润源泉"、提高劳动生产率的"第二利润源泉"，转向建立高效的物流系统的"第三利润源泉"，企业竞争优势的建立和保持必须以可靠和高效的物流运作为保证，进而提高经济效益。目前我国正处在由第二利润源泉向第三利润源泉转型的过程中，我国经济结构调整和发展方式转变，使得高污染企业，高耗能、高耗水的行业到处不受欢迎。而物流业以其现代服务业的鲜明特征被各地政府当作支柱产业，物流园区尤其是贸易型的物流园区被推为首选，物流仓储业在各地区都受到了重视。近几年来，上海市为了充分发挥经济中心、贸易中心、金融中心和航运中心的作用，对上海市物流系统的建设给予了极大重视。在《上海市国民经济和社会发展第十个五年计划纲要的报告》中，把现代物流同生物医药、新材料、环境保护列为上海市四大新兴产业。而深圳市也把现代物流与高新技术和金融并重，作为跨世纪经济发展目标的三大支柱产业之一。

问题 8：亚川公司未来可取的发展方向有哪些？

思考提示：判断企业的发展方向，需要结合企业的内部条件和外部条件来分析企业的优、劣势，从中判断企业可能存在的机遇和挑战，在机遇和挑战中寻求发展契机。现代物流业是我国生产性服务业的重要组成部分，直接支撑着国民经济的发展，目前也得到国家的大力扶持，整个行业呈现稳步上升趋势，甚至在 2008 年金融危机的严重冲击下，物流业也保持了较平稳发展，2009 年更是实现了全行业的 U 形复苏。这样的外部环境和发展趋势正是亚川谋求自身成长的良机。

广州处于改革开放最前沿，是泛珠三角经济开发区的核心城市，拥有着黄埔港、京九铁路、武广高铁及白云空港等海、陆、空全方位多枢纽的运输渠道，这里集中了大量的制造加工和对外贸易企业，同时也是中国进出口的重要海关口岸。广州的物流行业蒸蒸日上，拥有巨大的发展潜力，亚川也受到了广州市政府的扶持，外部发展环境十分优越。

就亚川自身的情况来看，目前也属于高速发展的阶段，公司不断获得新的土地建设仓库和厂房，资金周转流畅，15 万平方米的仓储面积，在 2010 年已经可以排到国内仓储企业的前 30 名，具有一定的规模优势。

未来发展从纵向一体化的战略角度分析，亚川可以考虑积极扩展经营范围，延伸服务项目，从单一的修建仓库出发，向仓储管理发展，甚至向采购、运输、配送等相关物流活动渗透，成为可以提供全套物流管理的第三方物流企业，或者是第四方的物流方案策划企业，即对物流配送服务网络的整个流程进行策划、构建与设施管理，这也是吴总经理自己最感兴趣的发展方向。

但在未来物流业将快速发展的预期下，也存在着一些挑战。由于我国目前物流企业的经营规模、管理技术和管理水平都相对落后，服务质量还很难满足一些企业的需求，特别是跨国公司对高质量物流服务的需求，加上近年来国际上一些著名物流企业普遍看好我国物流市场，陆续进入我国，在我国许多地方都建立起物流网络及物流联盟。这些公司拥有着成功的国际物流服务经验和庞大的资金支持，可以为客户提供完整的综合物流服务，如马士基、铁行渣华、海陆、美国总统轮船、日通、近铁、瑞达、阿尔卑斯、松下、GM、德国飞格等公司都已进入中国市场。日本三九物流目前已经在中国九个大城市分别建立了自己的物流公司。而普洛斯公司也在广东多地布局普洛斯物流园。这些外资企业的强势进军，必将带动国内整个物流业的激烈竞争，甚至是整个产业的迅速升级。如果亚川往提供物流综合策划总体方案的方向发展，必然会和这些名企产生竞争关系，目前的亚川还没有足够的力量去竞争，但如果不早点进入这个市场，恐怕又会被跨国物流企业占领先机。此外，在亚川的合约期满之后，如何保持差异化领先的产品和保有原有的市场份额也将成为亚川长期发展需要考虑的问题。

从横向一体化发展战略分析，亚川公司目前主要的客户都是生产高新技术产品的外资企业，经营的主要仓库是通用型的单层仓。根据中国储运协会2009 年对全国 61 个大型仓储企业的调查，2009 年我国的普通仓储业已经供大于求。但其中特种仓储紧缺，主要表现在化工危险库、液体库、冷藏库的需求增长较大，但面积较少。广东地处炎热的南方，常年高温，加上人口众多，经济繁荣，珠三角和港澳地区对冷藏库的长期需求十分庞大，而我国目前冷藏库的容积大约只有 1 500 万立方米，年增长速度在 11% 左右，总面积也只有全世界的 6%，美国的 1/4。这些数据显示了我国目前庞大的冷藏库需求缺口和旺盛的增长趋势，亚川公司可以考虑经营特种仓库，从差异化产品战略走向细分的仓储市场。当然特种仓库的高资金投入、建造的高技术门槛和较低的通用性等问题也是需要考虑的，虽同样是仓库建造，但这样的转型并不容易。

在暨南大学管理学院的创业论坛上，有热心的同学帮亚川设想过未来发展，提出如果将来珠三角地区的仓储市场饱和，亚川公司可以考虑去国内其他地区发展，向长三角或者环渤海湾地区进军，努力将地方企业建设成闻名全国的物流企业。吴总经理听完这位同学雄心勃勃的建议后并没有直接回答这个问题，他提及了一位他钦佩的老人：“我认识一个日本商人，是我的客户，我们每年都会在一起打两场高尔夫球，他每年都向我租 5 000 平方米的仓库，也只租5 000 平方米，用来存放他家的产品。他家世代经营自己的产业，从不急于寻求扩张，只是为了把自己手上的事情做好，我也希望慢慢地做，把自己的公司也做成百年老店。”也许就是这种踏踏实实的经营理念造就了亚川公司的稳健发展，也为亚川公司的长期发展奠定了坚实的基础。

四、亚川公司商业模型的总结

亚川公司的商业模型可以简单总结如下：亚川公司一开始的需求搜集是从吴总经理通过多年的对外招商引资的工作，感受到了这个细分市场的庞大需求开始的，然后他在实际工作中积累了建造仓库的经验，由于市场需求切实存在且把握准确，亚川公司把经营目标定在当时市场上紧缺的高档优质的大面积仓库上，再通过高品质的建造标准和创新的本土化仓库设计赢得了订单，获得了客户的认可，采用定制化的仓库建设和设置透明的可接受的利润率，赢得了长达整个资金回收期的仓库租约，成功地解决了密集的资金投入问题，并顺利地抵御了金融危机时期经济萧条的风险。在仓库出租后通过周到贴心的服务，主动为客户解决问题来赢得顾客的信任，长期持有顾客资源。亚川的成功并不是偶然的，亚川对于市场定位、产品制造、客户选择、合约签订、服务方式都有自己的独到之处，这些结合起来就构成了亚川的整个商业模型。

问题9：亚川的商业模型能否得到复制？

思考提示：一个成功的企业商业模型里一般都会有几个独特之处是较难复制的，我们称之为核心竞争力，核心竞争力有助于企业进入市场，是企业扩大经营能力的基础，是企业创造最终产品和服务贡献的巨大能力。同时，企业的核心竞争力也是很难被竞争对手复制、模仿、改进甚至超越的。商业模型能否复制取决于模仿企业本身是否具有近似的资源和能力，同时也要考虑复制的商业模型是否适用于企业所面向的外部环境。

目前我国处在物流业高速发展的时期，广州属于发展较早的地区，其他地区物流仓储业肯定也先后会有类似的发展机遇。

从我们上文未曾提及的角度来说，亚川还具有两个得天独厚的发展条件：

（1）吴总经理在广州云埔工业区担任总经理的工作经历使得他对于土地招标流程和政府相关政策都十分熟悉，创业并不算是完全陌生，而他个人在广东地区的人脉也不容小觑。

（2）亚川的客户大多是优质的跨国公司，这样的客户积累也和吴总经理多年的对外招商引资的工作经历密不可分。

对于工业房地产行业而言，土地和客户这两个重要要素的获得并不容易复制。但是亚川对于质量的精益求精，对于权威标准的勇敢突破，对于客户服务的认真细致都是值得学习借鉴的地方，亚川的成功模型肯定能够在其他地区得到认可和效仿。

问题10：创业成功的吴总经理对于学生创业有何独特的想法？

思考提示：现在越来越多有抱负的年轻人都希望通过自己创业，获得事业的成功，对社会经济的发展作出贡献。现在每年各所高校都会举办各种创业计划大赛，但比的只是学生的创业构想，真正实践的创业成功者毕竟是少数。据统计调查，在每年新创办企业中，至少有50%在半年之内倒闭，倒闭的主要原因是创业者没有把握好创业的基本法则。创业是很多人的梦想，而实践这个梦想需要考虑的因素很多，什么时候创业、能不能创业、适不适合创业、怎样创业都需要思考成熟，以避免因准备不足而导致的必然失败。

吴总经理成功地开创了自己的事业，但他并不赞同每个大学生毕业后都直接去创业。在他看来，20 世纪 90 年代以后，创业这条路就变得有些艰难，社会在剧烈转变后进入了一个相对稳定的时期，现在的创业不仅需要敏锐的眼光、大胆果断的作风、卓越的战略思维，还取决于你是否拥有企业家特质，而这种特质更多地表现为一种感觉，是一种综合能力的体现，并非人人都具备。

“做自己想做的事情并不容易，很多东西都是你想到了却做不到，做到的又是你从来没想到的”，因此，在吴总经理看来，人生活在这世上，不需要有太多的想法，关键是要实实在在做事，踏踏实实做人，开开心心过好每一天，这才是人生之大要。创业也并不一定要刻意而为之，只要踏实做事，自有水到渠成之日。

讨论题：

1. 在物流市场不成熟的时候，亚川选择了差异化产品发展战略，当市场日趋成熟时亚川是否可以考虑战略转型，你认为如何转型才更可能成功？
2. 在贸易谈判中，如何说服对方获得你所需要的资源，如获得资金支持和长期合约？
3. 亚川的商业模型给了你什么样的启示？
4. 亚川公司的不足和需要改进的地方有哪些？

参考文献：

1. 姜超峰 . 2006 年仓储业发展回顾与 2007 年展望［J］. 中国储运，2007（2）.
2. 王晓华，周晓光，孙百生 . 基于 RFID 技术的仓储管理系统设计［J］. 物流技术，2006（6）.
3. 侯静秋，刘学民，张春雨 . 第三方物流企业中的仓储管理［J］. 商业流通，2010（18）.
4. 沈绍基 . 中国仓储业十大热点问题与十项对策建议［J］. 物流技术与应用，2006（8）.

后　记

2008年以来，暨南大学的几位同事酝酿对《哈佛商业评论》中的案例重新进行解析，从商业模型角度来分析其创业构思，恰好与我们的想法不谋而合，而这些想法的实现，又得益于以下机缘。

广东创意经济研究会成立。这是一个专门研究创意经济现象与规律的学术研究机构，挂靠在暨南大学，由胡军校长任名誉会长，张耀辉教授任会长。创意经济所研究的对象是将已经存在的文化符号或新的文化符号转换成人们需要的文化享受，这种需要随着经济发展和社会进步表现得越来越强烈，而让创意跨越到人们的生活之中的商业活动需要借助于新的商业模型。因此，我们的想法得到了广东创意经济研究会的支持，成为广东创意经济研究会的工作内容之一，本书多位作者在该会兼任职务。

暨南大学管理学院成立十周年。管理学院有丰富的教学资源和校友资源，而我们所在的暨南大学历史上最为悠久的科系——企业管理系，也隶属于管理学院。为让管理学院建立起自己的风格，需要探索以“商”为核心的理论框架和分析方法。

暨南大学推动并开展创新、创业教育。2006年，暨南大学成立了大学生创业实验园，2008年开始酝酿创业学院，其工作框架是对学生进行专业教育以外的创意、创新、创业理念与能力的培养。重温熊彼特的创新定义，创新是技术的商业化应用，创新的核心不是技术发明，而是技术的市场价值的发现与实现，它要靠商业模型，并通过创业活动加以实现。这种教育特别需要有对创业活动深入剖析的工具。

于是，在张耀辉教授的倡议下，我们建立起了由张耀辉教授、左小德教授、朱锋副教授、王惠芬教授、苏晓华副教授等组成的核心团队，开始了这项事业的探索。我们确定了先论再析，最后整理出版的工作程序，规定每个月月底的周五下午举办一次固定时间、地点的沙龙，每次有三位嘉宾主讲，再给出足够的时间进行商业模型分析讨论，最后由各位作者分头整理、研究和撰写，同时将论坛实况录像作为资料上传到专题网站（http：//entrelab. jnu. edu. cn），供读者下载。

继第一辑出版以后，我们再次将2009年下半年工作成果结集，出版了第二辑。本辑是第三辑，由张耀辉、朱锋、左小德组织编撰。我们会将此项工作持续下去，因为我们认为这是一项非常有意义的工作。我们相信，经过学术积累、团队积累、方法积累和经验积累，会将此项工程做大做好；经过读者积累、用户积累和影响积累，会越来越受到人们关注。

欢迎大家成为本书及此后系列的读者，欢迎大家加入到我们作者队伍之中，共同开展商业模型分析的研究，将我国的产业创新与企业成长不断推上新的高度。

张耀辉　朱　锋　左小德

2011年10月17日